西洋史の扉をひらく

Opening the Door to Western History: Taking Account to Modern History through a Chronicle of Events and an Exploration of Historical Themes

編著

UEDA Kozo
上田耕造

IRIE Koji
入江幸二

HISA Atsushi
比佐　篤

通史と
テーマ史でたどる
古代から
現代

晃洋書房

は じ め に

　歴史を学ぶことに何の意味があるのだろうか？　歴史を学ぶことは必要なの
か？　しばしば投げかけられる疑問であり、また読者のみなさんもこうした疑
問を抱いた経験があるのではないだろうか。試験や入試のために、歴史的人物
の名前や出来事を一生懸命に記憶していく。その時、「この記憶の作業が、一
体何の役に立つのだろうか？」と。

　当然のことながら、私たちが生きるいまは、過去の積み重ねのもとで成り立っ
ている。たとえば、現在は第４次産業革命の最中にあるといわれる。IoTとビッ
グデータ、そしてAIが新しい産業の形を生み出し、社会の変化を促している。
第１次産業革命は18世紀末にイギリスではじまった。蒸気機関の開発や石炭の
利用は産業の変革をもたらし、また人々の生活や環境にも大きな影響を及ぼし
た。そして、この「１」と「４」の数字は、現代の社会が過去の社会の延長線
上にあることを明確に示している。

　現在の世界は、過去から続く体制や習慣を少しずつ変えながら形作られてき
たものである。我々が享受する自由と平等を基調とした社会は、それ以前の階
級社会が抱える問題を解決する形で成立した。過去の状況を知ることで、現在
の政治、社会、文化など様々な物事をより良く理解することができる。そして
それは、我々がいまをより良く生きていくことにつながる。歴史を学ぶことに
は、こうした意義があるといえるだろう。

　2022年度から高等学校の地理歴史のカリキュラムが変わり、「世界史A」は「歴
史総合」に、「世界史B」は「世界史探究」という新たな科目に変わった。さ
らに「歴史総合」は必修科目、「世界史探究」は選択科目となった。「歴史総合」
は、高等学校学習指導要領の地理歴史編によると「近現代の歴史の変化に関わ
る諸事象について、世界とその中における日本を広く相互的な視野から捉え、
資料を活用しながら歴史の学び方を修得し、現代的な諸課題の形成に関わる近
現代の歴史を考察、構想する科目」とされている。新たなカリキュラムでは、
歴史的な思考力を養うことが明示されており、記憶する歴史から脱却し、歴史
を積極的に活用することを目指す方向性が示されている。

　「歴史総合」が必修であるため、高校生は全員近現代史を学ぶことになる。

一方で「世界史探究」は選択科目であるため、この科目を選択しない限り、高校生で古代や中世の歴史を学ぶことはなく、また古代から現代までの歴史の流れを学ぶこともない。先にも述べたが、現代は過去の積み重ねのもとで成り立っている。現代にもつながる産業革命は近代のイギリスで起こるが、その背景には、近世にイギリスが積極的に海外進出していたことがあった。また、産業革命を促す科学の発展には、中世から続くキリスト教の世界観が深く関わっている。そのキリスト教が誕生したのは古代のことである。現在から見て近世や中世、そして古代は遠い時代であるが、古代から現代までは、あくまで一連の歴史の流れのなかにある。そして、こうした歴史の変遷を理解することが、歴史を学ぶ上で重要であり、また現代の世界をより良く知るためには不可欠だといえる。

　本書は通史とテーマ史で構成されており、古代から現代までの西洋史の流れを、一冊で把握できる形となっている。古代、中世、近世、近代、そして現代と、それぞれの時代にはそれぞれの特徴があり、前の時代の特徴を、ある面では継承し、ある面では変化させて次の時代へと移り変わっていく。こうした歴史の流れを通史では確認することができる。またテーマ史では、ギリシア神話や産業革命、あるいはナポレオンやヒトラーなど、各時代を象徴する事項や人物が扱われている。通史と合わせてテーマを読むことで、より一層各時代の特徴を理解することができるであろう。

　本書は、タイトルの通り読者のみなさんを西洋史の世界へと誘う扉である。西洋史の世界は広く奥が深い。西洋史には本書で扱えなかった魅力的な人物や興味深い出来事が数多くある。そして、それらに関する本も多く出版されている。そしておそらく本書は、そうした西洋史に関する本を読む際の、大きな手助けとなるであろう。歴史の大きな流れと各時代の特徴を知っておくと、歴史関連の本は格段に読みやすくなるはずだからである。読者のみなさんには、この本を扉として魅力あふれる西洋史の世界に歩み出していただきたい。

　　2023年1月

　　　　　　　　　　　執筆者を代表して　上 田 耕 造

目　　次

第1章

古代1　文明の誕生とオリエント世界

通　　史　オリエント世界における諸国の興亡

1．文明のはじまりと国家の誕生

　古代オリエントは、文明発祥の地といわれる。それは、農耕や牧畜といった生産手段による資本の形成、統治や経済の複雑な社会システムをもつ都市や国家の成立、情報を伝える文字の創出、といった文明の基礎的要素をいち早く持ち得たからである。現代では当然のように存在している法や行政、貨幣、そして文字などが、古代オリエント文明には既に存在していた。ちなみにオリエントとは、古代ローマ人がギリシアやそれ以東を指した言葉であるオリエンス（「太陽が昇る地」の意味）に由来する。後にヨーロッパから見た東方地域を意味するようになるが、日本においてオリエントとは、おおよそ西アジアからエジプトまでの地域を指している。このオリエントの地にふたつの古代文明、メソポタミア文明とエジプト文明が誕生した。

　最古の文明といわれるメソポタミア文明はティグリス・ユーフラテス両河流域で開花した。メソポタミア地帯を含むいわゆる「肥沃な三日月地帯」で前9千年紀から前7千年紀にかけて農耕・牧畜がはじまり、徐々に農耕技術が発展して複雑な社会システムが作り上げられていった。灌漑農耕を中心とした南メソポタミアでは、前4千年紀にはシュメール人が神殿や王権、文字を持つ都市文明を生み出し、後に続くメソポタミアの諸王朝に引き継がれるメソポタミア文明の基礎を作った。前3100年頃までに、メソポタミアの最南部に多数のシュメール人の都市国家が成立したが、前2500年頃からウル、ウルクなどの有力な都市国家が中小の都市国家を従わせて、領域国家へと形を変えていく。そして

アッカド王朝のナラムシンが前2200年頃メソポタミア全土を支配して統一国家を形成した。そのアッカド王朝が滅亡した後、シュメール人が興したウル第3王朝（前2112-前2004年）が統一国家を確立する。ウル第3王朝崩壊後のアムル人国家が乱立するなか、前18世紀にバビロン第1王朝のハンムラビがメソポタミアを統一し、支配地域を共通のルールのもとに置くことを意図して、いわゆる「ハンムラビ法典」を制定したと考えられる。

　もうひとつの文明が花開いたエジプトでは、前5千年紀末のナイル川流域で農耕・牧畜が行われていた。前3000年頃に、南部の上エジプトが北部の下エジプトに進出して統一国家を形成する。その後の数世紀で、王を中心とする社会システムや、王権理念、聖刻文字（ヒエログリフ）が発展し、エジプト文明の基礎が育まれた。古代エジプトの巨大建造物を代表するピラミッドは、主に古王国時代（前2686年頃-前2181年頃）に建造され、ジェセル王の階段ピラミッドにはじまり、クフ王やカフラー王によるギザの大ピラミッドで完成される。このような巨大建造物は、膨大な労働力と資源が注入されたこと、またそれを円滑に動かすための行政組織が整備されていたことを我々に教えてくれる。ピラミッドはその後小型化し、これに比例するかのように王権は徐々に弱体化して、前2181年頃には国内が分裂して第1中間期と呼ばれる内乱の時代へと入っていった。

　前2055年頃、上エジプトのテーベを拠点としていたメンチュヘテプ2世が下エジプトを支配して統一国家を樹立し、中王国時代がはじまる。この時代には、北のパレスティナや南のヌビアを支配下におさめ、交易圏の拡大にともなって経済的に発展するとともに、文化面においても文学や芸術の発達がみられた。一方で国内は安定せず、前17世紀半ばには王朝が分立した第2中間期へと突入する。この混乱期のエジプトで勢力を伸ばしたのがヒクソス（「異民族の支配者たち」の意）であった。東部デルタ地帯に移住した西アジア系の人々が

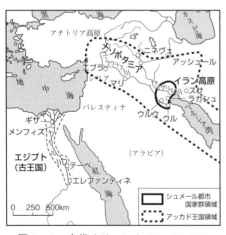

図1-1　古代オリエント（前30-前22世紀）

徐々に勢力を増して王朝を樹立し、エジプト人にヒクソスと呼ばれた。彼らは馬と戦車を用いた強力な軍隊で下エジプトを支配したが、エジプトを統一するまでには至らなかった。

2．オリエントの国際社会

　前 2 千年紀中頃より古代オリエント世界に数百年にわたって広大な領域を支配する大国が登場し、互いに覇権を争った。南メソポタミアのバビロニア、北メソポタミアのアッシリア、その西に位置したミタンニ、アナトリアのヒッタイト、そしてエジプトである。またこの五大国の東にはイランのエラム、西にはアルザワやエーゲ文明諸国が存在した。これらの列強諸国は政治、経済、文化とあらゆる側面で交流し、古代オリエント世界は前 2 千年紀後半に国際関係の時代を迎える。

　南メソポタミアでは、前1595年にバビロン第 1 王朝がヒッタイトの攻撃により滅亡し、その後に侵入したカッシート人が王朝を樹立して、以後400年以上にわたってバビロニアを支配した。一方、北メソポタミアでは、前16世紀末にフリ人が興したミタンニが台頭し、エジプトより北シリアを獲得して列強の仲間入りを果たしたが、ヒッタイトの攻撃と内紛により崩壊していった。そのミタンニに代わって北メソポタミアで国力をつけたのがアッシリアである。アッシリアは前2000年頃に都市国家であるアッシュルから発展し、バビロニアとアナトリアを結ぶ遠隔地貿易で栄えていたが、前15世紀には一時ミタンニの属国になっていた。しかしミタンニ崩壊後の前14世紀から再び国力を回復し、後にオリエントを支配する大国へと躍進する。

　アナトリアでは、前17世紀にハットゥサを都としてヒッタイトが成立した。前14世紀中頃にスッピルリウマ 1 世がミタンニを征服して北シリアを傘下におさめ、大国へと成長する。その結果、シリア・パレスティナ地域をめぐって新王国時代のエジプトと争うこととなり、ラメセス 2 世率いるエジプト軍とカデシュで大規模な戦闘に至った。しかし、その後に両国の間で平和条約が結ばれ、対立から友好関係へと転じていった。

　エジプトはヒクソス駆逐後の前1550年頃に再統一され、新王国時代が幕を開けた。そしてこの時代、エジプトの諸王は孤立的な政治姿勢を転換させる。軍事的要衝となるシリア・パレスティナ、さらに南方ヌビアへの度重なる遠征で勢力の拡大を図るとともに、資源獲得のための交易ネットワークを拡充させて

4

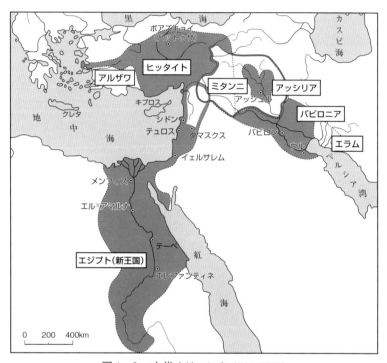

図1-2　古代オリエント（前14-13世紀）

　いく。こうしてエジプトは、西アジア諸国が展開していた国際社会に仲間入り
をした。そのエジプトの西アジア外交の様子を伝えてくれるのがアマルナ文書
である。アマルナ文書とは、前14世紀半ばにエジプト王とオリエント諸王との
間で交わされた外交書簡で、アクエンアテン王が遷都したエル＝アマルナで発
見された。そこからは列強諸王の間で贈答品の交換や婚姻政策が行われていた
様子を窺い知ることができ、大国間で覇権をめぐって武器を交える一方、外交
政策でバランスを保とうとしていた当時の国際状況を看取できる。
　こうした国際関係は、前12世紀頃に起こった大規模な民族移動によって崩壊
していく。いわゆる「海の民」と呼ばれる人々の侵入である。これを受けてエ
ジプトは衰退し、ヒッタイトは滅亡に至った。またクレタやミケーネなどのエー
ゲ文明も消滅し、ギリシアは暗黒時代に突入していく。これまでオリエントに
存在していた国や勢力の多くが滅びるか衰退し、東地中海世界の枠組みが崩れ
ていった。このようななかで、大国が後退した隙間を縫うかのように、シリア・

パレスティナでは交易活動に従事した人々が活躍を見せる。ダマスクスを中心に内陸で活躍したアラム人は、ラクダを用いた隊商貿易でオリエントの内陸部を結ぶネットワークを確立する。そして前12世紀末にアッシリアに流入して国を衰退させ、ついで前11世紀にはカッシート朝滅亡後のバビロニアに定住地を拡大させた。彼らが用いたアラム語は、前1千年紀のオリエントに生まれた大国であるアッシリア、新バビロニア、アケメネス朝ペルシアの公用語となり、アッカド語に変わるオリエント地域の共通語・共用語となっていく。一方で、地中海に活路を見出したフェニキア人は、地中海沿岸地域にシドンやテュロスといった都市国家を形成し、イベリア半島に至るまで地中海各地に入植拠点を作って、地中海貿易を独占していった。フェニキア人が用いた文字は、ギリシア文字の成立に影響を与え、ヨーロッパの文字文化の源流となった。ヨーロッパの宗教文化の源流もまたこの地域に生まれた。『旧約聖書』によれば、エジプトに定住していたヘブライ人たちは、指導者モーセに率いられてエジプトを脱出し、カナンの地、すなわちパレスティナに向かった。この「出エジプト」という出来事が史実であったことを示す証拠はないが、エジプトに残る資料や発掘結果から、前13世紀後半からヘブライ人がパレスティナに進出したようである。前11世紀後半になるとヘブライ人の統一国家が生まれ、ダヴィデ王・ソロモン王の時に栄華を極めたが、ソロモン王の死後に南北に分裂した。北のイスラエル王国はアッシリアに滅ぼされ、南のユダ王国は新バビロニアに従属し、多くのヘブライ人がバビロンに強制移住させられた（バビロン捕囚）。アケメネス朝ペルシアにより解放されたヘブライ人は帰国してイェルサレムに神殿を建設し、ここにユダヤ教が成立した。

3．帝国の誕生

　青銅器時代から鉄器時代への移行期である前2千年紀末から前1千年紀初の混沌とした時代を抜け、前1千年紀にはふたつの帝国がオリエントに登場する。ひとつはメソポタミア北部に前2000年頃から盛衰を繰り返しながら存在してきたアッシリアである。前9世紀以降、軍事遠征を繰り返してメソポタミア、シリア・パレスティナを支配、さらに前7世紀には一時エジプトに侵略し、イランのエラムを滅亡させ、オリエント一帯を支配する帝国を打ち立てていった。この広大な領土の支配を維持するために、征服地を行政州として併合し、中央から長官を派遣して統治させ、貢納を課した。また大規模な強制移住政策を実

6

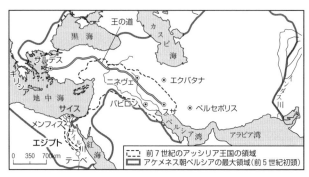

図1-3　アッシリアとアケメネス朝ペルシア

施し、被征服民をアッシリアや遠隔地に強制移住させて民族間の結束を弱体化
させ、反乱防止に努めるとともに、都の建設のために労働者や職人を確保した。
しかし最盛期の最後の王であるアッシュルバニパル治世後半から急速に衰退
し、アッシリアから独立した新バビロニアとイラン系のメディアの連合軍に攻
撃されて前609年に滅亡する。その後、オリエントは新バビロニア、メディア、
アナトリアのリュディア、エジプトが覇権争いを繰り広げた。新バビロニアの
ネブカドネツァル2世はエジプトからシリア・パレスティナを奪って覇権を握
るも、アッシリアほどの巨大な領土を支配するには至らなかった。
　このようななか、これら大国を瞬く間に打倒し、全オリエントを支配したの
が、アケメネス朝ペルシアである。メディアを滅ぼし、前525年にエジプトを
支配下に置くまでわずか25年であった。最盛期の王ダレイオス1世は、さらな
る領土拡大を図って軍事遠征を繰り返した。最も有名なものがギリシア遠征、
すなわちギリシア史におけるペルシア戦争である。この遠征は不首尾に終わっ
たものの、東はインダス川から西はリビア、北はバルカン半島南東部まで領域
が拡大し、アケメネス朝ペルシアはこれまでに類をみない世界帝国となった。
この広大な帝国を統治するために、ダレイオス1世はこれまでのオリエントの
諸制度を継承かつ発展させて、帝国を安定へと導いていった。有名なものがサ
トラプ制で、ペルシア人をサトラプ（総督）に任命して地方行政区へ派遣し、
軍事や徴税をはじめとする地方行政を王の代理人として担わせた。また、いわ
ゆる「王の道」と呼ばれる道路交通網を完成させ中央と地方を結び、馬を用い
た駅伝制を整備して情報伝達機能を高めた。帝国が抱える多様な人々の宗教や
慣習などは容認されたが、地域の状況によりその寛容さは異なっていたようで

ある。この巨大帝国は、内紛や反乱を繰り返しながらも、約200年間オリエントを支配したが、前330年にマケドニアのアレクサンドロス大王の遠征を受けて幕を閉じる。帝国は滅んだがアケメネス朝ペルシアで実施された諸制度はアレクサンドロスやその後継者たちに踏襲されていった。一方でアレクサンドロスがもたらしたギリシアの文明もまた、オリエントの人々に次第に受容され、ヘレニズム世界が形成されていくのである。

4．ヨーロッパ文化のルーツ

　いつ、どこで、誰が、何をしたか。はるか何千年も昔の出来事を知ることができるのは、人々が文字や図を用いて記録したからにほかならない。そして、古代オリエントの人々が「時の法則」を発見したことで、過去の出来事を歴史として再構築できるのである。古代オリエントの天文学の発展は日、月、年といった「循環する時間」を見出し、暦を誕生させた。シュメール人が用いていた太陰暦はユダヤやイスラームに受け継がれ、1時間が60分という法則は古代メソポタミアの六十進法に起因する。また古代エジプト人が1年を365日とした太陽暦は、カエサルによりローマに導入され、後に改暦されてヨーロッパに定着する。現代に生きる我々はこうした古代オリエントに由来する「時の法則」に従っている。さらに「直進する時間」、すなわち時の経過を示す方法として紀年法が生まれ、王の治世年などで表されるようになったことにより、時の流れに沿って出来事を捉えることができるのである。

　こうした自然や社会の法則は、古代オリエントで発達した数学、天文学、暦学などの実用的な学問を基に見出され、それはギリシアと融合したヘレニズム世界において発展した。ヨーロッパ文化の基調であるヘレニズムにも、古代オリエント文明の遺産は受け継がれているのである。そしてヨーロッパ文化のもうひとつの基調であるヘブライズム（キリスト教的文化）もまた、古代オリエントの影響が色濃く見られる。ユダヤ教、キリスト教の聖典である『旧約聖書』は古代オリエントを舞台としており、オリエントの様々な神話や史実、逸話が織り交ぜられている。すなわちヨーロッパ文化のルーツに古代オリエント文明があり、ヨーロッパの近代文明を受容してきた我々もその延長線上に生きている。

テーマ史1　ミイラと古代エジプトの死生観

1．古代エジプト人の死生観

　ミイラは世界各地で製作されたが、古代エジプトのものが最もよく知られている。その理由は、「美しいこと」「保存状況が良いこと」以外にも「数が多いこと」が挙げられる。南米アンデスのミイラにも中央アジアの楼蘭のミイラにも保存状態が良好で美しいものがあるが、エジプトのミイラほど出土例は多くないのである。そしてもうひとつの理由が、古代エジプトのミイラが古代エジプト人の死生観を反映している点だ。古代エジプト人たちは来世の存在を信じていた。この世の死はすべての終わりではなく、次のステージである来世での生活のはじまりであると考えていたのだ。そのため墓には来世での生活の様子が描かれていた。たとえば新王国時代の墓の造営職人センネジェムの墓の壁画には、豊かさの象徴である理想的来世（イアルの野）において夫婦で小麦の収穫を行ったり、ウシに犂を引かせながら農作業を行うセンネジェム夫妻の様子が描かれている（図1-4）。

　また他の壁画上に丁寧に描かれた葬送の様子から、我々は古代エジプト特有の葬礼習慣を目にすることもできるのである。アメンホテプ3世からアメンホテプ4世の治世初めにかけて宰相であったラモーゼの墓の玄室の壁には、葬列を成して歩く人々や泣き女たちが両手を掲げて、涙を流しながら死者を弔っている様子が描かれている。そのようななか、死者のミイラは棺に入れられ、葬列とともに船でナイル河を渡り、死者の世界であるナイル河西岸へと埋葬のために運ばれていったのである。壁画の場面には泣き女たちだけではなく他の職業の人々も見ら

図1-4　センネジェムの墓に描かれた理想的来世 (R. Schulz and M. Seidel (ed.), *Egypt: The World of the Pharaohs*, Potsdam, 2010, p. 263-226)

れる。代表的なものが神官である。神官たちは頭髪を剃り、ヒョウの皮で作られた衣装を身に着けていた。そして穢れを祓うために聖水を撒き、香を焚いたのだ。そして「開口の儀礼」などの葬儀のための特別な儀礼が行なわれた後にようやく埋葬へと進むのである。

　新王国時代の王たちの葬儀のクライマックスは、ナイル河西岸にあるピラミッド型の岩山エル・クルンの麓にたどり着くことであった。「王家の谷」と呼ばれているその場所に死者のための岩窟墓が用意されていたのである。ミイラはその中に埋葬された。死者の魂は夜になるとあの世に行き、朝にこの世に戻って来ると考えられていた。しかし、戻って来るべき場所を必要としたことからミイラが作られたのである。死者の魂の器こそがミイラであった。永遠に生きるためにミイラは不可欠な存在であった。もしミイラが失われたり、破壊されたりした場合、本当の意味での死が待ち受けていたのである。それを恐れた人々は、身代わりに自身の彫像をスペアとして作製し、ミイラと共に墓に埋葬したほどであった。

2．ミイラの作り方

　ミイラはピラミッド同様、古代エジプト文明の特色のひとつだ。しかし「ミイラ」という言葉自体を知らぬ者はいないが、ミイラとはいったい何なのかを知る者も少ない。幾人もの人々が「なぜエジプトでミイラが作られたのか」について知ろうと試みてきたが、DNA鑑定や脳科学全盛の現代においてですら明確な答えを導き出すことは困難なのである。おそらくミイラが作製された過去に戻り、ミイラ職人に訊ねない限り（そして彼が真実を話してくれない限り）、ミイラの持つ真の意味について知ることはできないであろう。ではどうすれば良いのであろうか。

　そのような状況の中、我々が打つ事ができる最善の策のひとつは、古代ギリシア・ローマの叙述家たちの記述に現れるミイラについてまず考えてみることであろう。彼らの叙述はまさに遥かなる過去へと我々を誘ってくれる。これまでにも古代世界における様々な疑問点が彼らの叙述の助けを借りて解を明かされてきた。たとえば最も我々にその名前が知られている人物で歴史の父として名高いヘロドトスが挙げられる。ヘロドトスは、最高級のミイラ作製について、自著『歴史』の中で次のように述べている。

　「先ず曲った刃物を用いて鼻孔から脳髄を摘出するのであるが、摘出には刃物を用いるだけでなく薬品も注入する。それから鋭利なエチオピア石で脇腹に添って切開して、臓腑を全部とり出し、とり出した臓腑は椰子油で洗い清め、その後さらに香料をすりつぶしたもので清めるのである。つづいてすりつぶした純粋な没薬と肉桂および乳香以外の香料を腹腔に詰め、縫い合わす。そうしてからこれを天然のソーダに漬けて70日間置くのである。それ以上の期間は漬けておいてはならない。70日が過ぎると、遺体を洗い、上質の麻布を裁って作った繃帯で全身をまき、その上からエジプト人が普通膠の代用にしているゴムを塗りつける、それから近親の者がミイラを受け取り、人型の木箱を造ってミイラをそれに収め、箱を封じてから葬室内の壁側に真直ぐに立てて安置するのである」

　古代としてはかなり詳細な説明と情報が提示されているといえよう。しかしながらそこには問題点も多い。ヘロドトスは紀元前5世紀にエジプトを訪れて『歴史』を著したとされている。彼はその情報のほとんどをエジプトの神官から得たとしており、一見ヘロドトスの得た情報源は正確で間違いないかのように思える。しかしここには問題がある。当時エジプトにやって来た外国人のヘロドトスが接することができたような神官たちは最下級の神官である可能性が高い。つまり彼らを通じて庶民生活レヴェルでの情報を得ることができたとしても、王家や国家の中枢に関連する事項に触れられるはずは無かったという点に注意しなければならない。庶民の信仰やミイラ作製についての知識はかなり実証的だと現在では評価されているが、それ以外は疑わしい情報に基づく記述も多いのだ。ミイラに関する情報も同様といえよう。いずれにしてもヘロドトスがエジプトを訪れた時、すでにミイラ作製の歴史は2000年以上の時を経過していたのである。

3．ミイラから何がわかるのか？

　古代エジプトのミイラは、他の古代文明とは異なり、歴史資料＝情報源となりうる。この「乾燥遺体」から我々は、これまでにも様々な情報を得ることができた。将来的にはDNA鑑定などの科学的な手法を用いることも可能であろう。少年王ツタンカーメン（トゥトアンクアムン）の父親は誰なのか、絶世の美女と言われたネフェルティティ（ネフェルトイティ）の出生地はどこであったの

か、あるいはラメセス2世の長寿の秘密までをも我々は明らかにできる日がやってくるのかもしれない。

　古王国時代第4王朝頃までの初期のミイラは砂漠の中で自然乾燥したものであった。ミイラは本来エジプトの乾燥した自然環境が作り出したものであったのである。ミイラは様々な形で我々に最も馴染みのある古代エジプトの特徴となった。ミイラ作製技術がエジプトから世界各地に伝わったかどうかは明らかではないが、後の時代、ミイラはそれ自体が他のものの代用品として、あるいは形を変えて世界中へと広まった。前者としては松明や石炭代わりに機関車などの燃料として使用されたことが挙げられる。また後者としては中世以来擂り潰して薬として用いられたことが有名である。このミイラ薬は大変人気があり、つい100年ほど前までヨーロッパの薬局で購入でき、江戸時代の日本にも輸入されていたほどである。ミイラはまたエジプト旅行の際のお土産の定番でもあった。そのためしばしばヨーロッパのアンティークショップで売買の対象として扱われてきた。極めつけは、19世紀後半にアメリカの製紙会社が大量にミイラを購入し、その亜麻布の包帯を原材料として包装紙を作りだしたことであろう。

　そのようななかでも特に19世紀初頭になるとヨーロッパ各地でミイラの解体ショーの如き催しものが行われはじめたことが良く知られている。ショーの前には前売り券が発売され、それを買い求めた人々が会場に押し寄せたのである。そこでミイラは包帯として使用されていた亜麻布を剥ぎ取られ見世物にされた。やがてこのようなミイラの解体は少なからず科学的な側面を持つようになる。

　1881年と1898年にそれぞれデイル・エル＝バハリのミイラの隠し場とアメンホテプ2世王墓から発見された新王国時代の王族の大量のミイラは、古代エジプト史に新たな情報をもたらしてくれた。前者からは約40体、後者からは153体のミイラが発見された。これらのミイラは盗掘を免れたものであった。20世紀にはX線やCTスキャンを使用することによって、このようなミイラ自体を傷つけることなく調査が行われ、様々な情報が得られるようになった。たとえばそのミイラの死亡年齢などが推定できるようになったのである。

　このようなミイラから我々は死者の埋葬についてのみではなく、エジプトの病気や怪我、あるいはそれらに伴う医療技術など他の情報を得る場合がある。たとえばセケンエンラー・タア2世のミイラ（図1-5）からは、当時のエジプ

トの社会状況と共に当時の医療技術を垣間見ることができる。

　第17王朝の王であったセケンエンラー・タア２世は、異民族ヒクソスと戦った王であったことが、後世に書かれた物語（「アポピスとセケンエンラー王の戦い」）から知られている。そして身体が捻じ曲がり、顔面が苦痛に歪んだように見える彼のミイラからはその戦闘の激しさが窺われる。彼のミイラの頭部には大きな傷が数カ所見られる。1970年代に行われた法医学的な検査の結果、顔面は頬骨が砕け、頭部に数カ所の傷があることが判明した。またミイラの首の付け根には、ヒクソスが使用していた短剣による深い刺し傷、そして額には同じくヒクソスが使用していたパレスティナの典型的な斧頭によって水平につけられた傷と鈍器で殴られたような孔が確認された。このことからセケンエンラー・タア２世は、異民族ヒクソスとの戦いの最中に戦死したか、あるいは短期間生き延びたにせよ、その傷がもとで死亡したことが明らかになったのである。最近の検査により傷の幾つかが後に加えられたものであることが判明したことから、セケンエンラー・タア２世が一度は戦いから生還し、その後の戦いにおいて戦死した可能性が出てきている。つまり顔面を損傷するほどの相当酷い傷を受けたが、治療を受けて戦場で戦えるほどには回復することができたのだということになる。

　このようにCTスキャンのような科学技術の進歩により、日々新たな情報が我々にもたらされている。我々は実際にX線を通してミイラの頭蓋骨を見ることができるし、ミイラ作製の過程で象嵌（ぞうがん）された貴石やガラスで作られたミイラの眼も外すことなくその状況が確認できるのである。たとえば図１-６はヒヒのミイラをX線撮影したものであるが、両足のつま先が欠如していることが明らかとなった。このように肉眼では調べることができない情報をX線により得ることができるようになったのである。ミイラを破壊すること

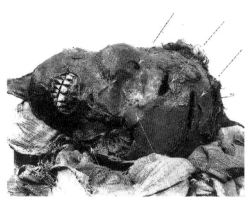

図１-５　頭部に傷を持つセケンエンラー・タア２世のミイラ (P. A. Clayton, *Chronicle of the Pharaohs*, London, 1994, p.96)

なく調査することは、エジプト学に革新的な進歩をもたらした。

しかしながら、すべてのエジプト人がミイラとして埋葬されたわけではない。ミイラ作製がはじまった古王国時代には、一部のエリート階級のみが肉体を保存するためにミイラとなり、マスタバ墓などの巨大な墓に埋葬された。大部分の庶民階級のエジプト人は、これまで通り単純に砂に埋められただけであった。時代が進むに連れエリートだけではなく徐々に庶民を対象としてもミイラ製作が広まったが、エリートたちの巨大な墓は

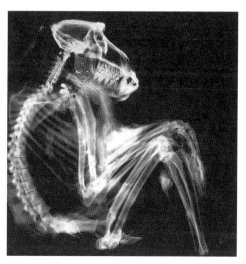

図1-6　ヒヒのミイラのCTスキャン（M. J. Raven and W. K. Taconis（ed.）, *Egyptian Mummies: Radiological Atlas of the Collections in the National Museum of Antiquities in Leiden*, Turnhout, 2005, p. 242）

盗掘者たちにより盗掘され、その他の人々もわずかな副葬品を狙う盗掘者やハイエナなどの動物によって掘り返されることがほとんどであった。しかし古代エジプト人たちはミイラ製作の伝統を継続し続けた。そのなかには現代にまで盗掘を免れたミイラもある。最も我々に知られているものは、1922年にハワード・カーターとカーナヴォン卿によって発見されたツタンカーメン王のミイラである。いわゆる王家の谷に今も眠っている彼のミイラは、センセーショナルな古代の財宝の発見ストーリーだけではなく、古代エジプトの歴史を明らかにしてくれる貴重な学術的資料・史料でもあるのだ。

テーマ史2　古代文明と水資源

水の獲得は人間にとって生命の維持に関わる最も重要な課題である。現代の日本においても夏季には水不足の問題が浮上している。膨大な水資源を要する農業用水や工業用水の不足は、農産物や工業生産に深刻な打撃を与えるだけで

なく、生活用水の給水制限は、我々の生活の質そのものを低下させる。水の豊かな日本でさえも水資源の確保が問題とされているぐらいだから、乾燥地域のオリエントにおける水資源の獲得は、まさに死活問題であった。古代オリエントの人々は水資源をどのように獲得し、そして利用していったのか。古代文明と水資源との関わりを、大河流域と大河を持たない地域から見ていこう。

1．川のあいだの地：メソポタミア

　メソポタミアとはギリシア語で「川のあいだの地」を意味する言葉で、ティグリス・ユーフラテス両河流域を指す。両河はともにトルコ東部のタウルス山脈を水源とし、ユーフラテス川はシリアの砂漠地域からイラクに、ティグリス川はその東方を流れ、最終的に合流してペルシア湾に流れ込んでいる。

　メソポタミアの自然環境は北部と南部で異なり、それは農法の違いを生んだ。後にアッシリアとして知られる北部は、天水農耕を行うに十分な降水量があり、小麦や大麦の穀倉地帯であった。一方、シュメールやアッカドと呼ばれる南部は、年間降水量が100mm以下の極めて乾燥した地域である。そのため農業は人工的に川から水を引き入れる灌漑に依存せざるを得なかった。ティグリス・ユーフラテス両河は灌漑のための水資源を提供したが、しばしば大氾濫を起こして大地の恵みを奪い去ることもあった。というのも、両河の水位変化と南部の農業周期とが合っていなかったからである。水を必要とする播種期の秋に水位は最低となり、逆に収穫期の春には山岳地帯の雪解け水と北部の降雨によって増水し、沖積平野は浸水する。その水量が多ければ氾濫し、収穫前の農作物を襲った。さらに、平坦な沖積平野であるため氾濫後に流路が変化して、水が獲得できなくなることもあった。『ギルガメシュ叙事詩』などに出てくるメソポタミアの洪水神話はこうした両河の不安定さを示している。

図1-7　シャドゥーフを使用し水を組み上げる様子（新王国時代のイピュイの墓壁画に描かれている。メトロポリタン美術館所蔵 https://www.metmuseum.org/art/collection/search/557816）

　しかし、このような気まぐれな川を制御して行われた灌漑農耕こそがメソポ
タミアに文明をもたらし、それを支えた。人々は、両河から農地へと水を引く
ために無数の水路を張り巡らせた。まず、低水位の両河から取水するための大
規模な水路を掘り、そこから分岐した中規模の水路をいくつも建設し、さらに
分水した小用水路によって農地に水を行き渡らせた。また収穫までの間に必要
な水資源確保のため、貯水も不可欠であった。水を農地に引き入れるために堰
をつくって調整する場所もあれば、シャドゥーフと呼ばれる揚水機を使用して
高地に揚水することもあった（図1-7）。シャドゥーフは前3000年頃には使用
されていたと考えられているが、前3千年紀後半の円筒印章に描かれているの
が最も古い記録である。一方で、増水への備えも必要である。川の氾濫から作
物を守るために強固な堤防を築いた。また増水した水を農地の外へ導水するた
めの水路や、農地からの排水路も掘らねばならなかった。なぜなら水が留まっ
た後に蒸発すると地表面に塩が集まり、農地が塩性化してしまうからである。
そのため南部では常に水路の維持管理と給水・排水量の綿密な管理が必要とさ
れた。その甲斐あって播種量の70〜80倍に達する高い生産力を生み出すことが
できた。多大な労働力の投入によって建設された多くの水路や堤防、堰、排水
路、またこれら水利施設を維持管理できるシステムは、水の制御が文明の経済
的基盤を作り上げていたことを物語っている。
　しかし農地の塩性化は徐々に進み、前3000年紀末には、南部では塩に弱い小
麦やエンマー小麦は栽培されなくなり、それらより塩に強い大麦が大半を占め
るようになった。

2．ナイルの賜物：エジプト

　「エジプトはナイルの賜物」というヘロドトスの言葉は本来、エジプトはナ
イル川が運んだ沖積土で形成されている、という意味である。確かに古代エジ
プト人はナイル川によって得られた肥沃な沖積地のことをケメト（「黒い大地」
の意）と呼び、それは「エジプト」を意味する言葉でもあった。ナイル川は東
アフリカのヴィクトリア湖とタナ湖を水源に持ち、それぞれから流れる白ナイ
ルと青ナイルが合流して一本の流れとなり、ほとんど雨が降らない砂漠を突っ
切って地中海に流れ込む。
　毎年繰り返されるナイル川の増水は、水源地域で毎年夏季に降る大量の雨に
起因している。エジプトを流れるナイル川は7月から徐々に水位が増し、9月

図1-8　ナイル川の水位を計測するナイロメーター。左はエレファンティネ島、中央はコム・オンボ神殿、右はホルス神殿のもの (J. Baker, *Technology of the Ancient Near East -from the Neolithic to the Early Roman Period*, London; New York, 2019, p. 157)

頃にピークに達して、11月には冬季の水位に戻る。古代エジプト人はこのナイル川の規則的なサイクルに合わせた灌漑システムを生み出した。「貯留式灌漑」と呼ばれるこのシステムは、増水時に川の水位が最も高くなると、堤で囲った農地に水を引き入れ、堤の水門を閉じて2カ月ほど冠水させておく。その間に、増水によって運ばれてきた養分と水分が土に吸収され、代わりに土中の塩分が水に溶け出す。そして水位が下がった時に水門を開け、塩分を含んだ水を農地の外に排出する。水が引いた後に広がる豊かな土壌は、エジプトに大いなる収穫をもたらした。メソポタミアの膨大な労働力を要する灌漑に対し、エジプトはナイル川による天然の灌漑に依拠したものであった。こうした規則的なナイル川のサイクルが、古代エジプト文明の経済的基礎を築き、その根底に流れる「再生と復活」の思想を生み出し、そして現代に続く太陽暦を作り上げたのである。

　しかし、それはナイル川の変化によって生活の安定が大きく左右されることを意味する。ナイル川の増水量は水源の降雨量によって毎年異なり、水位が低ければ農地は冠水せず、収穫量が減少して飢饉を引き起こした。一方で水位が高すぎると、築いた堤は崩れ、日乾レンガでできた住居は水没した。そのため古代エジプトの人々は、収穫量を予想するためナイル川の最高水位を図り、記

録していた（図1-8）。「パレルモ・ストーン」と呼ばれる初期王朝から古王国時代までの王の年代記にも記録されていることは、ナイル川の水位が重要であったことを物語っている。しかしこれはエジプトが国家事業として灌漑を行なっていた証拠とはならない。かつては国家的事業として灌漑が進められたと考えられてきたが、現在では地方の指導者が主導して行われていたことが明らかになっている。

　古代エジプト人はひたすらナイル川のもたらす恵みに身を委ねていたわけではない。ナイル川の水資源をより遠くに運び、農地を開拓していった。運河や水路の開削に加え、新たな揚水技術の導入がそれを可能にした。新王国時代に導入されたシャドゥーフは水路より高い農地への給水を容易にし、さらにプトレマイオス期に登場したサキーヤと呼ばれる畜力を用いた揚水車は、給水を大量かつ安定的にした。これらの技術の導入により農地は拡大し、二毛作が可能になった。

3．大河をもたない帝国の技術

　世界帝国を作り上げたアケメネス朝ペルシアは、大河のほとりに建設された国ではない。そのためメソポタミアやエジプトのように大河から得られる豊富な水資源に頼らない、異なる方法で水を獲得する技術を持っていた。それがカナートである（図1-9）。カナートとは、現在のイランを中心として見られる地下水路のことで、中央アジアではカレーズ、シリアや北アフリカではフォガ

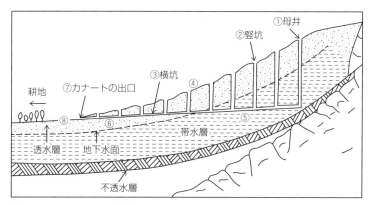

図1-9　カナートの構造（岡崎正孝『カナート　イランの地下水路』論創社、1988年、34頁を基に作成）

ラ、オマーンではファラジと呼ばれる。イランを中心として、東は中国のウィグルから、西はイベリア半島まで、さらに日本や南米でもその存在が確認され、世界各地で発生していたようである。カナートは、山麓でまず水脈に達するまでの深い井戸を掘り、そこから水を通すために非常に緩やかな傾斜をつけて横に掘り進んで地下水路を形成し、農地や集落に導水するシステムである。この際、工事用に換気と土砂の排出のために一定間隔で竪坑が掘られ、地下において竪坑の間を掘削して開通させ、これを繰り返し行って横坑をのばして行く。竪坑は30〜50mぐらいの間隔で作られるのが一般的で、全長数十kmに渡って形成されるものもある。カナートは地下水路を通すことによって水の蒸散を防ぐことができるため、乾燥の激しい砂漠地域に適した水利施設であり、水源のない遠方へと水を運ぶことを可能にした。この結果、水源の乏しい地域においても、村落形成や、灌漑農業が行えるようになるのである。

　カナートの起源についてはよくわかっていない。アケメネス朝ペルシアを起源とするものもあれば、はるか以前の前2000年にはイラン北西部に存在していた、あるいは気候変動によって各地で発展した、と諸説展開されている。カナートに関する最古の記録と考えられているのは、アッシリアのサルゴン2世が前714年にアッシリアの北に位置したウラルトゥに攻め入った際の記録である。そこには、ウラルトゥでは内部から導水された沢山の水路から耕地に水を引いていたこと、そしてサルゴン2世が水路の出口を破壊してこの地域を征服したことが記されており、この水路がカナートを指すと考えられている。さらにサルゴン2世の息子であるセンナケリブがアルベラに建設した地下水路の構造がウラルトゥのカナートと同じであることは、ウラルトゥから技術を導入したことを示していよう。

　カナートの起源や伝播は不明であるものの、アケメネス朝ペルシアで発展したことは疑う余地はないだろう。アケメネス朝ペルシアの諸王は国内において、ダム建設やカナート掘削による大規模な灌漑事業を展開している。この時期に、イラン高原各地でカナートが建設され、それまで不毛の地とされた乾燥地域に人工のオアシスが作られた。さらに征服した地域ではサトラプや貴族たちがカナート建設を推し進め、農地の拡大と生産力の向上に努めた。カナートの建設に要した膨大な労働力は、征服した地で得た捕虜たちが当てられていたことは想像に難くない。こうしてアケメネス朝ペルシアによる世界帝国の拡大はカナートの伝播を促し、荒涼とした地域は緑豊かな耕地へと姿を変え、農業生産

力は飛躍的に上昇した。

　その事例としてエジプト南西部のハルガ・オアシスを見てみよう。このオアシスは、ペルシア以前は開発が進められなかった地域であるが、ダレイオス 1 世の治世にヒビス神殿をはじめとする建築活動が行われ、同時にカナートを用いた開発がなされた。ハルガ・オアシスでは東西の交易路が交わる要衝の町には必ずカナートが存在しており、交通網の整備とともに町と農地の開発が進められた様子を窺い知ることができる。さらにハルガ・オアシスではカナートが独自に発展し、丘陵地で距離が短く勾配のきついカナートを生み出した。このようにカナートは、地域に合わせて発展、継承され、その地域の耕地開発を支える源泉となっていく。

　そして水を運ぶ技術をさらに進化させたのがローマ帝国である。ローマは水道管を用いて水を遠方に運ぶ技術をオリエントに持ち込んだ。砂漠地域で用いられた水道管は、直径10cmほどの素焼きもので、地表からそれほど深くないところに埋設される。膨大な労力を要するカナートに比べ、設営や配水、さらに維持も容易となった。ローマの水資源開発の例として、ナイル川と紅海を結ぶエジプト東部砂漠でみられる、井戸から水道管を通して家畜に給水するシステムや、井戸から水道管を敷設して要塞と城壁外の浴場に配水するシステムが挙げられる。またローマ支配下にあったハルガ・オアシスでは、行政が水を管理し、開発を進めようとする様子が 3 世紀の役人が記した井戸リストから見受けられる。そこにはオアシス内の水利施設の種類や場所、水質状況を調査した記録が残っていた。つまりローマは水利施設の設置に加え、それらを維持・管理するシステムを持ち込み、オアシスを発展させて行ったのである。

　世界帝国を建設したアケメネス朝ペルシアもローマ帝国も大河に依存した文明ではない。そのため彼らは水を遠方に運ぶ技術を持っていた。大河のもとに生まれたメソポタミア文明とエジプト文明は、これら大河を持たない帝国によって継承され、そして彼らの持つ水資源を開発する技術が、これらの文明を大河のない地域にもたらし、発展させた。

　古代文明は、ピラミッドのような巨大建築物や煌びやかな副葬品などから驚異の対象として語られることが多い。しかし水資源の獲得とその利用こそが古代文明の根幹であり、そこに古代の人々が懸命に生きた姿が映し出されている。

テーマ史3　アクエンアテンと一神教

1. 古代エジプトの多神教世界

　古代エジプトでは、「八百万の神々」の国と呼ばれる日本と同様に多神教世界が展開されていた。それも約3000年間にわたってである。空にはヌト女神が、陸にはゲブ神が、ナイル河にはハピ神が、そして湖にはセベク神がいると信じられていたのである。もちろん神々の家たる神殿にはそれぞれの神が棲んでいると考えられていたのだ。その上、神殿に祀られるような大神以外にも小さな神々が社会のあちこちに氾濫していた。人々の生活に深く根差した各家庭の台所や寝室にも神々は宿ると考えられていたのである。そういう意味では、古来数多くの神々を奉じてきた我々日本人と古代エジプト人とは感覚・感性に相通ずるものがあるかもしれない。古代エジプト人たちにとっての神々とは、極めて身近な存在であったということであろう。国中の至る所に神々が溢れていた空間、それが古代エジプトであったのである。

　しかしそれら古代エジプトの神々と日本の神々との間には明確に異なる特徴がある。それは古代エジプトの神々が極めて特異な外見を持っていた点である。アニミズム的に自然物をそのまま崇拝することもあったが、古代エジプト人が壁画やレリーフ、あるいは彫像として神々を表現する際には、上半身を生物で描き、下半身を人間のごとく描いた。たとえば死者を冥界へと導くアヌビス神

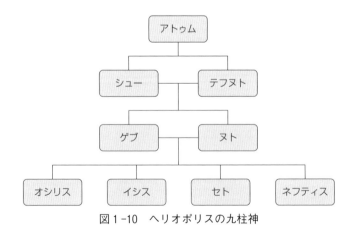

図1-10　ヘリオポリスの九柱神

は上半身がジャッカル（山犬）であるし、古代エジプト王の化身でもあるホルス神は上半身が鳥のハヤブサなのである。それら神々の中でも古くからよく知られているのが、古代エジプトの創世神話に登場するヘリオポリスの九柱神（図1-10）である。

　最古の都市のひとつであるヘリオポリスで創造されたと考えられているこの創世神話には、9つの神々が登場する。以下がその概略である。

　　　「原始に混沌の海ヌンがあった。そのドロドロした底からアトゥム神は出現し、最初の乾いた土地である原初の丘の上に立ったのだ。アトゥム神は自身の体液（精子）から息子である大気の神シュウと娘である湿気の女神テフヌトを創り上げた。さらにその彼らから生まれた兄妹である大地の神ゲブと天空の女神ヌトがオシリス神、イシス女神、セト神、ネフティス女神を生み出したのだ。ここに九柱神が出揃い、世界は始まるのである」

　人類はこれまでに世界各地で自分たちのアイデンティティの拠り所となる創世神話を創造してきた。しかし古代エジプトのものほど時代を遡ることが可能で、登場人物（神々）の特徴や個性がはっきりしており、なおかつストーリー性に富んだものは少ない。このヘリオポリスの創世神話を端緒として、時代を追うごとにメンフィスで、そしてヘルモポリスで新たな創世神話が発展していったのである。つまり古代エジプト文明はその歴史の最初から複数の神々と共に歩みを進めてきたのだ。後に編まれ、最終的にはナイル世界を越えて世界中に拡散した国民的神話「オシリス神話」もまた複数の神々が嫉妬・愛・復讐という誰しもが興味を惹かれるキーワードの中で活躍する大河ドラマであった。神殿の外壁に描かれた神々の図像や祭祀において上演された神話を題材とした演劇は、文字を読むことができない大多数の古代エジプト人たちに神々の実在性を示し、ある種の「畏れ」をもたらしたに違いない。日々神々に囲まれて過ごしていた古代エジプト人たちは、「お天道様が見ている」的な感覚を常に感じていたことであろう。この身近な神々の存在こそがマアト（秩序）を尊んだ古代エジプト社会を生み出したのだ。

　しかしそのエジプトにも唯一の例外時期が存在している。それが次に紹介する新王国時代第18王朝10代目の王にして、「異端の王」と称されるアクエンアテンの時代である。

２．アクエンアテンとその時代

　古代エジプトの伝統的多神教世界の中で国家神として唯一神を崇めることは例外中の例外であった。ここでは、この稀有な現象を引き起こした中心人物アクエンアテン王の実態と彼の治世について見ていきたい。

　新王国時代第18王朝の王たちは、アメン・ラーを国家神として崇め、アメン・ラーの加護のもと国を支配した。当時のエジプトは帝国主義の時代と呼ばれるほど対外的な領土拡張政策を実施していた。そのため敵国との戦争に勝利をおさめる度に、その勝利をもたらしてくれたアメン・ラー神への感謝の印として、神殿に金銀をはじめとした莫大な貢物や土地の寄進がなされたのである。その結果、次第に王権を凌ぐほどの強大な権力をアメン・ラー神官団は持ちはじめたのだ。おそらくそのような宗教者からの脅威は、アクエンアテンの父であるアメンホテプ３世、さらには祖父であるトトメス４世治世にはすでに深刻な問題となっていたと考えられる。

　そのようななか、アクエンアテンはアメンホテプ３世の跡を継ぎ最初アメンホテプ４世として即位した。しかし次第に政治的影響力を増すテーベのアメン・ラー神官団の力を抑え込むためには、何らかの大きな政策が必要であった。そこでアクエンアテンは、以下に挙げる前代未聞の三つの政策を実行に移したのだとされている。以下、それら三つの政策の持つ意味と実情について考えてみたい。

　　①アメンホテプ４世からアクエンアテンへの改名
　　②テーベからアケトアテンへの遷都
　　③伝統的美術様式からアマルナ美術への移行

　アメンホテプ４世の名で王位に就いた彼は、治世５年目に「アメン神は満足する」という意味のアメンホテプから「アテン神に有益なる者」という意味のアクエンアテンへと改名する。そしてエジプトで古くから崇拝されてきた神々を否定し、マイナーな神であった太陽円盤アテン神を唯一神とする「宗教改革」を実行に移したのだ。この動きはアメン神官団に対する拒絶だけではなく、その他の既存権力との決別を意味していた。アテン神は古代エジプトの伝統的な神々とは異なり、人間あるいは生物の姿を持たず、複数の腕と手を下方に伸ばした太陽円盤として表現される神であった。アクエンアテンは太陽神ラー（あるいはアメン・ラー）ではない、もうひとつの太陽神の信仰にシフトしたのである。

太陽神信仰そのものは、汎世界的な信仰形態であったことから、アテン神信仰はエジプト国内のみならず世界宗教へと発展する可能性をも秘めたものであった。ゆえに彼による太陽神の選択は妥当なものといえる。アクエンアテンの治世に特に盛んであったエジプト王家と東方の強国（ヒッタイ

図1-11　廃墟となった現在のアケトアテン（筆者撮影）

トやミタンニなど）との手紙（アマルナ書簡）のやり取りもまた彼が世界を見据えていたことを明確に示していた。しかしながら、実際にはアテン神信仰は中エジプトの新興都市アケトアテン（テル・エル＝アマルナ）（図1-11）から大きく拡大することはなかったのである。

　テーベからアケトアテンへの遷都もまたアメン神官団の影響から抜け出そうとした政策と考えて良いであろう。しかし、伝統的な宗教拠点であったテーベから目を離しアメン神官団に自由を許す行為は、両刃の剣であったはずだ。実際に新王国時代末期には、テーベは王のように振る舞うアメン大司祭を中心に自治を行う「アメン神権国家」とまで称されるほどの一大勢力となることが知られているからである。それでもアクエンアテンはアメン神官団と距離を置くことを望んだのだ。またエジプトにはアメン神官団と同じくらいの伝統と力を持つメンフィスのプタハ神官団の存在も知られていた。アクエンアテンはそちらと手を組むこともなかった。既存のあらゆる伝統的勢力の影響を遮断したのだ。そのためアクエンアテンは、地理的にちょうどテーベとメンフィスとの中間点であるアケトアテン、つまり既存の宗教権力の影響力が極力及ばない場所を新都として選んだのであろう。

　その新都アケトアテンにおいて花咲いた美術様式がアマルナ美術と称されるものであった。アマルナ美術の特徴は、一種官能的とも呼べるような曲線美を用いた「写実的」とも「自然主義的」とも表現される人物描写にある。なかでも最大の特徴は、アクエンアテンが異様なほど長い顔と女性的な臀部大腿部でもって彫像やレリーフで描かれたことだ。さらなる特徴として挙げられるのが、

図1-12　アクエンアテン一家団欒（G. Harris and D. Pemberton, *The British Museum Illustrated Encyclopedia of Ancient Egypt*, London, 1999, p.99）

アクエンアテンの家族を描いた数多くのレリーフ（図1-12）で、これまでにないような「親密性」や「家族愛」が表現された点だ。家族団欒の場面で子どもたちを抱き上げたり、キスしたりする場面が描かれたのだ。アクエンアテンは「愛」を重んじる王であった。その愛は自ら作詞した「アテン讃歌」の中でアテン神への愛と平和を謳っていることからも明らかである。このように文化という側面からもアクエンアテンはこれまでエジプトが培ってきた伝統を排除することを試みたのだ。

　しかしながら、治世17年にアクエンアテンはエジプトの公の記録から姿を消し、跡を継いだトゥトアンクアテンの治世に、王都アケトアテンは破壊され放棄されたのだ。都は伝統的な行政の中心地であったメンフィスに移された。トゥトアンクアテンは自らの名前をトゥトアンクアメン（ツタンカーメン）とへと改名し、アメン・ラー神を中心とした古代エジプトの伝統的多神教世界に戻って行ったのである。

　もちろんすべての失敗はアクエンアテンが若くして亡くなったことが原因なのかもしれないし、これまでに指摘されてきたようにアクエンアテンの統治能力が低かった、あるいは精神と肉体に先天的な問題（たとえばマルファン症候群を発症していた）があったのかもしれないが、1700年（あるいはそれ以上）もの間続いた伝統を短期間で打破するにはそもそも無理があったと考えるのが妥当であろう。それよりも「異端」、「病弱」、「精神薄弱」、「消極的」などというネガティブな形容とともに語られることが多いアクエンアテンだが、実際には歴代のどの古代エジプト王も実現できなかったことを三つもやり遂げた稀代の古代エジプト王と評価されるべきである。

3. アクエンアテンは最初の一神教者か？

　では古代エジプト社会に一時的とはいえ「革命」を起こしたアクエンアテン

は、太陽円盤アテン神のみを信じた世界最初の一神教者といっても良いのであろうか。これまでアクエンアテンというひとりの古代エジプト王が事あるごとに革新的な王として取り上げられてきたことには明確な理由がある。それは現在世界中で広く受け入れられているユダヤ教、キリスト教、イスラームなどの一神教の起源に関わる問題の存在だ。特にエジプト学を育んだ欧米の研究者たちにとって、自身のアイデンティティともいえる一神教とその起源についての論議は最重要課題であった。そのため彼らは一神教の起源をアクエンアテンに求めることがあるのだ。端的にいうと古代エジプト王アクエンアテンを一神教者モーセの先駆者的役割を果たした人物と見なそうとするのである。

　この傾向は歴史学・考古学以外の分野にもしばしば見られるものだ。たとえば『夢判断』で知られた精神分析学者ジークムント・フロイトは、自身の著書『モーセと一神教』の中で、「モーセはおそらくアクエンアテンの王宮の役人のひとりであり、そこで一神教の理念に触れる機会があったのだ」と述べている。それではアクエンアテンは、フロイトの言うように本当に人類史上最初の一神教者なのであろうか。あるいは『千の顔をもつ英雄』や『神の仮面』で知られる神話学者ジョーゼフ・キャンベルの主張するように、「富を蓄積するアメン・ラー神官団を批判する立場に立った最初のプロテスタント的存在であった」のであろうか。フロイトやキャンベルの取った立場をそのまま歴史学上の論議に持ち込むことには注意が必要であるが、既存の宗教観・歴史観を意識的に打破するひとつの手段としては有効であろう。ただし我々は以上の論議の流れのなかで、アクエンアテンの巧みな政策が現代世界の宗教観・一神教問題に囚われ、本来の意味を見失ってしまっていることに注意が必要である。

　そもそも古代エジプト王アクエンアテンは、国内外での争いごとを避け、家族を大切にし、国民にアテン神という画一性＝共通の崇拝対象、それも誰もが無理なく受け入れられる普遍的な太陽神信仰を持たせることでエジプトを平和に統治しようとしたはずだ。アクエンアテンは高い理想を掲げた崇高な人物であったのである。一方で一神教を代表するユダヤ教は、思想の核に選民思想を持つことからそもそも民族宗教的側面が強く世界宗教となることは難しい。今日一般的に世界宗教と認知されているキリスト教もまたイエスを死なせたユダヤ教を認めないことを考慮するならば完璧な世界宗教とはいえない。同様にイスラームもまた偶像崇拝を行うキリスト教を代表とした他宗教を認めることはない点が世界宗教としては少なからず障害となる。しかし先述したようにアク

エンアテンの唱えたアテン神信仰は太陽神信仰であったことから、唯一一神教の中で世界宗教となる可能性を秘めていた。アクエンアテンの早すぎる死は、エジプト国内における「大いなる実験の失敗」という以上に、世界平和の規範を人類が喪失したという大きな意味を持つ出来事でもあったのである。

参考文献

通　　史　オリエント世界における諸国の興亡

阿部拓児『アケメネス朝ペルシア——史上初の世界帝国』中央公論新社（中公新書）、2021年。

内田杉彦『古代エジプト入門』岩波書店（岩波ジュニア新書）、2007年。

河合望『古代エジプト全史』雄山閣、2021年。

小林登志子『古代メソポタミア全史　シュメル、バビロニアからサーサーン朝ペルシアまで』（中公新書）中央公論新社、2020年。

蔀勇造『歴史意識の芽生えと歴史記述の始まり』山川出版社（世界史リブレット）、2004年。

鈴木董、近藤二郎、赤堀雅幸編集代表『中東・オリエント文化事典』丸善出版、2020年。

アラン・ジェフリー・スペンサー編（近藤二郎監訳）『大英博物館　図説　古代エジプト史』原書房、2009年。

高宮いづみ『古代エジプト文明社会の形成』（諸文明の起源２）京都大学学術出版会、2006年。

長谷川修一『旧約聖書の謎　隠されたメッセージ』中央公論新社（中公新書）、2014年。

ウィリアム・ヴォルフガング・ハロー（岡田明子訳）『起源——古代オリエント文明：西欧近代生活の背景』青灯社、2015年。

前川和也編著『図説　メソポタミア文明』河出書房新社、2011年。

前田徹『都市国家の誕生』山川出版社（世界史リブレット）、1996年。

————『初期メソポタミア史の研究』早稲田大学出版部、2017年。

————『古代オリエント史講義——シュメールの王権のあり方と社会の形成』山川出版社、2020年。

テーマ史１　ミイラと古代エジプトの死生観

大城道則『古代エジプト　死者からの声——ナイルに培われたその死生観』河出書房新社（河出ブックス）、2015年。

大城道則編著『死者はどこへいくのか——死をめぐる人類5000年の歴史』河出書房新社（河出ブックス）、2017年。

田中宏幸、大城道則『歴史の謎は透視技術「ミュオグラフィ」で解ける』PHP研究所（PHP新書）、2016年。

ヘロドトス（松平千秋訳）『歴史』上巻、岩波書店（岩波文庫）、2007年。

吉成薫『エジプト王国三千年――興亡とその精神』講談社（講談社選書メチエ）、2000年。
P. A. Clayton, *Chronicle of the Pharaohs: The Reign-by-reign Record of the Rulers and Dynasties of Ancient Egypt* (London, 1994)（ピーター・クレイトン（吉村作治監修、藤沢邦子訳）『古代エジプト－ファラオ歴代誌』創元社、1999年）.
M. J. Raven and W. K. Taconis (ed.), *Egyptian Mummies: Radiological Atlas of the Collections in the National Museum of Antiquities in Leiden* (Turnhout, 2005).
R. Schulz and M. Seidel (ed.), *Egypt: The World of the Pharaohs* (Potsdam, 2010).

テーマ史2　古代文明と水資源

秋道智彌編『水と文明――制御と共存の新たな視点』昭和堂、2010年。
岡崎正孝『カナート――イランの地下水路』論創社、1988年。
織田武雄「カナート研究の展望」『人文地理』第36巻5号、1984年、433-455頁。
小堀厳「カナットの起源についての一考察」川喜田二郎編『石田英一郎教授還暦記念論文集』角川書店、1964年、157-163頁。
エヴジェン・ストロウハル（内田杉彦訳）『図説　古代エジプト生活誌』上巻、原書房、1996年。
高宮いづみ『古代エジプト文明社会の形成』（諸文明の起源2）京都大学学術出版会、2006年。
ヘロドトス（松平千秋訳）『歴史』上巻、岩波書店（岩波文庫）、1971年。
前川和也編著『図説　メソポタミア文明』河出書房出版、2011年。

テーマ史3　アクエンアテンと一神教

大城道則『古代エジプト文明――世界史の源流』講談社（講談社選書メチエ）、2012年。
―――『ツタンカーメン――「悲劇の少年王」の知られざる実像』中央公論新社（中公新書）、2013年。
ジョーゼフ・キャンベル（平田武靖訳）『千の顔をもつ英雄』上・下巻、人文書院、2004年。
ジークムント・フロイト（渡辺哲夫訳）『モーセと一神教』筑摩書房（ちくま学芸文庫）、2003年。
G. Harris and D. Pemberton, *The British Museum Illustrated Encyclopedia of Ancient Egypt* (London, 1999).
I. Shaw and P. Nicholson, *British Museum Dictionary of Ancient Egypt* (London, 1995)（イアン・ショー、ポール・ニコルソン（内田杉彦訳）『大英博物館古代エジプト百科事典』原書房、1997年）.
I. Shaw (ed.), *The Oxford History of Ancient Egypt* (Oxford, 2000).
T. Wilkinson, *The Thames & Hudson Dictionary of Ancient Egypt* (London, 2005)（トビー・ウィルキンソン（大城道則監修）『図説古代エジプト文明辞典』柊風舎、2016年）.

第2章

古代2　成熟する地中海世界

通　　史　地中海世界における古代ギリシア

1. 古代ギリシアの成立と発展

　ヨーロッパにて最初に文明が成立したのは、地中海の東北部沿岸に位置するギリシアであった。ギリシアでは、オリエント文明の影響を受けて、前20世紀頃にエーゲ文明と呼ばれる青銅器文明が誕生した。オリエント世界との交易を通じて発展していったエーゲ文明の繁栄ぶりは、各地で発見されている遺跡や発掘物から確認できる。ところがエーゲ文明は、前13世紀末に突如として崩壊してしまった。これ以後の考古資料が、急激に減少する事実が、そうした崩壊を裏づけている。崩壊の原因として、内部での争いや気候変動などが推測されてはいるものの、その明確な理由は判明していない。いずれにせよ、その後は数百年にわたって不安定な時代が続いた。

　前8世紀には、ようやくこうした状況から抜け出して、ギリシア語でポリスと呼ばれる都市国家が各地で成立していった。やがて人口も増えていくが、ギリシアの気候は乾燥がちで土地が痩せているので、増加した人口を支えるだけの穀物を十分には生産できなかった。そのため、土地が痩せていても育つオリーヴやブドウを栽培し、それらから加工したオリーヴオイルやワインと交換に、小麦を他地域からしばしば買い付けてきた。さらに、それでも賄いきれなければ、市民の一部が別の場所へと移住して、そこに新たに都市を築いた。ギリシア人は黒海沿岸やイタリア半島などにも移住していったため、結果として地中海世界の各地にギリシア人の都市が建設されていった。そうした都市同士が交易によって結びつき、ギリシア人の勢力範囲は拡大していった。

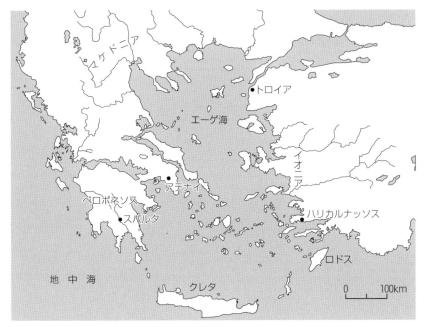

図2-1　ギリシアの地図

　ただし、各々の都市はそれぞれが独立していた。同盟によって他都市に従属させられる場合はあっても、ギリシア人としての統一国家を形成したわけではない。それぞれの都市が国家として自分たちの勢力を維持した。とはいえ、同じギリシア語を話しつつ同じような神話を共有する同一民族として、お互いを認知していた。

　独立していたがゆえに各都市は自治を行っており、市民たちによって統治されていた。ただし、都市に暮らす者すべてが市民としての権利を認められていたわけではない。古代地中海世界ではギリシアから後のローマに至るまで数多くの奴隷が存在しており、都市にも多数の奴隷が暮らしていた。奴隷は自由を与えられずに売買の対象となっており、当然ながら市民権も持っていなかった。さらに市民であっても、必ずしも全員が市民権を保持していたわけではなかった。その理由は、各都市の防衛と関わってくる。

　独立しているのだから、各都市の市民たちは自都市を守るべく兵士として従軍する必要があった。兵役は都市の存亡に関わるからこそ、参政権を得られた

のは兵士として戦争に参加した人間のみに限られていた。ただしポリスが成立したころは、まだまだ武器が高価であり自前で準備せねばならなかったので、武器を購入できたのは富裕層たる貴族のみであった。そのため、貴族と一般市民である平民の間に法的な身分差はなかったものの、平民は国政から排除されて、貴族が独占する結果となった。

　こうした状況は、植民市間の交易活動の活発化によって内部での商工業も発展していき、富を築いた平民たちが現れると変わっていく。平民たちが武器を揃えて国防を貴族とともに担うようになった結果として、参政権を要求しはじめたからである。やがて、貴族との闘争を経るなかで平民たちも参政権を得ていった。こうしてギリシアでは、民主政が発展していったとされている。その代表が、ギリシアでも最大の勢力を誇るポリスとなるアテナイであった。

　ただし、アテナイでの民主政の発展は、内部の政治的な動向によってのみ成し遂げられたわけではない。大きな意味を持ったのは、オリエントの大部分を支配していたアケメネス朝ペルシアによる、前5世紀初頭に生じたギリシア本土への侵攻であった。

２．アテナイの民主政

　ペルシア戦争と呼ばれるアケメネス朝ペルシアとの戦争では、前5世紀前半の間に三度にわたってアケメネス朝の遠征軍がギリシアへと侵攻した。ギリシアの連合軍はアケメネス朝の大軍に苦戦を強いられながらも、遠征軍を退けて勝利を収めた。

　この戦争で主導的な役割を果たしたのがアテナイであった。そのなかでアテナイでは、アケメネス朝の海軍に対抗して編成した船団において、櫂の漕ぎ手が不足する事態が生じた。そのため武器を買えない貧しい平民に協力を求めて、その代わりに参政権を付与したのである。その結果、前5世紀半ばには、兵役と関わりなく成人男性市民の全員に参政権を認める直接民主政が完成した。アテナイを含めた古代ギリシア・ローマの都市では、奴隷だけではなく女性や子供も参政権を与えられなかったものの、成人男性市民が参政権を持つ民主政が成立していったとされる。アテナイならば、軍事を含むあらゆる政治的な決定は、成人男性市民であれば誰でも投票できる民会で可決されなければ実行できなかった。

　さてアテナイは、ペルシア戦争での勝利における最大の貢献者として、ギリ

シアにて最大の地位を誇るに至る。だがまもなく、アテナイと同じく有力なポリスだったスパルタと争った、前5世紀末のペロポネソス戦争で敗北する。これによって、アテナイは地位を転落させて、さらにスパルタも別のポリスに敗れると、ギリシア世界は混乱の度合いを強めていく。

　これ以後のアテナイは、優秀な指導者の存在しない衆愚政治に陥ったと見なされがちであった。けれども、古代ギリシアの民主政の本質に基づけば、敗戦後の前4世紀前半のアテナイこそが最盛期であった。

　古代ギリシアの民主政にとって、市民が直接的に政治へ参加して運営することこそが重要であった。その観点からすれば、敗戦以後のアテナイこそがそのルールが徹底された時代である。政治決定が行われる民会では、成人男性市民ならば全員が参加できるものの、議題に対する賛成か反対かの投票しかできなかった。民会に議案を提出するのは評議会員のみに託されていた。ただし評議会員は、市民から籤引きで選ばれて、1年交代で任期を務めた。同じように、実務を担う公職者もそのほとんどが籤引きで選ばれていた。こうしたシステムそのものは、前5世紀にも整いつつあった。とはいえその頃は、市民たちは著名な政治家たちの主導のもとで政治へ参加する傾向が強かった。これに対して前4世紀には、特定の政治家に頼らずに、市民たちは裁判や民会へそれまで以上に頻繁に出席したり、自ら様々な役職に就いたりしながら、積極的に政治を担うようになっていく。

　前4世紀のアテナイには、前5世紀までのような著名なカリスマ的な指導者は現れていない。けれどもそれこそが、優秀な人物に政治を任せるのではなく、市民全員が自ら政治を担うという直接民主政が、アテナイで成熟した証しなのである。

3．アレクサンドロスとヘレニズム時代

　とはいえ、アテナイの対外的な地位の弱体化と並行して、諸都市間における覇権争いが激しくなり、ギリシア世界が混乱の度合いを深めたのは間違いない。この状況を大きく動かしたのは、ギリシア文化を受容していた北方のマケドニア王国であった。

　マケドニアは、もともとは北方の遊牧民族が建国したとされ、辺境の小国にすぎなかった。やがて、ギリシアとの交易を通じて少しずつ国力を高めていく。前4世紀半ばには、それまでよりもはるかに強大化して領土を拡大していった。

その後まもなく、ギリシア連合軍を打ち破り、ギリシアを勢力下に置いた。

　その後、国王となったアレクサンドロスは、東方遠征へ乗り出した。そして、アケメネス朝を滅ぼすとともに、インダス川流域までをも制圧していった。これによってギリシアの文化が東方へと伝わり、現地の文化と混じり合ったとされる。これ以後の時代はヘレニズム時代と呼ばれ、その影響はシルクロードを通じて日本にまで及んでいる。

　ペルシア戦争からアレクサンドロスの東征までの流れは、前5世紀前半にギリシア遠征に失敗して衰退したアケメネス朝が征服され、ギリシアの優れた文化がオリエント地方へと伝播したかのように見えるし、かつてはそのように捉えられがちだった。だが実態は大きく異なる。

　そもそもアケメネス朝の領土は、もともとギリシアよりも古いオリエント文明が発展していた地域である。したがって、決して後進地域だったわけではない。さらにアケメネス朝は、多民族が暮らしていたオリエント一帯を支配し続けていた。内部での反乱も生じてはいるものの、決して大きく揺るがせることなく国家を存続させている。さらに、アケメネス朝はペルシア戦争での敗北によって衰えたわけではない。アケメネス朝にとってのペルシア戦争は、局地戦での敗北にすぎない。それ以後もオリエントの大部分を支配する大国の地位を守り続けた。実際に前4世紀のギリシア人には、故郷を離れて豊かなアケメネス朝へ赴き、出稼ぎをしていた者が珍しくなかった。

　体制が整えられていたからこそ、アケメネス朝を滅ぼしたアレクサンドロスも、その統治システムや旧臣たちを活用しようとしている。けれども、新たな統治体制を築き上げる前に、アレクサンドロスは急死してしまった。結果として、その死後まもなく、後継者の地位を巡って臣下たちの間で争いが起きてしまう。臣下だった諸将が各地で王を名乗っていくつもの王国が並び立ち、王国同士の争いが生じていき、オリエントと地中海世界は再び諸勢力が分立する時代となる。

　ところで、諸王国の勢力が強くなったこの時代でも、ギリシア諸都市は諸王国に服従し続けていたわけではない。都市同士が同盟を組んだり、諸王国間を上手く立ち回って独立を維持したりなど、自治を守る都市も多かった。とはいえ、諸王国の存在を無視できたわけではない。何よりもその軍事力は決して無視できるものではなく、近隣の都市と争った際には仲裁を諸王国に頼むなど、下位の地位にあることを認めつつ独自の活動を行い続けた。諸王国も多くの都

市を味方に付けるべく、様々な優遇政策を行い保護者の役割を果たした。

　なお、諸都市の多くは何らかの形で民主政による内政を保つ場合が珍しくなかった。やがて、民主政の制度のもとで毎年の選挙で公職者を選びつつ、彼らに対外戦争を任せていたある都市が、諸王国を滅ぼしていく。イタリア半島で勃興したローマである。ローマは、地中海世界の諸王国が担っていた保護者の伝統を引き継いで、地中海世界全体を治める帝国となっていくのである。

テーマ史1　古代ギリシアの知

1．イオニア地方ではじまった「古代ギリシアの知」

　エーゲ海沿岸の主要部に当たるイオニア地方は、小アジアと呼ばれた。前10世紀頃にこの地方にはギリシア本土から人々が移住し、オリエントの影響を受けつつ独自の文化を開花させた。「初めて神々のことを語った人々」のひとりだといわれる、詩人ホメロスもこの地方の出身だと考えられている。さらに前6世紀後半、自然科学的な合理性を持ったギリシア人の活動がこの地からはじまっていく。いわゆる「イオニアの自然哲学者たち」が生まれ、活動したのがこの地域であった。

　「イオニアの自然哲学者たち」が語った内容は多様であり、探求の対象も様々であった。彼らに共通の信念のようなものは見られないが、共通点があるとすれば数学や天文学の業績があることだった。たとえば万物の根源が水だと主張したタレスは、「タレスの定理」を残しているし、ピラミッドの高さを測定したエピソードや天文観察をしていて井戸に落ちた逸話も伝わっている。

　多くの自然哲学者が誕生したイオニア地方で成長した人物に、「歴史の父」ヘロドトスがいる。ヘロドトスが生まれ育った前5世紀は、ギリシア世界が大きな岐路に立たされた時期でもあった。ペルシア帝国がギリシアを征服するため、二度にわたって遠征軍を派兵してきたのだ。アテナイを中心に海戦と陸戦を戦ったギリシア諸都市は、なんとかペルシア帝国を退けることができた。このペルシア戦争を記述したのがヘロドトスであった。

　ヘロドトスの生地に近いコス島では、ギリシア最大の医師ヒポクラテスも生まれている。こうした背景のもと、ヘロドトスとヒポクラテスらの医師が当時の知識や情報などを共有していたと想定する研究者もいる。実際、ヘロドトス

の作品には病と治療に関連する記述が多い。たとえば、ギリシアに侵攻したペルシア海軍の兵士たちが、死を顧みず勇敢に戦い瀕死の重傷を負った敵船の乗組員に手厚い治療を施した様子をヘロドトスは記している。またペルシア王カンビュセスがエジプト遠征中に発狂する記述が見られるが、ヘロドトスはこれを王の持病のてんかんと結びつけて考えていた。

2．アテナイにおけるソクラテスの活動

　前6-5世紀、世界の各地で「源流思想」と呼ばれる知的活動が活発に繰り広げられた。それは人間の生存を脅かす環境世界の変化に対して、世界そのものの根源的なあり方を原理的に探求する運動であったといえる。源流思想の中には世界の根源（アルケー）を問うだけでなく、問う主体の知的なあり方を問題にするものもあった。同時代の中国では孔子、インドではガウダマ・ブッダが、ギリシアではヘラクレイトスやソクラテスの関心が、世界から自己・魂へと向かっている。

　ギリシアの都市アテナイに生きた哲学者がソクラテスである（図2-2）。前6世紀末のクレイステネスの改革によって民主政を成立させたアテナイは、前5世紀にペルシア戦争とペロポネソス戦争を経て、独自の民主政が成熟していった。民主政を支える原理は自由と平等である。成人男子市民は、誰しも平等に政治に参加できる自由を持っていた。隣国ペルシアの大王による専制体制とも、同じギリシアのスパルタのような集団統制とも異なる、直接民主政の試みがこの時代のアテナイの最大の特徴である。

　しかし当時のアテナイ社会は、それぞれ「男の世界、女の世界」と形容されるように、公的世界と私的世界が分かれていた。政治を司る公的世界の中心には民会、劇場、法廷という三つの空間があり、そこでは多数決の原則から多くの人々を説得することが何より重視された。ポリスの政策を決定する最高機関である民会では、希望すれば誰でも登壇して意見を表明できたが、市民を説得しなくては軍事や外交などを決定することはできなかった。演説によって人々に自身の意見を認めさ

図2-2　ソクラテスの彫像
(Wikipedia Commons. https://commons.wikimedia.org/wiki/File:Socrate_du_Louvre.jpg)

せ、政策を推進できる弁論家が「政治家」と見なされたのである。

　演説がなにより重要視された時代において、民会や裁判で役に立つ弁論術を教えるソフィストと呼ばれる人々がもてはやされた。ソフィストは知恵を持つ賢者を名乗り、言葉を巧みに使って人々を説得する技術を授業料を取って教えた。言葉を使いこなし、人々を説得するための教育として、正しい言葉の使い方や多様な知識を記憶する術、詩歌を正しく解釈する力などを重視した。また説得の言葉が法廷で大切なのはいうまでもないが、アテナイでは劇場こそがそうした言葉の競演の場だった。とりわけ大ディオニュシア祭では毎回三人の悲劇詩人が、作品の上演を通じて観客に説得の言葉を投げかけ、優勝を目指して競い合った。

　ソクラテスはこのような時代を生きていた。しかし彼の特徴は、政治的な公的空間でも経済的な私的空間でもない、半公的、つまり「セミパブリック」ともいうべき公共広場の「アゴラ」で専ら話をしていたことである。ソクラテスは公と私の間に政治と生活が接して混じり合う中間的空間を見出し、そこを哲学の舞台としたのだ。アクロポリスの麓にあるアゴラは、人々が集まって商取引したり議論に興じたりする開かれた世界だった。ソクラテスはそこで年少でも年長でも、外国人でも町の者でも、金持ちでも貧乏人でも構わず、「一人ひとり」と対話を繰り広げた。ソクラテスが作り上げる一対一の人間関係は、対話者の身分や属性を参加資格としないという意味で平等であり、自分の意見や思想の表明に制限がないという意味で自由だった。ただし、こうしたソクラテスの立場は当時主流の考え方ではなかったため、ソクラテスは若者を惑わすとして訴えられ、死刑の判決を受け、毒杯を仰ぐことになってしまった。

3．プラトンとアリストテレスの学園

　古代ギリシア哲学はソクラテスの後を受けて、プラトンとアリストテレスというふたりの知的巨人に引き継がれた。プラトンはアカデメイアという学園を開き、そこで学んだアリストテレスは後にリュケイオンという学園を開いた。ソクラテスの時代は民主政が基本となっていたが、プラトンとアリストテレスは民主政には批判的であった。彼らが重要視するのは素人ではなく、専門家、熟練、高度な知識、学問である。たとえば、医者は長い時間をかけて勉強し、十分な訓練を経た後に病気を治すことができるようになる。同様に、政治家は身体の健康よりももっと難しい人間の幸福を配慮するのだから、それ相応の学

習と訓練が必要ではないか、という考えを持っていた。

　プラトンが重視したのはイデアである。イデアは感覚によって捉えられるものではない。たとえば、美のイデアは美そのものであって、つねに存在するものである。生じることも滅びることもなく、増大することも減少することもなく、ある面では美しく、他の面では醜いということはない。時間にも場所にも依存しない。特定の関係においてのみ美しいということもなく、ある人々にとっては美しいが他の人々にとってはそうではないということもない。

　そもそも、なぜイデアを知る必要があるのだろう。第一に、絶対的な尺度が必要だからである。感覚を通して得られる情報はそのつど変化しており、現在の自分にとって特定の時や場所に依存して伝えられるものにすぎない。本当のところを知らずして、ぼやけた尺度しか持っていないならば、的確に判断することはできない。時間や場所、関係や視点に依存することのない、完全な尺度を知っていてはじめて、「本当にそうなのかどうか」判断できるようになるはずだという。

　第二に、イデアはそれを認識することによって、実際にそうなることが可能となる根拠のようなものだからである。本当に美しくて善いものを認識しているからこそ、実際に美しくて善いものになることができる。もちろんイデアはこの世界の中で特定の人や物に現れるものではなく、理想として存在するようなものである。そうした理想があると想定して、それを明晰に知ろうとしていくのがイデアの探求である。ただし諸々のイデアがすべて同列に扱われているわけではない。学ぶべき最大のものは善のイデアだとされている。正しい事柄や他の事柄は、善のイデアが付け加わることでさらに有用なものとなる。

　しかしプラトンの弟子のアリストテレスは、イデア論を批判している。善のイデアなど認識しなくても、実際に人々はそれぞれの学問を自立して遂行しているからだという。彼は諸々の知性の種類を分けて捉えたり、それぞれの学問ごとにその基礎となるような原理や対象の独立性を認め、お互いに自律した学問として扱った。彼の取り組んだ学問は広範囲にわたっており、論理学、生物学、自然学、天体論、政治学、倫理学、詩学、弁論術などがある。彼は一つひとつの領域ごとに情報を集積し、体系化した。

　現代の学問の世界では、先行研究を調べることが要求される。自分の調べているトピックについて、すでに行われた研究はどのようなものがあるのかを調べたうえで、新しい自分の研究成果を付け加えることが求められるからである。

この点でも、アリストテレスはほとんどあらゆる学問において先行研究を調査
し、自分の調べたいトピックについて先人たちがどのような見解を提示してい
るのかを調査している。

　アリストテレスは、こうした純粋に知を求める学問を「自由な学問」と呼ん
でいる。ここでの「自由」とは、「生活の束縛から離れて自分のために生きて
いること」といった意味である。自由と対比される奴隷状態とは、生活の必要
を満たすために他の選択肢がない状態のことである。またアリストテレスは生
活に有用なことを判断できる思慮に関しては、人間と他の動物の有用なことの
内容は必ずしも一致しないが、そのような思慮自体は他の動物にも見られる特
徴であるとも述べている。

テーマ史2　ギリシア神話

1．ギリシア神話の本質

　ギリシア神話には、現代の私たちも耳にする名前がいくつも出てくる。たと
えば、神々の王ゼウスや戦いの女神アテナ、海の神ポセイドンといった名前を
一度は聞いたことがあるだろう。牛頭人身のミノタウロスや有翼人頭の獅子で
あるスフィンクスといった怪物、数多の怪物を退治したヘラクレスのような英
雄も同じである。ギリシア神話の物語は児童書から大人向けの解説書まで様々
な書籍が出ている一方で、ライトノベルやRPGなどでもしばしばモチーフとし
て利用されている。それらでは、本来のギリシア神話とは異なる設定で登場す
る場合も多い。となると、ギリシア神話を利用しつつ、勝手なフィクションを
作り上げてしまっているように見える。しかし実は、こうした現代におけるギ
リシア神話の改変とそれに基づく創作は、ギリシア神話の本質に近い。

　そもそもギリシア神話は、聖典のようなひとつの定まった物語としてまとめ
られているわけではない。古代ギリシア人が記した書物は、その大部分が散逸
してしまっているので、ギリシア神話に関する書物もほとんど残っていない。
にもかかわらず、現代まで伝わっているごく少数の文献の間でも、神話に関す
る設定が互いに異なる場合は珍しくない。さらに、壺絵やレリーフに描かれて
いる姿も一定ではない。

　なぜそのような食い違いが生じたのかについて、わかりやすい例はゼウスで

ある。ギリシアではそれぞれの都市国家が自治を行っていて、他都市と土地や
交易の権益をめぐってしばしば争った。そうしたなかで、自分たちの権威や伝
統を示すため、建国の祖先たちが神々の血を引くと訴えた。そのなかでも、特
に選ばれる機会が多かったのが、ギリシアの神々の中で主神に位置づけられて
いたゼウスである。結果として、自分たちの祖先はゼウスであるとの神話が、
各地で個々に語られていくことになる。さらに、祖国と結びつけられたエピソー
ドも挿入されていく。こうしてギリシア神話には、ローカルな逸話が次々と別々
の場所で組み込まれていった。それらの逸話は、後の時代に書き換えられる場
合もしばしばあった。そうなると、同じ場所の逸話であっても、微妙に異なる
設定で語られてしまう。それどころか、その両方がともに後世へ語り継がれる
ことすらあった。

　こうして、同じギリシア神話として語られていても、文献ごとに異なったり
矛盾したりする設定となって現在まで残る状態となった。ただし、そうした異
なる設定の存在こそが、改変がなされ続けたギリシア神話の本質を示している
のである。

２．ギリシア神話への外部からの影響

　加えて、ギリシア神話に基づく創作が現代でも生み出されているように、古
代ギリシア神話にも外部の神話に基づいて創られたとおぼしき逸話は珍しくな
い。わかりやすい例として、ギリシア中部のとある地方の王だったと語られる
デウカリオンにまつわる逸話を見てみよう。

　あるとき、人間の悪行に嫌気がさしたゼウスは、人間を滅ぼそうとした。そ
のために、大雨を降らせて大洪水を起こしてしまう。しかしデウカリオンは、
それを知った父親のプロメテウス神からの助言により、箱船をつくって洪水の
中を漂い続けて水が引くまで待ち、難を逃れた。

　この大洪水と箱船の逸話は、むしろ『旧約聖書』におけるノアの箱舟の逸話
としてよく知られている。ギリシア人は、他地域で語られていた神話上のエピ
ソードを自らの神話に取り込んで、洪水伝説を創作したに違いない。

　ただし、それでは『旧約聖書』がもともとのオリジナルなのかといえば、そ
れもまた違う。神話は、語られた地域の自然環境をしばしば映し出す。地中海
性気候のギリシアでも、『旧約聖書』を編纂したヘブライ人の暮らすパレスティ
ナ地方でも、洪水を思い起こさせるような状況は考えづらい。むしろ、しばし

ば洪水を起こすティグリス・ユーフラテス川のもとでこの逸話が生まれたと想定する方が自然でもある。実際に、ギリシア神話よりも『旧約聖書』よりも古いメソポタミアの神話において、大洪水についての神話がすでに語られている。したがって、メソポタミアの洪水伝説をもとにして、『旧約聖書』でもギリシア神話でも洪水神話が語られたと考えられる。

　かといって、ギリシアには水の脅威が存在しなかったわけではない。海である。ギリシア人にとって海は重要な交易ルートなのだから生命線であった。それと同時に海は、洪水はもたらさないにしても、嵐を引き起こして船を沈める恐るべき存在でもあった。実際にギリシア神話に現れる怪物には、海から生まれたと語られるか、海に巣くうと考えられた怪物が珍しくない。たとえばスキュラは、上半身は女性だが下半身は魚であり、腹部から6つの犬の頭部が生えていて、船を襲うとされた怪物である。海への恐れがあったからこそ、外部からもたらされた洪水伝説もギリシア神話のモチーフとして取り入れられたと考えられる。

　したがってギリシア神話は、当時の人々にとって荒唐無稽な昔話などではなかった。自分たちの暮らす世界の脅威を具現化した存在だった。加えて人々は、神話の世界から今へと続く歴史を信じていた。現代だと、神話から続く歴史などあり得ないと見なしがちである。けれども、神話で語られた物語は虚構にすぎないと断定すべきではない。というのは、創作にすぎないと見なされていた神話が、実際の歴史に基づいていたと判明した事例も存在するからである。その典型例が、トロイアという都市にまつわる神話である。

　ギリシア神話には、小アジアの北西にあったとされるトロイアが、ギリシア本土から攻め入ってきた軍勢によって、10年の戦いの後に滅ぼされたという物語が残されている。近代に至るまで、トロイアをめぐる神話は空想の物語と見なされていた。トロイアそのものが確認されておらず、創造上の都市にすぎないと考えられていたからである。けれども、発掘調査によって、滅んでしまったトロイアの遺跡が発見されると、実際の歴史をもとにギリシア人がその神話を創ったと判明したのであった。

　現実世界の出来事が、神話にさらなる影響を与える場合もある。トロイアの物語はまさにその典型である。トロイアの遺跡は、破壊とその後の修復が、1回だけではなく何回か行われた跡が確認されている。何回か破壊されたという事実を知ったギリシア人が、最終的に滅ぼされる前にも攻撃を被った、という

図2-3　怪物と戦うヘラクレス。ヘラクレス（右側の人物）が水蛇ヒュドラ
と戦っている（リチャード・バクストン（池田裕、古畑正富、服部厚子、池田太郎訳）『ギリシ
ア神話の世界』東洋書林、2007年、117頁）

逸話を新たに語るようになってもおかしくはない。実際に、トロイア戦争とは
別に、ギリシア神話で最大の英雄であるヘラクレスがトロイアへ攻め入ったと
いう逸話も語られていく（図2-3）。
　ギリシア神話は、その内容から当時の考え方を探るためのヒントになり得る
のは間違いない。ただしそれだけではなく、限られた史料しか残されていない
ためにしばしば困難を伴うギリシア史の探究に対して、思わぬ手がかりを与え
る貴重な文献にもなり得るのである。

3．非ギリシア人とギリシア神話

　やがてギリシア神話は、ギリシア人以外にも受け入れられていく。たとえば
北方のマケドニア王国である。マケドニアは前4世紀半ばにギリシア本土を勢
力下に組み込むが、かつてはギリシア人からは野蛮な人々が住む場所と見なさ
れていた。そのためマケドニアは、自らが野蛮人ではなくギリシア文化に連な
る存在だと示すために、王家の祖先をヘラクレスだと主張するようになる。
　同じようにギリシア神話と結びつくのが、やがてはマケドニアを滅ぼし、地
中海世界全体を勢力下に組み込んだローマであった。ローマ人の祖先は、亡国
のトロイアから逃げ出した王子アイネイアスだと語られていく。しかし実は、
この物語はローマ人が語りはじめたのではない。語りはじめたのはギリシア人
である。ギリシア人は地中海世界の各地へ植民した際に、現地への関心も強め

ていき、その歴史や伝説について記録を残していく。イタリア半島についても古くから記録を残していた。

　ただし、ローマ人の先祖はトロイア人であると記した史料は、現在のところ前4世紀までしか遡ることができない。それ以前には、トロイア遠征に従軍して、戦後に各地を流浪したオデュッセウスこそが、ローマ人の子孫だという解釈が広まっていた。それでは、なぜ前4世紀になって、ローマ人の先祖はトロイア人のアイネイアスであるという説が現れたのであろうか。

　ローマは地中海世界を勢力下に治めていくが、前5世紀まではイタリアの一都市にすぎなかった。そのためギリシア人は、ローマに特別の関心を抱きはしなかった。ところが前4世紀にローマが徐々にイタリア半島を征服していくと、関心を強めていくようになる。その過程において、ローマ人について考えを深めたギリシア人の中には、ローマ人はギリシア人とはそもそも異なった人間だと見なす者が現れる。すると、ローマ人の先祖はギリシア人ではなく、トロイア人のアイネイアスであるという説が語られはじめていく（図2-4）。

　やがてアイネイアスが先祖であるという考え方が、前3世紀には決定的になる。ただし、これもローマ人によってよりもむしろ、ギリシア人によって語られはじめた。前3世紀前半にローマは南イタリアへの侵攻を強めていき、最終的にはすべて勢力下へおさめた。その過程にて、南イタリアの諸都市はギリシ

図2-4　戦うアイネイアス。アイネイアス（右から2番目）が敵将（左から2番目）と戦っている。両者の背後にはそれぞれを援助する神々であるアテナ（左側）とアフロディテ（右側）がいる（*Lexicon Iconographicum Mythologiae Classicae*, vol.I. 2 ., p.299, no.38）

ア南部のエピロス王国に支援を求めて、国王自らがイタリア半島へと軍隊を伴って赴いた。その際に国王は、兵士を前にした演説でローマ人の先祖がアイネイアスであることに触れたという。そして、かつて自分たちの先祖はアイネイアスの故国であるトロイアを滅ぼしたのだから、その子孫であるローマ人に負けるはずがない、と兵士を鼓舞したという。

　このように、ローマ人の先祖がアイネイアスだという神話は、ローマにネガティヴなイメージを与える形でまずは活用されたのであった。ただし、イタリア半島を征服したローマの強さが周知のものになると、逆に積極的なつながりを求める動きも生じる。このすぐ後に、シチリア島の都市であるセゲスタ都市からローマへの支援の願いが届いた。その際にセゲスタは、私たちもローマと同じくアイネイアスを祖先とするので助けて欲しい、とアピールしたのである。

　このころまでに、すでにローマ人たちは、アイネイアスが自らの祖先であるという説を受け入れはじめていた。アイネイアスは確かに滅びたトロイアに属していたが、アイネイアス個人の評価が低いわけではない。十年にわたるトロイア戦争にて、ギリシア軍に対して死ぬことなく戦い続けていた点で、その武勇は認められていた。だからこそ、アイネイアスを自らの祖先として受け入れても問題はなかった。ただし、ローマよりも外部の人間がアイネイアスの神話を創り上げていったのは間違いないであろう。

　このようにギリシア神話は、ギリシア人以外においても、当時の実際の社会の状況が映し出されて変容していった。現代人の観点からすれば神話は荒唐無稽な物語に見えるかもしれない。だが現代であっても、フィクションとして想像した架空世界に、社会の状況を重ね合わせて描かれた作品が数多く存在し、読者もそのように読み解くのは珍しくない。ギリシア神話は、そうした現代の物語の先例なのである。

参考文献
第2章　古代2　成熟する地中海世界
通　　　史　地中海世界における古代ギリシア
周藤芳幸、村田奈々子『ギリシアを知る事典』東京堂出版、2000年。
高畠純夫、齋藤貴弘、竹内一博『図説　古代ギリシアの暮らし』河出書房新社、2018年。
橋場弦『古代ギリシアの民主政』岩波書店（岩波新書）、2022年。
Ｐ・プティ、Ａ・ラロンド（北野徹訳）『ヘレニズム文明——地中海都市の歴史と文化』白水社（文庫クセジュ）、2008年。

森谷公俊『興亡の世界史01　アレクサンドロスの征服と神話』講談社、2007年。

テーマ史1　古代ギリシアの知
伊藤邦武、山内志朗、中島隆博、納富信留責任編集『世界哲学史1　古代1　知恵から愛知へ』筑摩書房（ちくま新書）、2020年。
桜井万里子『ヘロドトスとトゥキュディデス——歴史学の始まり』山川出版社、2006年。
桜井万里子、本村凌二『世界の歴史5　ギリシアとローマ』中央公論新社（中公文庫）、2010年。
田中美知太郎『古代哲学史』講談社（講談社学術文庫）、2020年。
廣川洋一『プラトンの学園——アカデメイア』講談社（講談社学術文庫）、1999年（原書は1990年）。

テーマ史2　ギリシア神話
エリック・H・クライン（西村賀子訳）『トロイア戦争——歴史・文学・考古学』白水社、2021年。
庄子大亮『大洪水が神話になるとき——人類と洪水五〇〇〇年の精神史』河出書房新社（河出ブックス）、2017年。
————『世界の見方が変わるギリシア・ローマ神話』河出書房新社、2022年。
西村賀子『ギリシア神話——神々と英雄に出会う』中央公論新社（中公新書）、2005年。
リチャード・バクストン（池田裕、古畑正富、服部厚子、池田太郎訳）『ギリシア神話の世界』東洋書林、2007年。

第3章

古代3　地中海世界の諸相

通　　　史　　ローマの権威とその継承

1．ローマの成立と発展

　前1世紀後半に地中海世界全体に君臨する帝国となったローマは、もともと
はイタリア半島に存在していた多数の都市国家のひとつにすぎなかった。そも
そもローマ人は、前1000年頃にイタリア半島に移住してきたとされるラテン人
の一派である。ローマは他のラテン人と同じ規模の勢力にすぎなかったが、戦
争で勝利を重ねていき、やがて前3世紀前半には、イタリア半島の他都市をす
べて勢力下に組み込んでいく。

　そのように対外発展を遂げていく一方で、内部では前6世紀末に王政から共
和政へ転換した。ローマの国政を担う公職者は、毎年行われる選挙で選ばれる
ようになり、基本的にその任期は1年に留められた。一般市民は選挙で投票し
て公職者を選んだものの、公職に就くべく自ら立候補するのは極めてまれで
あった。どの市民でも公職者への立候補は原則として可能であるとはいえ、公
職者はほぼ無給だったためである。職に就いて生活費を稼がねばならない一般
市民は、万が一公職者に選ばれたとしても、無給で職務をこなすのは困難だっ
た。結果として公職に就いたのは、財産のあるごく一部の上流階級に限られた。

　とはいえ、公職者の人数は決して多くはなかったので、祖先や親族に公職経
験者がいる上層市民であっても、選挙に敗れて公職に就けない事態がしばしば
起きた。したがって、上流階級であれば世襲的に公職者に就けたわけではなく、
地位を失った家はいつの時代にも存在していた。

　さて公職者たちは、就任した公職に応じて財政・司法・軍事などの内政や外

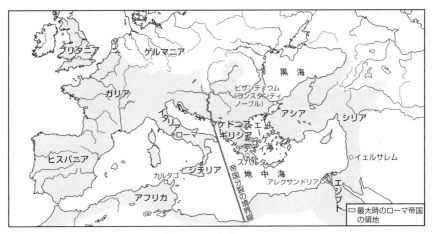

図3-1　古代ローマ

交を担っていた。その公職者のもとで、ローマは積極的に対外戦争を仕掛けて
いき、外部の民族や王国などを打ち破っていく。前3世紀末までには西地中海
を、前3世紀末までには東地中海の大部分を、それぞれ勢力下に置いていく。

　ただし、ローマの政治の方向性そのものを定めていたのは公職者ではなく、
元老院という組織であった。元老院は、一定以上の階級の公職に就いた人間が
ほぼ自動的に入る機関であり、議員としての任期は終身であった。元老院は、
公的には権限を保持しておらず、制度上は諮問機関にすぎない。けれども、元
老院議員には高位の公職経験者が数多く含まれており、現職の公職者といえど
も、元老院の威光という権威を無視できなかった。たとえば、公職者がどの地
域で活動するのかを指示するのは元老院であり、公職者はその指示に従った。
このように公職者は、元老院の意志を行動に反映せざるを得なかった。

　とはいえ、実質的に内政や軍事を担っているのは公職者であり、特に軍隊指
揮権を与えられたごく少数の上位公職者であった。担当地域は元老院が決定し
ていたものの、現地での活動の権限は上位公職者に与えられていた。その権限
には、戦利品の取得と分配も含まれていた。これは、公職者には蓄財の機会が
あったことを意味する。とくに、ローマの勢力が地中海を越えて拡大するよう
になると、獲得できる富は莫大なものとなった。

　結果として、そうした富を自らのものとした者たちのなかには、他の者たち
をも自分の派閥に組み込む者も現れ、より強力な政治力を持つごく少数の有力

者たちが登場するに至る。こうした有力者たちは、ローマの勢力拡大に伴った兵士の確保のために軍隊が市民兵から志願兵へと変化していった状況を背景に、前1世紀に入ると私兵を確保して政界内部で激しく争うようになった。

　その争いのなかで最終的に勝利して、独裁的な権力を握るに至った人物がカエサルである（図3-2）。カエサルは、他の有力者と同じく、あくまでもローマの制度に則って上位の公職へ就き、戦地での富の獲得と長期にわたる軍事遠征によって結束した軍団を基に地位を築いたにすぎない。ただし、ライバルを打ち破っていくなかで、保持していた勢力や権限がカエサルに集中していき、前1世紀半ばにはそれまでにないほどの独裁的な権力を持つまでになったのである。ただしその結果として、自分たちの権威を蔑ろにされたと感じた元老院議員たちに憎まれて、暗殺されてしまった。

2．皇帝と元老院

　とはいえ、カエサルは元老院議員と完全に敵対していたわけではない。そもそも元老院議員はローマ人に限られていたが、ローマの勢力範囲の拡大に伴って、イタリア半島の各地の有力者もローマの政界へと流入して、元老院議員になる者たちも現れた。さらにカエサルは、自らの遠征によって勢力下へ組み入れた北方のガリアの有力者も、元老院へ招き入れている。こうした者たちは、カエサルを強く支持していた。だからこそ、カエサルの暗殺後には、反カエサル派に反発するカエサル派の元老院議員たちも現れて、最終的には戦場で争う事態へと至ったのである。

　この争いに勝利したのは、カエサル派であった。その中心的人物となったのが、カエサルの養子として後継者に指名されたオクタウィアヌスである（図3-3）。その後、カエサル派の間でも対立が激化

図3-2　カエサルの彫像　左が、晩年のカエサルの姿を反映した彫像、右が、死後につくられたと推測されている、やや若々しく表現された像。ともに前1世紀半ばの制作(Miriam Griffin, ed., *A Companion to Julius Caesar*, Malden Mass.,2009, p.303, 309)

して内乱へと至ったが、オクタウィアヌスはこれに勝利した。その過程において
てローマは地中海世界全体を勢力下におさめる帝国となり、その頂点に立つ権
力者になった。一般的にこれ以後のオクタウィアヌスは皇帝に就いたとされ、
ここにローマ帝政がはじまる。

　ただしオクタウィアヌスは、あくまでも自分を市民の中の第一人者にすぎな
いと位置づけた。たとえば前27年に元老院から授けられた「アウグストゥス」
という称号は、「尊厳ある者」という意味である。後継者たちも、実質的には
皇帝と呼びうる最高権力者として君臨しているものの、絶対的な君主ではない
との姿勢をとった。

　さらにオクタウィアヌスは、「予は権威において万人に勝ったが、権限にお
いては他の人物を凌駕しなかった」と自らの業績録に書き残している。この言
葉は、「アウグストゥス」を自称することで市民からの支持を得ようとした、
彼の意識を示したものである。もともとローマにおいて「権威ある者たち」と
見なされてローマ政界の中心的存在だったのは元老院である。こうしたローマ
の元老院の伝統である権威を一手に集中させた存在が皇帝だったといえる。

　それでは、元老院は権威を奪われて意義を失ったのかといえば、そうではな
い。アウグストゥスは、元老院を公職者に就任できる身分として新たに制度化
した。以後は、元老院の下位に位置づけられた騎士身分とともに、支配階級と
してローマの支配を支えていくことになる。皇帝は就任者に対する実質的な任
命権を持つとはいえ、ひとりで広いローマを治めることはできず、公職者の存
在なくして帝国の統治は成り立たない。したがって、元老院と対立する事態が
生じたとしても、無視して切り捨てるわけにはいかなかった。

　やがて、広い帝国を統治す
るために相応しい人材を、帝
国各地の有力者からリクルー
トするようになっていくが、
その際にも元老院の存在は重
要である。そうした人材の多
くは、新たに元老院議員とし
て招き入れられたためであ
る。こうした元老院議員への
編入による人材の確保は、カ

図 3-3　オクタウィアヌスを描いた貨幣　前25
年頃（比佐篤『貨幣が語るローマ帝国——権力と図像の千年』
中央公論新社（中公新書）、2018年、ii頁）

エサルが本格的にはじめた手法であった。それがローマ皇帝のもとで継承されて一般化されていったといえる。

3.「小さな政府」と「権威」

　ただし、ローマは広い帝国を綿密に統治していたわけではない。ローマ帝国の最盛期である2世紀頃の地中海世界の人口は、約5000万人から6000万人と試算されている。そのうち、元老院議員は600人にすぎない。その下位にあり帝国の実務を支えた騎士身分は数万人前後は存在していたとされる。ただし、彼ら全員が常に帝国の行政に関与できたわけではない。公務に携わるローマ帝国の公職のポストは、2世紀に至っても数百ほどしかなかった。「帝国」という言葉から想像されるほど、ローマの支配は強権的でも中央集権的でもなかったといえよう。

　にもかかわらず、帝国内の各地の有力者はローマに服従していた。戦争に勝ち続けたローマは、地中海世界で並び立つものがいないほどの巨大な権威となってしまった。したがって、諸都市はローマの権威に属さざるを得ない。ローマの支配は、ローマが支配を強制したというよりも、勢力下の者たちによる自発的な服従によってこそ成り立っていた。

　そもそもオクタウィアヌスは、実質的にはローマ帝国内の最高権力者でありながらも、先に見た通り、市民のなかで最も権威ある者にすぎないと自称していた。ローマ帝国の対外支配が、どちらかといえば権威に基づくものであったことからすれば、権威と権限の関係はローマ帝国の内実とも符合していたのである。

　ただし、3世紀頃から北方のゲルマン人や東方のササン朝ペルシアなどの外敵からの圧迫を受けるなかで、軍事費の増大や商業活動の混乱が生じて経済的に不安定になると、ローマの統治は揺らいでいく。それは、ローマの権威の揺らぎにつながる。結果として、4世紀にはいるとローマ帝国では官僚制度が急速に発展し、3万人を超える官僚が勤務するようになったとされる。こうして、ローマは権威による統治から権限による統治へと変貌していく。ただし、それでもローマ帝国をもはや統一させたまま維持することは不可能となり、4世紀末にローマ帝国は東西へと分裂してしまう。東ローマは紆余曲折を経て15世紀半ばまで存続するものの、西ローマは5世紀末には滅んでしまった。

　このようにローマの権威は衰えていくのだが、人々が自ら進んで従うという

意味での権威は、帝国内部で生じた新たな勢力によって引き継がれた。キリスト教である。

　キリスト教は、1世紀初頭に生まれたユダヤ教徒であるイエスの教えに基づいている。イエスは、神への絶対愛や隣人愛などを説きつつ、当時の信仰のあり方を批判した。だがその結果、ユダヤ教の指導者たちの反感を買い、ローマへの反逆者とする告発にあって処刑されてしまった。しかし、イエスは死後によみがえったと信じられ、イエスを救世主、すなわちキリストと崇めるキリスト教が成立していく。

　キリスト教は、身分や貧富の差に関係なく神の愛が及ぼされるという教義ゆえに、救いを求める下層民の間で受容されはじめていく。ローマの統治が揺らいだ3世紀には、上流階級へも広く受け入れられていった。そしてついに4世紀には、公認を経て国教化へと至った。イエスとその弟子たちの言行をまとめた『新約聖書』の編纂も進められ、教義も確立していった。

　一神教であるキリスト教は、多神教であった地中海世界の諸文化から見て異質であるように見える。実際にキリスト教徒は、特に一般民衆からしばしば迫害を受けた。ところが、一神教の下地はローマによる地中海世界の統一によってすでに準備されていた。ローマ皇帝は自らに対する崇拝を特に求めなかったが、地中海世界の各地では自発的に皇帝を神格化して崇拝するようになっていた。神格化をアピールして、ローマの権威にすり寄りって皇帝の歓心を得ることで、目を掛けてもらい利益を得ようとしたのである。皇帝という一者を崇める点で、キリスト教と類似した性格を備えていったのであった。キリスト教が広まる前に、一神教的な環境の土台は帝政のもとですでに整えられつつあったといえる。

　国家の組織が変貌したローマでは、かつてのような自発的な服従が集まってくる権威という性格は衰えていく。けれどもキリスト教が、信者は進んで信仰するという意味で、そうしたローマ的な権威を継承し、新たな権威として君臨し続けることになるのであった。

テーマ史1　反ローマの武人ハンニバル

1．ハンニバル生育の背景

　古代ギリシア人は現在のレバノンにあたる地域をフェニキアと呼んだ。フェニキアにはテュロスやシドンといった都市があり、人々は主に海洋交易を営んでいた。鉄や錫などの鉱物資源を求めに西方へ船を出し、現在のスペインやポルトガルがあるイベリア半島の沿岸部にも植民都市をつくった。さらに遠方のブリテン島にも彼らの痕跡を見つけることができる。

　フェニキア人が西地中海に建設した都市の中で、最も発展を遂げたのがカルタゴである。前814/3年に建設されたカルタゴは、現在のチュニジア共和国の首都チュニス郊外に建設され、そのほかのフェニキア人が建設した植民都市と同じように大きな湾に面していた。前6世紀半ば以降、カルタゴが他の西地中海諸地域に新たに植民者を送り出したり、既存のフェニキア人の定住地を再編成したりする形で、カルタゴは西地中海の覇権を握っていくことになる。

　前4世紀になると今までカルタゴ国内を支配していた王権が転覆し、有力貴族を中心とした寡頭政体へと移行した。この政体のもとでカルタゴ社会は安定かつ円熟を迎え、文化面でもヘレニズムの要素を吸収していった。一方ティベリス河畔の一都市国家であったローマも、前4世紀後半にはイタリア半島における軍事的優位を不動のものにしていった。

　ハンニバルが生まれたのは前247/6年だと考えられている（図3-4）。カルタゴとローマの一度目の戦いである、第一次ポエニ戦争が行われており、彼の父が軍事的指揮権を与えられたタイミングであった。しかし結果的にカルタゴはローマに敗れてしまう。第一次ポエニ戦争敗戦後に起こったのが、カルタゴ軍の傭兵の反乱であった。相次ぐ戦争や反乱によって、カルタゴはシチリア島およびサルデーニャ島といった重要な拠点を喪失してしまう。残る活路は北アフリカから南スペインにかけて散在する拠点を掌握し、国力を回復することであった。

　前237年、傭兵の反乱を鎮圧した英雄であったハンニバルの父はイベリア半島に出発する。カルタゴを出発する際、父は九歳になる息子ハンニバルを連れて神に犠牲を捧げに行った。ハンニバルの右手を掴み祭壇に連れていき、犠牲獣の上に手を置かせて、決してローマの友になってはならないと誓わせたと

いう。

　スペインに拠点を移して数年後、ハンニバルか
ら見ると姉の婿である義兄が父の跡を継いだ。彼
は200頭の象を含む大軍を擁して「全イベリアの都
市」を手中におさめたといわれる。同時にスペイ
ン東南の角に「カルト・ハダシュト」、つまり本国
カルタゴと同じ名前の都市を建設して宮殿を構え、
スペイン支配の新たな拠点とした。いわゆる新カ
ルタゴ（カルタゴ・ノワ）である。この地は銀・錫
鉱山と塩田に近く、地中海きっての良港であった。

　しかしハンニバルたちがスペインに渡ってから
約15年後、義兄は暗殺されてしまう。アフリカ、
スペインの軍団は若きハンニバルを後任の将軍に
選び、スペインの在地の有力者たちもそのことに
異存はなかったようである。騎兵隊の指揮官として

図3-4　ハンニバルの彫像
（Wikipedia Commons. https://
commons.wikimedia.org/wiki/
File:Mommsen_p265.jpg）

傑出していたばかりではなく、ハンニバルの妻は在地の人間だったからである。

2．ローマを追い込んだ戦い

　ハンニバルの軍隊は職業軍人によって構成されていたという。歩兵はギリシ
ア・ヘレニズム世界の密集隊形戦術を採用し、この陣形を構成する重装歩兵は
カルタゴ周辺やアフリカ、スペインから補充された。これに軽装歩兵やバレア
レス諸島出身の投石兵も含まれた。騎兵は主にスペイン人から成っていたが、
最精鋭部隊を構成したのはアフリカのヌミディア人であった。またハンニバル
軍の戦象の主体は森に住むアフリカ象であったと考えられている。

　ハンニバルは将軍就任直後、すぐにイベリア半島内陸部に対する遠征を行っ
た。この遠征によりハンニバルの支配は半島の大半に及び、諸部族がますます
彼に服属していく。しかし前220年の晩秋、遠征から帰ってきたハンニバルを
ローマの使節が待ち構えていた。ハンニバルの支配が東海岸の都市サグントゥ
ムにまで及んでいる点を問題視したのだ。ローマの使節はサグントゥムがロー
マの支配下にあることを忠告したが、ハンニバルはその干渉を退けた。ローマ
はカルタゴ本国にも使節を送るが、本国がどのような返事をしたのかはわから
ない。前219年春、ハンニバルはこの都市の包囲に踏み切った。

　結果的にハンニバルはサグントゥムを陥落させた。この段階でローマはカルタゴ本国に使節を送り、最後通牒を突きつけた。戦争責任をハンニバルに覆い被せようとしたのである。しかしカルタゴ側はハンニバル引き渡しを含むローマの要求を受け入れなかったため、ローマは宣戦布告を行った。前218年、ハンニバルは新カルタゴに妻を残し、長征の途についた。ローマはシチリアに兵を結集してカルタゴ本国を衝くことになっていたが、イタリアに向かうハンニバルの動きを察知し計画を変更した。

　ハンニバルがピレネー山脈を越え、ローヌ川を渡ろうとしていたころ、北スペインに向かう途中のローマの執政官スキピオの軍勢が南仏のマッシリアに着いた。しかしハンニバルはガリアでローマ軍を迎え撃つことはせず、先を急いだ。そうでないと本格的な冬に突入してしまい、アルプス山脈を越えることができなくなってしまうからである。

　ハンニバルのアルプス越えには15日間を要したといわれるが、途中のルートはよくわかっていない。10月初め、ハンニバルはアルプスを越えてイタリア北部のポー川に達し、迎え撃った軽装備のローマ部隊をアフリカの軽装騎兵によって粉砕した。その後もハンニバルは兵士の数で優るローマ軍を戦術によって打ち負かし続けた。

　相次ぐ勝利の後、ハンニバルはローマと他都市との同盟を切り崩しにかかると同時に、諸都市の有力者たちとのネットワークを密接にしようとした。現在のナポリを中心としたカンパニアは、ローマのみならずカルタゴとも通商上密接な関係にあり、物品の生産・取引の点でもローマと競合していた地域であった。ハンニバルはこのカンパニアの中心都市カプアを反ローマの同盟に引き入れようとした。こうしてハンニバルは南イタリアへ向かう途上で、カルタゴ本国とも連絡を取ることができた。

　前216年春、ハンニバルはローマの物資貯蔵地カンナエを奪取し、そこでローマ軍を迎え撃ち、殲滅した。そしてこの大勝利の後、ハンニバルはローマに進軍することはせず、マケドニア王やシチリアの中心都市シラクサと同盟を結び、イタリア内だけではない地中海的な反ローマ網を形作ろうとした。前212年夏、ハンニバルの力は最大のものになったのである。

　しかし疫病の蔓延の影響もあり、シラクサはローマの手に落ちてしまう。さらにスペインのサグントゥムも陥落させられてしまい、新カルタゴにもローマ軍は迫っていく。さらにローマは、ハンニバルに付いていた都市カプアに焦点

を定める。南イタリアの他の場所にいたハンニバルはカプアに急行する。何も
できず撤退せざるを得なかったが、すぐにハンニバルはローマに向かった。ローマ
を急襲することで、ローマ軍がカプアの包囲を解くことを期待したのだと考
えられている。しかしその計画は見破られ、カプアはローマの同盟を離反した
見せしめに有力者たちは処刑され、自治市としての資格も剥奪された。
　カプアの陥落はハンニバルの力が失墜したことを明らかにした。同時にカル
タゴ本国の反ハンニバル派の勢力も動き出したことで、国内が二分されていく。
同じ時期、ローマの将軍スキピオが新カルタゴを陥落させた。この後もスペイ
ンにいたハンニバルの弟がイタリアにいるハンニバルとの合流を試みるが、そ
の途上で戦死してしまう。イタリアでハンニバルは孤立し、スキピオはカルタ
ゴ本国へと攻め入ったことで、カルタゴもハンニバルを急ぎ召喚せざるを得な
くなっていく。前202年春、スキピオとハンニバルはカルタゴ南方を舞台に戦い、
ハンニバル軍は敗れたことで、第二次ポエニ戦争は終結する。

3．敗戦後の人生

　戦闘のすぐ後、カルタゴの全権大使がスキピオ陣営に現れ、和平を申し出た。
スキピオの提示した条件はカルタゴのアフリカ内外の領土をすべて放棄するこ
と、さらに第一次ポエニ戦争の時の二倍の額の賠償金が50年賦で課された。ま
たカルタゴは今後アフリカの外で戦争を行うことは禁止され、アフリカでも戦
う場合はローマの許可が必要となった。カルタゴはこの条約を受け入れざるを
得なかった。
　ハンニバルが開始した第二次ポエニ戦争は、カルタゴ側の敗北で幕を閉じた。
しかし敗戦後も将軍職に留まっていたハンニバルが、ローマの要請で職を辞し
たのは前200年のことであった。その後ハンニバルは執政官に選ばれ、賠償金
を支払うべく国政改革に立ち向かう。特に納税システムの整備を図り、財産の
ある者から税を取ったと考えられている。このようなハンニバルの急進的な政
策は反ハンニバル派の反対を生んだ。前195年にはカルタゴ貴族の代表がロー
マの元老院で懇願をし、それを受けたローマの使節がカルタゴにやってきた。
狙いはハンニバルを追放することであった。ハンニバルは自らカルタゴを去る
決心をした。
　ハンニバルは船でカルタゴの母市テュロスに向かう。そのころ東方世界の指
導的立場にあったシリアの王アンティオコスが、ローマが関心を持っていた地

域に攻め込んでおり、ローマとの衝突の芽が膨らんでいた。ハンニバルはこの
アンティオコスと反ローマの協定を結んでいたのではないかとも憶測されてい
る。一方で第二次ポエニ戦争以降、ローマとカルタゴの貴族間の関係は深まっ
ていた。人質となっていたカルタゴ貴族がローマで教育を受けていたり、カル
タゴの捕虜が身代金の支払いなしで返されるなど、両国の貴族層の関係は比較
的良好になっていた。この親ローマ派の貴族が反ハンニバルの訴えをローマに
伝えたのである。

　ハンニバルはテュロスに到着し、その後小アジアの都市エフェソスでシリア
王アンティオコスと会談した。ハンニバルは賓客として敬意を表されたが、特
に明確な立場を与えられることはなかった。ハンニバルはしばらくシリアの政
策とは直接の関係を持たなかったが、ローマとの戦争に入るための外交的・軍
事的準備がアンティオコスには不足していることがわかっていた。ハンニバル
は助言をしたが、アンティオコスが手を打つことはなかった。前190年秋、ハ
ンニバルはフェニキア艦隊を率いて敵のギリシア艦隊と衝突したが、撤退せざ
るを得なくなった。

　アンティオコスがローマに敗れ、ハンニバルの最後の逃避行ははじまった。
小アジアを後にしたハンニバルはクレタ島に向かったという。クレタ島は逃亡
奴隷や犯罪人、海賊の集まるところであり、ローマの力は直接及んでいないよ
うに見えたのだ。しかしこの島にもローマの使節は追ってきた。ハンニバルは
最終的に黒海に面するビテュニアまでたどり着くが、ローマからハンニバル引
き渡し要求が届く。もはや逃亡できる場所もなくなったハンニバルは、自死を
選んだと考えられている。

テーマ史2　劇場からみる「ローマ化」

1．ローマ化と文明化

　ローマ帝国初代皇帝アウグストゥスの時代、都市文化の伝統が根付いていな
かった現在の西欧や北アフリカ地域に、次々と「ローマのような都市」が建設
されていく。ローマのような都市とは格子状のプランや広場、神殿、浴場や競
技場、劇場などの娯楽施設を持った、首都ローマの真似をした都市のことであ
る。このような都市が広がっていった現象を研究者は「ローマ化」と呼んだ。

　古代ローマ時代の歴史家タキトゥスは、ローマ人の生活を「文明（Humanitas）」という言葉で表した。同じく古代ローマ時代のギリシア人歴史家ストラボンは、ローマが支配した地域の人々がローマ的な生活様式で暮らすようになり、それ以前の言葉も忘れてしまった様子を報告している。このような古代の歴史家の記述を参考に、19世紀に近代歴史学がはじまった当初は「野蛮人を文明化させて平和を好む人々に変えることによって、文明世界への参加を促した」という進歩史観によってローマ化は語られてきた。しかし1990年代以降、進歩史観的ローマ化の概念は強く批判されることになる。なぜならこの概念の背景に、19世紀後半から20世紀初頭の帝国主義を正当化する考えがあったからである。

　このような帝国主義の影響を批判的に捉える研究者は、現地住民の役割を重視した。ローマ化は現地のエリートたちが権力と地位を維持する手段や戦略として行われたと主張した。現地の人々がそれぞれのやり方やその時の必要性に応じて「ローマ的なもの」を手に入れ、自分たちの政治的戦略として利用したのがローマ化だったと考えたのだ。現在ではローマ化は帝国内で画一的に起こったわけではなく、地域社会が自らの選択のなかで行ったことで、地域文化とも混ざり合いながら進んでいったと考えられている。

　ローマ化において特に重要な役割を果たしたのが巨大建造物であった。ローマ帝国に身を置くことは、広場や劇場、浴場、円形闘技場、神殿に囲まれて生活することであった。帝国各地の都市を訪れれば、様々な大きさの彫像やモニュメントを通じて、権力者たちの権威や帝国内の序列を体感することになった。その時、神殿、劇場、公共浴場などの巨大建築物は、都市内外の人々に対してローマの支配を視覚や体感を通じて全身で感じさせたのである。

2．先進文化としてのギリシア文化

　ただローマ化の基準を見つけるのは、それほど簡単なことではない。たとえば建築物を考える時に、ローマ建築の基準がナポリ湾に面した都市ポンペイの建築物とされてきたことも問題視されている。確かにポンペイは火山の噴火で埋まった都市であり、当時の生活の様子が良好な状態で保存されているため、非常に良い資料を提供してくれる。しかしポンペイとローマの文化はどれほど共通していたのだろうか。

　ポンペイはギリシア文化の影響が強い南イタリア・カンパニア地方の都市であり、もともとはローマよりも文化的に進んでいた。さらに南イタリアの多く

の都市は、ローマ帝国の支配下でもギリシア的アイデンティティを持ち続けていたことがわかっている。たとえば、ナポリの人々はローマ帝国下においても後2世紀までギリシア的な生活を送っていたし、東地中海世界との窓口であったプテオリと地理的に近かったポンペイもまた、文化的にオリエント世界の影響を大きく受けていたのである。

ローマもギリシアという先進地域から文化を輸入してきた。第二次ポエニ戦争期になると、ローマはギリシア文化の受容を目的とした使節を派遣している。しかしその一方で、戦後にはイタリア全土で外来のバッコス信仰が弾圧されたり、ギリシアの新ピュタゴラス派哲学者の文書が元老院によって偽造と判断され公衆の面前で焚書にされた。それだけでなく、ギリシアの哲学者がローマから追放される出来事も起きている。第二次ポエニ戦争後、ローマでは外国文化排斥の傾向が顕著に見られるようになっていく。

宗教や哲学だけでなく、ギリシア文化の代表的なもののひとつに演劇がある。前5世紀、アテナイのディオニュシア祭の一環として行われたのが最古だと言われ、神域と隣接したアテナイの大ディオニシオス劇場も前5世紀に建設されている。その後、ギリシアのポリスの中心には必ず劇場が造られていく。ギリシア都市には必ず存在するアクロポリスの丘の斜面を利用して観客席が造られていたことも、演劇そのものの宗教性の高さが窺えるだろう。

一方ローマの演劇は、前4世紀にエトルリアから招聘された踊り子による舞踊が起源だとされている。前3世紀後半にはリウィウス＝アンドロニクスがギリシア劇の台本を翻訳して上演したが、これがローマにおいて劇場で行われた初めての演劇であった。長らくローマの劇場は木造で、演劇が終わり次第解体されていた。石造りの劇場を造る動きもあったが、第二次ポエニ戦争後の外国文化排斥の潮流のなかで、ローマの元老院は新築の石造りの劇場を解体するよう命じている。劇場は争乱の源であり公序良俗に無意味かつ有害であり、ローマ人をギリシア的快楽に馴染ませるのは良くないという理由であった。

結局、前55年に時の権力者ポンペイウスが石造りの劇場を建てるまでの間、ローマでは演劇が上演される度に簡易劇場の建設と解体を繰り返すことになる。その結果、ローマに劇場が建設されたのはイタリアの他都市と比べてもずいぶん遅くなってしまった。

3．劇場のローマ的な「使い方」

　カエサルとともに三頭政治を行った権力者ポンペイウスが、ローマで初めての石造りの劇場を建設したのは前55年のことであった。この劇場は1万人以上を収容したことから、大劇場（テアトルム・マグヌム）や大理石劇場（テアトルム・マルモレウム）と呼ばれた。幅約95mの舞台を取り囲む半円形の観客席は直径約140mもあり、何段もの階段状になって数十mの高さにまで達したという。ポンペイウスの劇場はそれ自体も巨大だったが、列柱回廊を持つ圧巻の複合施設でもあった（図3-5）。

　さらにこの劇場は「マルスの野」と呼ばれる、特別な土地に建設された。マルスの野はローマ市の内外の境界に位置し、もともとは市内で行うことができなかった軍事的な行事を開催する場所であった。ギリシア世界ではアクロポリスの丘を観客席に利用したが、ポンペイウス劇場はマルスの野に建てられていることからも分かる通り、ローマの土木技術により丘の斜面を利用せずとも観客席を建設できた。ローマ帝国内に造られていった劇場も丘の斜面を利用することなく、都市内で利用可能な平らな土地に建立されるようになっていった。

　しかしなぜ、ローマにおいて特別な土地であるはずのマルスの野に、外国文化の代表である劇場が建設されたのであろうか。その背景には前91-88年に行

図3-5　ローマ帝国の劇場（筆者撮影）

われた同盟市戦争後の事情があった。同盟市戦争とはイタリア内の諸都市が
ローマ市民権を求めて起こした内乱だが、この内乱をチャンスと思った地中海
東部のポントス王ミトリダテスが属州内のローマ人やイタリア人の殺害を命じ
た。このミトリダテスを討伐するための指揮権を巡って、マリウスとスッラと
いうふたりのローマの将軍が対立することになる。そしてこのミトリダテス戦
争に必要な戦費を捻出するために、マルスの野の大部分が売却されることに
なってしまった。それから約20年後、ポンペイウスがこのマルスの野の整備に
着手することになったのである。

　そのポンペイウスが、ギリシア文化の象徴であった劇場をローマに建設した
背景には、東方遠征からの帰還途上に立ち寄ったレスボス島のミュティレネと
いうギリシア都市が関係している。ローマ時代の歴史家プルタルコスによると、
ポンペイウスは到着するとミュティレネ伝統の歌合わせを観劇した。彼の業績
のみが歌われたこともあり、大いに気にいったという。そしてローマに形、規
模、壮麗さにおいてミュティレネの劇場と同等もしくは勝るものを造りたいと
思い、外観と図面を書き写させたという。

　しかしポンペイウスは、ミュティレネの劇場と全く同じものをローマに造っ
たわけではなかった。ミュティレネの劇場とポンペイウス劇場の違い、それは
観客席最上部に神殿が存在する点であった。なぜ神殿を付設したのか。ローマ
時代のキリスト教神学者によると、ポンペイウスは演劇のための石造りの劇場
を建設した時の批判を避けるため、神殿を造ったといっていたという。

　だがポンペイウスは3回目の執政官の任期中に、劇場を神殿と呼ぶことと矛
盾するような行動を見せている。彼は自身の劇場のこけら落としに、体育や音
楽の催物、猛獣の演技も開催した。500頭のライオンが殺され、象の闘いは凄
絶な光景を展開した。これによって彼は人々の賛嘆の的となり、大いに人気を
得たという。

　以上からわかるのは、ローマに劇場を建てる際、ポンペイウスであっても口
実としてそれを「神殿」と呼ばなくてはならなかったということ、またその一
方で、民衆の人気を得るためには宗教性の高い演劇ではなく、動物同士の殺し
合いなどの「見世物」が行われたということであった。マルスの野が売却され
ていたとはいえ、未だローマの社会的エリート層にはギリシア文化を何の留保
もなく受容することにはためらいがあったと考えることができる。

　ポンペイウスとカエサルの内乱を経て、地中海を統一したアウグストゥスの

治世になると、ローマにはポンペイウス劇場、マルケルス劇場、バルブス劇場という三つの劇場がマルスの野に並び立つことになる。あれだけ拒んでいたギリシア文化の象徴としての劇場が一気に造られていったのである。またアウグストゥス治世には観客席の席順が決定した。最前列は元老院議員、それより後ろは14列目までが騎士階級。それから市民、女性、解放奴隷と続く。これによりローマ帝国内の階層秩序が可視化される仕組みになった。

　ローマ皇帝は時代が下るごとに祝祭日を増やし、劇場を娯楽の空間として自身のために利用した。劇場の政治利用は皇帝だけではなく、帝国の各都市の権力者も行っていたと考えられる。しかしそもそも劇場を奉献したり見世物を提供するという行為は、公職候補者の票集めや都市エリートが権力を獲得するために行ったのではなく、権力を保持しているが故に「恩恵を施す」ことを意味していたと考える研究者もいる。このように考えると、劇場の建設が新たな権力や支配の確立を積極的に意図していたわけではなく、従来からあった支配権が「目に見える形として出現したもの」と理解することができる。

　皇帝や社会的エリートなどの権力者は、劇場の観客席前列に座ることで公衆の面前に出ることになる。つまりローマ帝国における劇場の利用方法は、本来のギリシア都市におけるものとは異なり、ローマ的な「市民と権力者の意見交換の場」としての役割を期待されていたとも考えることができる。

　ギリシア文化という先進文化を取り入れ、それをローマ風にアレンジして使うことでローマの基本形は完成した。ローマ化とは、首都ローマのオリジナルの文化が帝国中に広がっていったわけではなく、ギリシア文化を中心とする文明（都市文化）を、各地の権力者が取り入れていった過程だった。劇場などの建築物それ自体というよりも、その「使い方」が広まっていったことこそが、ローマ化の本質だったのではないだろうか。

参考文献

第3章　古代3　地中海世界の諸相

通　　史　ローマの権威とその継承

井上文則『軍人皇帝のローマ――変貌する元老院と帝国の衰亡』講談社（講談社選書メチエ）、2015年。

ジリアン・クラーク（足立広明訳）『古代末期のローマ帝国――多文化の織りなす世界』白水社、2015年。

クリストファー・ケリー（藤井崇訳）『1冊でわかる　ローマ帝国』岩波書店、2010年。

新保良明『ローマ帝国愚帝列伝』講談社（講談社選書メチエ）、2000年。

田中創『ローマ史再考——なぜ「首都」コンスタンティノープルが生まれたのか』NHK出版（NHKブックス）、2020年。

長谷川岳男、樋脇博敏『古代ローマを知る辞典』東京堂出版、2004年。

比佐篤『貨幣が語るローマ帝国史——権力と図像の千年』中央公論新社（中公新書）、2018年。

ピエール＝マリー・ボード（田辺希久子訳）『キリスト教の誕生』創元社（「知の再発見」双書）、1997年。

南川高志『ローマ五賢帝——「輝ける世紀」の虚像と実像』講談社（講談社学術文庫）、2014年。

パトリック・ル・ル（北野徹訳）『ローマ帝国——帝政前期の政治・社会』白水社（文庫クセジュ）、2012年。

テーマ史1　反ローマの武人ハンニバル

栗田伸子、佐藤育子『通商国家カルタゴ』講談社、2009年。

長谷川隆博『ハンニバル』講談社、2005年（原書は清水書院、1973年）。

―――『カルタゴ人の世界』講談社、1991年。

本村凌二『地中海世界とローマ帝国』講談社、2007年。

A・ロイド著（本木彰子訳）『カルタゴ——古代貿易王国の滅亡』河出書房、1992年。

S. Lancel, A. Nevil (trans.), *Hannibal*, Oxford 1998.

テーマ史2　劇場からみる「ローマ化」

青柳正規『皇帝たちの都ローマ』中央公論社、1992年。

島田誠『コロッセウムからよむローマ帝国』講談社、1999年。

南川高志『海のかなたのローマ帝国——古代ローマとブリテン島』岩波書店、2003年。

S. Keay and N. Terrenato (eds.), *Italy and The West: Compative Issues in Romanizaiton*, Oxford, 2001.

P. Zanker, A. Shapiro (tran.), *The Power of Image in the Age of Augustus*, The University of Michigan Press, Ann Arbor, 1988.

第4章

中世1　古代の継承と中世ヨーロッパ世界の形成

通　　史　諸民族の移動と封建社会の成立

1．ゲルマン諸族の移動

　2世紀頃からはじまる地球の寒冷化にともなって、中央アジアでも寒冷化、そして乾燥化が進んだ。すると、もともとそこで暮らしていた遊牧民のフン人が、牧草地を求めて西へ移動をはじめる。黒海沿岸まで侵出したフン人に圧される形で、ゲルマン諸部族は移動を強いられた。西ゴート人はローマ帝国内のバルカン半島、そしてイタリア半島に侵出した後、ガリア南部に王国を築くと、さらにその勢力をイベリア半島にまで拡大させた。ヴァンダル人はガリアに侵出した後、西ゴート人に追いやられる形で北アフリカに上陸すると、カルタゴやシチリアなどを支配下におさめ、そこに王国を築いた。ゲルマン人によるローマ帝国の侵食が続くなかで、皇帝の力は徐々に弱まっていった。そして476年には、ゲルマン人の傭兵隊長であったオドアケルが、西ローマ皇帝を退位させた。こうして西ローマ帝国は滅亡することになる。しかしオドアケルも、その後イタリア半島に移動してきた東ゴート人によって退けられ、イタリア半島には東ゴート王国が成立することになった。

　西ローマ帝国滅亡後、ヨーロッパにはゲルマン人の王国が併存していたが、その後、最も勢力を拡大させたのが、フランク王国であった。フランク人は、もともとローマ帝国の境界付近に住んでいたこともあり、ガリアに住むローマ系の住民たちと交流があった。4世紀半ばに皇帝がフランク人を帝国領内に入植させると、彼らは軍事面で活躍し、ある者はローマの行政にも携わった。そもそもフランク人は、様々な部族集団に分かれていたが、それをクローヴィス

がまとめ上げメロヴィング朝を開くと、フランク王国の支配領域は大きく広がっていった。

　クローヴィスの死後、フランク王国はゲルマン人の慣習に従い、4人の息子に分割された。分割相続の慣習では、もしひとつの王統が断絶すると、その領土はほかの一族の家系に帰属することになっていた。それゆえフランク王国内では王族間での争いや暗殺が続いた。争いのなかで王国は統合と分裂を繰り返すが、その過程で力をつけたのが宮宰であった。宮宰は、内戦においては軍をまとめる存在であり、また内政では行政や財政の役割を担った。こうして宮宰の重要性が増していくなかで、王は徐々にその傀儡となっていく。さらに、宮宰のカール・マルテルは、トゥール・ポワティエ間の戦いでヨーロッパに進出してきたイスラーム勢力などに対抗し、フランク軍を勝利に導いた。軍事面で大きな名声をカールが得ると、その息子のピピン3世は、貴族らによって王に選出された。また、王としての正当性は、教皇からお墨付きを得ることで担保された。こうしてメロヴィング朝は終焉を迎え、新たにカロリング朝がはじまることになる。

　ピピン3世の跡を継いだカール（カール大帝、シャルルマーニュ）は、フランク王国をさらに発展させた。ランゴバルド王国を滅ぼし、ザクセン人やア

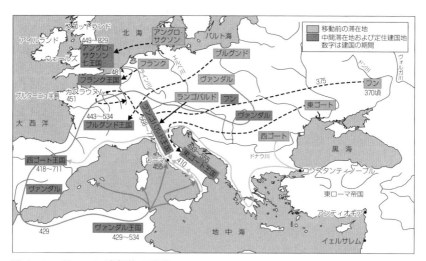

図4-1　ゲルマン諸部族の移動（神崎忠昭『ヨーロッパの中世』慶應義塾大学出版会、2015年を基に作成）

ヴァール人を撃退すると、その領土はイベリア半島を除き西ヨーロッパ全体に
広がった。この偉業に対してローマ教皇のレオ 3 世は、カールにローマ皇帝の
帝冠を授与した。こうして西ヨーロッパ世界に再び皇帝が復活することになっ
た。この一連の出来事は、教皇によって権威づけられる世俗の王、そして教会
を守護する王という両者の関係を確立させる契機となる。

　カール大帝死去の後、王国と皇帝位は嫡男のルートヴィヒ 1 世に引き継がれ
た。彼は「帝国計画令」を出し、長子のロタールに帝位を継承させ、帝国全体
の統治を担わせる一方で、弟たちには領土を付与するが、ロタールの宗主権に
服することを決めた。しかし、新たに子が生まれるとルートヴィヒ 1 世は、そ
の子にも領土を付与するとしたことで、父と子たちとの間で争いが繰り広げら
れるようになる。ルートヴィヒ 1 世の死後も、この争いは続き、最終的にはヴェ
ルダン条約により、ロタールは皇帝位とフリースラントからプロヴァンスにか
けての地域とイタリアを、弟のルートヴィヒは東フランク王としてライン以東
の地域を、末弟のシャルルは西フランク王としてエスコー、ムーズ、ソーヌ、ロー
ヌ川以西の地域を領有することになる。その後、ロタールが死去すると、今度
はメルセン条約によりイタリアはロタールの子ルイが保持し、残りの部分は、
ルートヴィヒとシャルルとの間で分けられることが確定された。こうして、後
のドイツ、フランス、イタリアの大枠が形づくられることになる。

2．ヴァイキングの侵攻

　カール大帝の死後、フランク王国が混乱している時期に、ヨーロッパ北部に
住んでいたヴァイキングは、ヨーロッパ各地に定住地を求めて進出するように
なっていた。ヴァイキングは地域によって呼ばれ方が異なるが、彼らが積極的
な活動を行うようになった背景には、気候の温暖化とそれに伴う人口増があっ
たとされる。以前からヴァイキングは、しばしばヨーロッパ各地で略奪を行なっ
ていた。しかし、人口の増大にともないそれを支える土地と食料が必要になる
と、侵攻の目的を、新たな土地への定住に切り替えた。

　5 世紀以降、ブリテン島にはゲルマン系のアングル人やサクソン人などが進
出しそれぞれが王国を築いていたが、9 世紀頃になると、ヴァイキングの一派
であるデーン人による侵攻が激しくなった。ブリテン島の諸勢力は平和金を支
払うことで難を逃れていたが、抵抗を続けたウェセックスのアルフレッドは、
最終的に彼らと休戦協定を結び、デーン人の支配地域をイングランド北東部に

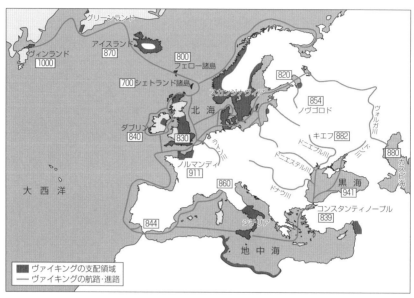

図4-2　ヴァイキングの移動（神崎忠昭『ヨーロッパの中世』慶応義塾大学出版会、2015年を基に作成）

限定することに成功した。その後、アングル・サクソン人の勢力がデーン人の支配地を奪回しイングランドの統合がなされ、エゼルスタンがイングランド王となる。しかし、再びデーン人の侵攻がはじまると、デンマーク王スヴェン双髭王の攻撃を防ぎきれず、王はノルマンディへと逃亡した。これを受けてスヴェン双髭王がイングランド王となる。その後、スヴェン双髭王が急逝すると、逃亡していた王の復位や新たな王の選出問題が起きるが、最終的にはスヴェン双髭王の息子であったクヌートがイングランド王となった。クヌートはその後、デンマーク王とノルウェー王を兼ね、さらにはスウェーデンの一部をも支配下に組み込んだ。こうして北海地域全体を統べる北海帝国が生まれた。しかし、クヌート死後帝国は分裂し、ブリテン島では再びウェセックス王家のエドワードがイングランド王に即位した。

　一方、バルト海からドニエプル水系にはいったヴァイキングたちは、川を下って黒海にも進出した。彼らは周辺地域を略奪することもあったが、地中海方面からくるギリシア人などと積極的に交易を行った。9世紀半ばになると、彼らは東スラブ系民族と融合しつつキエフ公国を建国することになる。また、ヴァ

イキングの活動は北ヨーロッパやロシア方面だけに止まらず、大西洋を南下して地中海にも進出した。

　フランスに向かったヴァイキングは、セーヌ川やロワール川を遡り、内陸部へも侵出して行った。各地でヴァイキングによる略奪が繰り返されるなか、西フランク王は彼らに一定の土地を付与し、そこでの定住を認めた。これが後に成立するノルマンディ公領の元となる。ノルマンディに定住したノルマン人は、11世紀になるとシチリア島に進出し、そこにシチリア王国を建てた。

　一方、イングランド王エドワードが死去すると、ノルマンディ公はその王位を求めて、ブリテン島に侵攻することになる。エドワードには後継者となる子がいなかったことから、王の死後、貴族たちの間で新たな王を選出する会議が行われた。そこで選ばれたのが、エドワードの義弟であるハロルドであった。一方、エドワードの母方の親戚であり、エドワードから後継者としての指名を受けていたとするノルマンディ公のギョームは、ハロルドのイングランド王即位を認めなかった。彼は自らが正式なイングランド王位継承者だと主張し、ブリテン島へと乗り込んだ。そして、ハロルドを打ち倒すと、イングランド王ウィリアム1世として戴冠した。いわゆる「ノルマン征服」と呼ばれるこの出来事によって、ブリテン島におけるノルマン人の支配がはじまる。また同時にイングランド王は、大陸とブリテン島の両方に領地を保持することになる。

3．封建制度と中世ヨーロッパ社会

　987年に西フランク王国では、カロリング家の後継者が途絶えた。すると、国王選出の会議においてパリ伯のユーグ・カペーが王位継承者に選出された。こうしてカペー朝がはじまる。一方、東フランク王国でも後継者が断絶すると、コンラディン家のコンラート1世が王となった。しかし、その治世は短く、その後王位はザクセン公ハインリヒ1世に移った。彼の長男であったオットーは王位を継承すると、イタリア王の侵攻を受けていた教皇の要請を受けて出陣し、教皇を救った。これを受けて教皇はオットーに対してローマ皇帝の冠を授与した。神聖ローマ帝国の土台はこうして築かれることになる。しかしこの時、皇帝が教皇選出に介入する権利を持つことになった。このことが後に教皇と皇帝との間に軋轢を生み出し、皇帝によるイタリア政策やグレゴリウス改革をもたらすことになる。

　フランク王国が東西に分裂して以降、勢力を拡大させていたのが、カロリン

グ朝期に公や伯などの位を授けられ、地方の支配を任されていた貴族たちであった。彼らは王から特権を受け、地方の統治を担っていたが、その後、公位や伯位そして付与された特権を家系内で世襲していく。西フランク王国では、こうした諸侯と呼ばれる貴族たちが徐々に王権から自立し、自らの権限で所領の支配を行うようになっていった。一方、東フランク王国では、皇帝の登場により貴族の自立化は一時抑えられたが、12世紀頃になると状況が変わり、諸侯の自立が目立つようになる。

　王や諸侯たちは、広い所領を支配するために、中小の貴族たちを利用した。中小の貴族は、王や諸侯に対してオマージュ（臣従礼）を行い、忠誠を誓う。それに対して王や諸侯は彼らに土地を付与する。土地を付与する方は封主、土地を受け取る方は封臣と呼ばれ、こうして構築される両者の関係は封建関係と呼ばれる。封臣は付与された土地を、さらに自身と封建関係を結ぶ封臣に付与した。このようにして、中世のヨーロッパ世界には、封建関係の網の目が張り巡らされており、封建関係を基調とした社会が成立していたとされる。

　封臣は封主に対して様々な義務を負った。たとえば、封主への助言や裁判集会への出席などが挙げられる。また封主が戦争を行う際、封臣は武器と兵士を自弁で揃え、封主のもとにいき、およそ40日間の軍事奉仕を果たさなければならなかった。しかし、当時のヨーロッパにおいて、ひとりの封臣が、同時にふたりの封主と封建関係を結ぶことがあり得た。そして、封主間で争いが起きた際、その封臣はどちらの陣営に付くのかが問題となる。こうした事態に備えて、オマージュ・リージュという、どちらのオマージュを優先するかを決めておく誓約もあった。

　封臣が義務を果たさないとき、封主は封建関係の解消を行い、付与していた土地を没収することができる。一方、封臣の側も、封主が自身の要望や期待に答えてくれない場合、自ら封建関係を解消することができた。ただし、その際、問題となるのが付与されていた土地である。当時の貴族にとって、土地は収入源であり、これを容易に手放すことはできない。それゆえ土地の返還をめぐり、封主と封臣とが対立することになる。この対立は武力によって解決されることもあれば、両者が封建関係を結び直すことで事態が終息することもあった。このように中世ヨーロッパにおける封建関係は、一度結べば解消できないつながりではなく、自らの立場に基づいて変化させることができるものであった。

　封建関係により土地が細分化されていくなかで、末端の支配領域で展開され

ていたのが荘園制であった。フランスでは、城主支配圏がその末端に位置するとされるが、その大きさはおよそ直径10kmであったとされる。荘園制で中心となる存在は領主であり、領主は領域内に住む住民を守り、秩序と治安を維持する役割を担った。領主の支配圏には領主自身が持つ土地と農民に貸与される土地とがあった。領主が持つ土地では、農奴たちの賦役と農民たちの労働により農作業が行われた。一方、貸与された農地では、農民たちが自由に農作業を行うことができたが、その一部は貢租として領主に収める必要があった。また、その他にも農民たちには領主から死亡税や領域外の結婚に対する税の徴収などが課されたが、これらは領主が農民たちを保護してくれることの対価であった。

　以上、封建制度について述べてきたが、この封建制度という用語自体は、中世の時代に使用されていたものではない。17世紀以降に啓蒙思想家が使用したことからはじまり、徐々に一般化していった用語である。封建制度という言葉が使用されていく過程で、この体制は前近代を象徴する体制と見なされるようになり、そして克服されるべき対象として扱われるようになる。また、マルクス主義においては、近代の資本主義に向かう発展の一段階として位置づけられた。つまり、封建制度という概念は、あくまで中世以降に生み出されたものであり、以上で示した封建制度は、中世以降に確立された概念に合わせる形で作られたひとつのモデルである。封建制度の実態に迫る研究は、現在も進められており、その結果、封建関係を結ぶ際、必ずしも土地を媒介にしなかったなど、その多様な姿が浮かび上がってくるようになっている。

　また、こうした封建制度に基づく社会体制は、8世紀以降の王権の弱体化、異民族の侵入、そして在地勢力間の争いの過程で形作られたものであったとされる。それ以前のメロヴィング朝期における統治体制は、ローマ帝国の時代から続くものを利用していた。フランク王国を拡大させたクローヴィスは、キリスト教に改宗しキリスト教徒を保護したが、その背景にはキリスト教徒がローマ帝国時代から続く行財政制度の担い手であり、彼らを取り込み既存の制度を利用する目的があったとされる。またカール大帝が西ローマ皇帝として戴冠したことも、ローマ帝国時代の遺産が受け継がれていたことを表している。ローマ帝国の遺産を引き継ぐ時代をポスト・ローマ期と呼ぶが、8世紀以降のフランク王国の混乱を経て、社会は新たな体制へと変わりポスト・ローマ期は終わりを迎える。封建制度が台頭してきた時代は、まさに古代からの離脱と本格的な中世のはじまりを示す時代であった。

テーマ史1　ラテン・キリスト教世界

1．キリスト教の拡大

　フランク王国の王クローヴィスは、3000人の家臣とともにキリスト教に改宗したとされる。フランク王国には、キリスト教の異端であるアリウス派の信徒や多神教徒が多くいたが、彼らは王の改宗にともなって、正統であるアタナシウス派のキリスト教を受け入れていくことになる。その後、フランク王国の拡大とともに、キリスト教もさらに広まっていくことになるが、改宗者たちはどのようにして自らの信仰をかえたのであろうか。また、多神教から一神教のキリスト教に改宗した者たちは、教会で祈りを捧げる際、本当にキリスト教の神に祈りを捧げていたのであろうか。それとも、キリスト教徒を装いつつ、これまで信仰してきた多神教の神に祈りを捧げていたのであろうか。

　ローマ帝国のもとで、キリスト教徒は徐々に信徒を増やしていった。それにともない各地で信徒の共同体が形成されていくと、その指導及び監督者として司教が選ばれるようになる。さらに、主要都市には司教座が設置された。こうして徐々に司教の管轄範囲が定められていき、帝国内に司教区が整備されていった。フランク王国においても司教区はほぼそのまま継承された。また、異教徒が多かった東欧や北欧にキリスト教が拡大していくと、そこには新たな司教区が設定された。こうして中世のヨーロッパには、司教区の網の目が隙間なく張り巡らされることになる。

　司教区の設定とともに整えられていったのが、聖職者の位階であった。聖職者は、司教、司祭、助祭、侍祭、祓魔師、読師、守門の7つの品級に分けられる。ちなみに教皇を補佐する枢機卿や、特定の司教に対する呼び名である大司教は、聖職者の位階ではない。聖職者には様々な職務と役割があるが、司祭以上の者には、信徒らに秘蹟を授けるという重要な任務があった。秘蹟とは人間を救済するために神の恩恵を授ける行為のことであり、カトリックではとくに洗礼、堅信、聖体、告解、結婚、叙階、終油の7つの秘蹟が重要視された。このうちの堅信と叙階の秘蹟は、司祭より上位にある司教のみが執り行うことができた。また、ヒエロムニスによって改訂されていたラテン語訳の聖書の使用も、徐々に広まっていった。

　このようにして、ヨーロッパではローマ帝国の時代から中世にかけて、キリ

スト教の教会組織が整えられ、信徒たちの信仰活動を支えるシステムが構築されていった。しかし、問題は異教徒を改宗させ、彼らにしっかりとキリスト教を浸透させることであった。個々の信仰心の変化や信仰の深さを、史料から浮かび上がらせることは困難である。そこで、宗教史家のルドー・ミリスは、異教徒にキリスト教が広まっていく過程について、ひとつのモデルを提示した。彼はキリスト教拡大と浸透の状況を、三段階に分けて説明する。第一段階は「集団の外面的行動を変える」、第二段階は「個人の外面的行動を変える」、そして第三段階は、「個人の内面的意識行動を変える」である。

　第一段階の「集団の外面的行動を変える」であるが、これは人々が集団としてキリスト教を信仰していく状況となり、新たな信徒たちが信仰活動を行える環境が整えられていく段階のことを示している。ローマ帝国内でキリスト教が国教化されると、帝国内の多くの人々は表面的にキリスト教徒となった。また、クローヴィスがキリスト教に改宗したことにともなって、フランク人も表向きはキリスト教徒となる。支配者の改宗にともない、被支配者もキリスト教徒となるなかで、先にも述べたように司教区の整備が徐々に進められていった。その結果、5世紀初頭には都市民の多くが、そして11世紀にグレゴリウス改革がはじまる頃には、西ヨーロッパのほぼすべての地域で、この第一段階が達成されたとされる。

　第二段階の「個人の外面的行動を変える」は、各人がキリスト教の儀礼を行い、キリスト教徒としての慣習を受け入れていく段階のことを示している。たとえば、子どもが生まれると、聖職者はその子に洗礼を施し、結婚の際には、教会堂で婚姻の儀式を行い、新婚夫婦に祝福を授けた（図4-3）。また臨終の際には、聖職者が最期を迎える者に終油を授け、葬式の際には魂の安寧を願う祈祷を行った。このように人生の節目に秘蹟が組み込まれることで、第一段階を済ませた信徒らは、徐々にキ

図4-3　新生児への洗礼を司教が施している場面（15世紀、パリ、フランス国立図書館）（河原温、堀越宏一『図説　中世ヨーロッパの暮らし』河出書房新社、2015年、100頁）

リスト教に馴染んでいった。しかし、第二段階で重視されたのは、あくまでキリスト教徒としての振る舞いを行うようになることであった。つまり、この段階でキリスト教に対する深い理解が求められたわけではなかった。

　第三段階の「個人の内面的意識行動を変える」は、心をキリスト教化する段階である。聖職者は第二段階を経た信徒に対して積極的に説教を行い、キリスト教徒のあるべき姿を信徒たちに示していく。また、信仰を内面化させるために、信徒たちには告解が求められるようになる。告解とは、信徒たちが罪の告白をし、それに対する贖罪をしてゆるしを得ることである。告解はカトリックが重視する７つの秘蹟のひとつであり、キリスト教徒が信仰を行ううえで欠かせない活動である。1215年に開催された第４ラテラノ公会議では、年に１回の聖体拝領とその前の告解が義務化されることになる。また聖体拝領で使用されるパンとブドウ酒は、聖別によってイエスの肉と血に変化すると説く化体説も、信徒たちの信仰の内面化に影響を及ぼした。

　以上の三つの段階は、時に第二段階から第一段階へと戻ることもあれば、二つの段階が同時に進行することもある。ミリスの説に従えば、この三つの段階を経て異教徒の間にキリスト教が広まり、そして浸透していった。

　しかし、一神教であるキリスト教において、神は遠い存在である。一方、神が複数おり、しばしば具体的な姿形をしている多神教の世界観では、神は身近に感じられた。こうした神と信徒との距離感の問題を解決してくれたのが聖遺物であった。聖遺物とはイエスの遺骸やイエスが身に付けていた物、またキリスト教徒の模範とされ、神への取りなしをしてくれる存在とされる聖人の遺骨や遺品などのことを指す。これらにはイエスや聖人の聖性が宿っているとされた。遺骨以外の具体的な聖遺物としては、イエスの脇腹を刺した聖ロンギヌスの槍、磔刑から降ろされた後イエスを包んだ聖骸布、イエスの血を受けた聖杯などが挙あげられる。また聖人の髪や爪、衣服や指輪なども聖遺物である。また、聖遺物の聖性は別のものにうつる性質があるとされた。たとえば、聖遺物を入れていた箱に聖性がうつり、その箱自体が聖遺物としての効果を持つようになる。聖遺物は目に見えるし、信徒たちも近づきやすい。こうした具体物を通して神の存在を認識するという手法は、もともと多神教徒だった者たちにとっては馴染みやすかった。聖遺物はゲルマン人へのキリスト教布教に、なくてはならないものであった。

　しかし、重要なのはこれが偶像崇拝となるか否かであった。キリスト教では、

偶像崇拝は固く禁じられている。もし、聖遺物自体を崇拝するのであれば、そこに神がいることになり、複数の神の存在を認めてしまうことになる。それゆえこの行為は認められない。しかし、聖遺物を崇敬し、これを通して神への取りなしを願うのであれば問題はない。こうした考え方で聖遺物崇敬は許容された。ただ、聖遺物自体を崇拝しているのか、それとも聖遺物を通して神に取りなしを願っているのかは、目に見えないし判別し難い。聖遺物崇敬は、偶像崇拝の危険を孕んでいたが、異教徒への布教が必要な状況下では、これを認めざるを得なかった。このことからもわかるように、キリスト教自体にも、異教徒に信仰を広めていく過程で変質した部分があった。

２．教皇と皇帝

　キリスト教の教会組織は、権威をもとに人々の信仰心を束ねる存在であり、本来は軍事力を持たない。それゆえ、迫害にあえば抗う術はない。そこで重要になるのが庇護者の存在である。キリスト教公認後のローマ帝国では、皇帝がその役割を担った。西ローマ帝国が滅亡すると、東ローマ皇帝がヨーロッパ全体のキリスト教徒の庇護者となる。しかし、その後、ローマ教会が徐々に西ヨーロッパのキリスト教徒をまとめる中心的な役割を果たすようになる。そしてローマ司教は、「教皇」として他の司教から一目置かれる存在となっていく。7世紀頃までは、教皇はあくまでコンスタンティノープル総主教に従属する立場でしかなかったが、ローマとコンスタンティノープルとの距離が地理的に離れていること、また単性論や聖画像崇敬といった教義上の問題で対立したこともあり、ローマ教皇は徐々に自立していった。

　ローマ教皇がコンスタンティノープル総主教の影響下から独立するためには、西ヨーロッパ世界において新たな庇護者を見出す必要があった。こうした状況で、フランク王国の王位を狙っていた宮宰のピピン3世が、教皇に使者を派遣し、自らを王として認めてくれるよう求めてきた。ピピン3世は教皇からのお墨付きをもらうことで、王への即位を正当化しようとしたのである。「実権を持つ者が王となるべき」との返答を教皇からもらったピピン3世は、メロヴィング朝の王を廃し自らが王となった。これに対してピピン3世は、教皇にとって脅威となっていたランゴバルド人を撃退し、ラヴェンナなどを教皇に捧げた。いわゆる「ピピンの寄進」である。800年には、教皇レオ3世がフランク王であったカールにローマ皇帝の帝冠を授けたが、これはフランク王が教皇

の新たな庇護者となることを示す出来事であった。カールの戴冠以降、皇帝になるためには教皇による戴冠が必要であるとの認識が定着していくことになる。

　962年にオットー１世が皇帝となる。彼は教皇を自らの影響下におさめようとしたため、教皇と対立した。その結果、オットー１世は教皇ヨハネス12世を廃位し、また教皇選出には皇帝の同意が必要であるとの条件を明確にした。さらにオットー１世を含め、その後の皇帝たちは、親族や自らの側近を聖職者として育て上げ、彼らを司教などに選任し各地の支配を担わせる、いわゆる帝国教会政策を展開していく。こうして教皇と教会組織は、徐々に皇帝の影響下に晒されていくことになる。

　その後の教皇と皇帝との関係は、協調的であった。たとえばハインリヒ３世と帝国出身であった教皇レオ９とは、協力して当時問題となっていた聖職売買（シモニア）の取締に取り組んだ。ハインリヒ３世が死去した後、新皇帝のハインリヒ４世がわずか６歳であったこと、また帝国内で起きた反乱に対処しなければならなかったことから、皇帝の教皇に対する影響力は低下した。この間に、教皇ニコラウス２世は「教皇選挙令」を制定し、教皇選出の選挙権を持つ者を枢機卿に限定した。俗人の選挙への介入をできる限り排除しようとしたのである。こうした流れの中でグレゴリウス７世が教皇となる。彼はまず、聖職売買を固く禁じ、聖職者妻帯（ニコライティスム）を断罪した。聖職者に対する改革という点で、ハインリヒ４世とグレゴリウス７世とは、同じ方向を向いていたといえるが、グレゴリウス７世はこれを成し遂げるためには、世俗権は教会に奉仕しなければならないとの立場をとった。そして1075年にミラノ大司教の任命をめぐる問題が勃発する。

　ハインリヒ４世は、テダルトをミラノ大司教として任命した。これまで何度も行われてきた俗人による叙任である。グレゴリウス７世はこれを非難する書簡をハインリヒ４世に送った。書簡を受け取ったハインリヒ４世は、グレゴリウス７世の廃位を宣言する。一方、グレゴリウス７世はこの知らせを受けて、今度はハインリヒ４世に破門を宣言した。有力な聖俗諸侯は教皇側に味方した。彼らの中にはハインリヒ４世の廃位を望む者たちもいたのである。形勢不利となったハインリヒ４世は、カノッサに滞在中であったグレゴリウス７世のもとを訪れた。再三会見は断られたが、三日後に漸くハインリヒ４世はグレゴリウス７世と対面し、破門は解かれた（図４-４）。この出来事の後も、一部の聖俗

諸侯はハインリヒ4世と対抗し続けた。この対抗勢力にグレゴリウス7世が加担したことから、ハインリヒ4世とグレゴリウス7世とは再び対立した。結局ハインリヒ4世が対抗勢力を退けると、次にイタリアへと侵攻しグレゴリウス7世がいたローマを占拠した。グレゴリウス7世はサン・タンジェロ城へと退避し立て籠った。その後、救い出されたグレゴリウス7世は、サレルノで死去する。

　こうした皇帝と教皇との対立をおさめたのが教皇ウルバヌス2世であった。彼は、外交政策で味方を増やすとともに、ハインリヒ4世の長男コンラートをも陣営に引き込んだ。1095年初頭にコンラートがハ

図4-4　カノッサでハインリヒ4世がグレゴリウス7世の前で破門の解除を求める場面 (Wikimedia Commons. https://fr.wikipedia.org/wiki/Pénitence_de_Canossa#/media/Fichier:Hugo-v-cluny_heinrich-iv_mathilde-v-tuszien_cod_vat_lat-4922_1115ad.jpg)

ンリヒ4世を幽閉し、ローマをウルバヌス2世に返上したことで、漸くこの対立はおさまった。その後、ウルバヌス2世は改めてグレゴリウス7世の改革を推し進めることを宣言し、皇帝に対する教皇の優位性を示した。その後、この成果をフランスでもアピールすべくクレルモン宗教会議が開催された。その場では改めて叙任権が教会に属することが述べられた。そして、この宗教会議の終了後、十字軍が呼びかけられることになる。

　クレルモン宗教会議が開催される以前に、セルジューク朝から圧力を受けるビザンツ皇帝は、教皇に援助要請を出していた。ウルバヌス2世は、演説で教会の敵と戦うことが贖罪に繋がると語ったとされる。この呼びかけに応じて、約1万5000人の騎士を含んだおよそ13万人が東方に向かったとされる。この第1回十字軍遠征により、イェルサレム征服は成功し、そこにイェルサレム王国を建てられた。十字軍遠征成功の背景には、ヨーロッパからの補給の継続とイスラーム勢力側の分裂があった。十字軍遠征の成功により、遠征を呼びかけた教皇の威信は高まることになる。しかし、12世紀末にサラーフ・アッディーン

がイェルサレムを奪還したこともあり、その後も東方に向かう十字軍遠征は何度も結成された。一方、十字軍が教会の敵と戦い贖罪を得る活動であることから、異端であるカタリ派（アルビジョワ）に対する十字軍や、エルベ川以東の異教徒に対する十字軍（北方十字軍）なども行われた。

　ウルバヌス2世が死去し、新たにハインリヒ5世が皇帝となると、叙任権をめぐる教皇と皇帝との対立が再熱した。叙任権問題は、1122年のヴォルムス協約によって一応解決されることになる。まず、皇帝は司教及び修道院長に対して、「指輪と杖」（教会権力の象徴）による聖職叙任権を放棄した。その結果、教会は帝国内で自由に聖職者を選出し叙任することができるようになった。一方、皇帝は「笏」（俗権の象徴）により選出された者に、世俗の財産と権限を授ける権利を保持した。ドイツでは、選出された者は先に皇帝から「笏」に基づいて財産と権利が授与され、その後、司教や修道院長となる。一方、イタリアやブルグンドでは、先に司教や修道院長になった後に、皇帝から世俗の財産と権利が授与される。この協約により、教会権力と皇帝権力との間に明確な境界線が引かれることとなり、その後およそ40年間は、教皇と皇帝との安定した共存が継続した。

テーマ史2　正教世界の成立

1.「ビザンツ」帝国

　395年皇帝テオドシウス1世の死後、ローマ帝国は東西に分割して継承された。476年イタリア半島のローマを首都とした西ローマ帝国が滅んだ後も、コンスタンティノープルを首都とする東ローマ帝国は1453年まで存続し続けた。とはいえ古代ローマ帝国の東半分がそのまま存続したわけではなく、独特の個性を有する帝国へと変貌しつつ存続したのである。16世紀の人文主義者はこの中世の東ローマ帝国を、首都コンスタンティノープルの古名ビザンティオンにちなんで、「ビザンツ帝国」と呼んだ。それ以後この名称は今日まで使われている。

　ビザンツ人はあくまで「我々はローマ人である」と称し続けたし、ビザンツの皇帝は「アウグストゥスの正統な後継者」であり、1453年までローマ皇帝権は途切れることなく受け継がれた。なかでもユスティニアヌス帝は、歴代皇帝

の勅令や著名な法学者の法解釈、学説をまとめさせ（『ローマ法大全』）、コンスタンティノープルに壮麗なハギア・ソフィア教会を建設した。そして古代ローマ帝国の再現を夢見て西方へ進出し、イタリア半島や北アフリカに領土を回復した。こうした点でユスティニアヌス帝は古代の遺風を体現していたといえるが、他方で532年競馬場に集まった市民の蜂起ではじまったニカの乱を、虐殺でもって鎮圧した。

　また、古代ローマ帝国を象徴する「パンとサーカス」も変質した。かつてコンスタンティノープルの競馬場では、年間100日以上も競技が開催され、市民は「青」と「緑」の党派に分かれて熱狂した。皇帝即位式も競馬場で行われ、市民たちが「ローマ人の皇帝万歳！」の声を上げたものであった。しかし7世紀以降、競馬場での競技は開都記念日や戦勝祝賀など国家的祝祭に挙行されるものとなり、青と緑の党派は「デーモス」（ギリシア語で「市民」の意）と呼ばれ続けたが、その役割は儀礼上のものに限定され、制服を着て宮廷に列席する存在となっていった。同様に、エジプトから運ばれた穀物で焼かれたパンが、コンスタンティノープル落成以来、6世紀初めに首都の人口が最大50万に達したときにさえ、毎

図4-5　ビザンツ帝国の盛衰（井上浩一、栗生沢猛夫著『世界の歴史11　ビザンツとスラヴ』中央公論、1998年、19頁を基に作成）

日無償で配給されていたが、619年にエジプトをササン朝ペルシアに奪われたことで、配給は途絶えた。

　ビザンツ帝国はついにはペルシアとの長い戦いに勝利したが、その栄光は束の間であった。ヘラクレイオス帝が苦労の果てにペルシアから奪回したシリア、パレスティナ、エジプトは、ムハンマドによるアラビア半島統一とともに急拡大してきたアラブ人に奪われた。アラブ艦隊は674年から678年までコンスタンティノープルを包囲した。このとき帝国を救ったのは、ちょうどこの頃発明された秘密兵器「ギリシアの火」であった。轟音とともに筒から発射される液体は火を噴きながら敵の艦船を焼き払った。また、コンスタンティノープルは天然の要害であり、西方に城壁を築くだけで城塞化できた。陸側の城壁は5世紀には三重の防壁となり、海側にも壁が築かれていた。度重なる首都包囲に耐え、およそ100年にわたるアラブの攻撃を凌いだビザンツ帝国は、キリスト教世界にとっての防波堤となったのである。

　一方、黒海北岸からドナウ川下流域にかけての草原地帯は中央アジアからの遊牧騎馬民族が移動を繰り返しており、ドナウ国境防衛のために帝国は次々に現れる勢力への対処を強いられた。7世紀初めにはアヴァール人とその支配下にはいったスラヴ人諸部族が、ペルシアと結んで帝国に侵入し、7世紀後半にはブルガリア人の一部が黒海北岸から移動してきてバルカン半島に定着すると、コンスタンティノープルの城壁にまで攻め寄せた。

　ビザンツ帝国では、東方からのアラブ人の攻勢やバルカン半島へのスラヴ人やブルガリア人の侵入という危機的状況に対して、7世紀後半から8世紀にかけて軍団司令官が管区内の軍事と行政を掌握する「テマ制（軍管区制）」が成立した。9世紀になると中央集権的な新しい行政システムとして完成し、テマ長官は宮廷内でも序列の高い位置を占め、皇帝専制体制のもとで帝国を支える存在となった。

2．教 会 分 裂

　コンスタンティヌス帝が公認したキリスト教は、テオドシウス帝によりローマ帝国唯一の公認宗教とされた。ではキリスト教において「父なる神、子なるイエス、聖霊」は相互にどのような関係にあり、「人の子イエス」は「神の子、キリスト」としてどのように位置づけられるべきなのか。初期のキリスト教会はこの根本教義の構築に多大なエネルギーを費やした。325年のニケーア公会

議から787年の第2ニケーア公会議までの7回の普遍公会議（全地公会議）により、「父なる神、子なるイエス、聖霊は三位一体」であり、「三つの位格は同格・同質」であること、そして「聖霊は父から発する」と定まった。しかしながら、公会議で異端として排除されたネストリウス派や単性説への支持は特に東方の教会で根強く続いた。また、カルケドン普遍公会議が「コンスタンティノープルにローマと同等の名誉を与える」と決議したことは、使徒ペトロの後継者を自任する教皇が全教会に対するローマ教会の首位性を公式に宣言する引き金となった。

　ビザンツの国内政治もキリスト教の神学論争が複雑に絡み合いながら展開した。ビザンツでは7世紀末に「キリストは人の姿で描くように」定められ、キリストや聖母を描いたイコン（聖画像）が聖遺物と並ぶ崇敬対象として広まった。しかし、イコンの使用は偶像崇拝につながると考える主教らもおり、論争となるなかで生じたのが「イコノクラスム（聖画像破壊）」であった。イコノクラスムに対して教皇はイコン擁護を宣言し、イコン批判派を破門したので、イコノクラスムは西方には広まらず、むしろ両教会をさらに疎遠にした。

　751年ビザンツ帝国のイタリア支配の拠点ラヴェンナがランゴバルト人によって占領されたが、皇帝はもはや奪回のための軍事行動を起こさなかった。同年、教皇はカロリング家のピピンによるフランク王位奪取を支持し、カロリング朝フランク王国との結びつきを強めた。800年に教皇レオ3世はフランク王カール1世に「ローマ皇帝」の帝冠を授けた。教皇がビザンツ帝国の宗主権から完全に離脱するためには、自らもローマ皇帝を持つことが必要だったからである。このような西方の動きに対してビザンツ側は、カールを「フランク人の皇帝」と呼び、対等な存在とは認めなかった。

　東西両教会の対立を決定づけた神学論争が、フィリオクェ問題である。「聖霊は父から発する」と定めたニケーア信条はエフェソス普遍公会議において文言の改変を禁じられた。ところが西方の教会では、「父と聖霊と子の神性が同じで父から聖霊は発出するなら、子からも発出するはずである」というより合理的な解釈が取られるようになり、西ゴート王国でニケーア信条をギリシア語からラテン語に翻訳したときに「子からも」が付け加えられた。これが「フィリオクェFillioque」である。フランク王国では「フィリオクェあり」信条の使用が一般化したが、9世紀初めにイェルサレムで、フランク人修道士が加筆改変された信条を唱えていることを東方教会は問題視し、論争が巻き起こった。

教皇も当初は「フィリオクェあり」を容認しなかった。ところが962年の「オットーの戴冠」以降の教皇は、ドイツ王の意向に左右される状況に置かれた。1014年に皇帝戴冠したハインリヒ2世が「フィリオクェあり」信条の使用を主張すると、教皇はすぐに受け入れた。これより「フィリオクェあり」がカトリック教会の典礼と神学の唯一正統な教説となり、それを認めない東方教会をむしろ正統からの「逸脱」と見なすようになった。

　11世紀半ばにノルマン人が南イタリアへ進出してビザンツ領を次々に奪うようになった。ノルマン人の勢力拡大は教皇にとっても脅威と映ったので、教皇とビザンツ皇帝の軍事同盟が提案された。しかし、コンスタンティノープル総主教ケルラリオスは、南イタリアのビザンツ領でラテン式慣行、とくに聖体祭儀で酵母を用いないパンが使用されていることを批判した。これに対して1054年コンスタンティノープルを訪れた教皇特使フンベルトゥスは、ローマの首位権やフィリオクェの正統性を乱暴に主張したうえ、聖職者の結婚や髭をたくわえるなどの東方の慣行を否定した。挙句、フンベルトゥスはハギア・ソフィア教会の祭壇にケルラリオスとその同調者への破門状を叩きつけて帰国した。これに対してケルラリオスはフンベルトゥスらを破門した。この破門はあくまで個人を対象としたものであったが、結果的に東西両教会の分裂が決定的なものとなったのである。

3. 「ビザンツ世界」の拡大

　皇帝ニケフォロス1世がブルガリア軍に殺害されて以降、帝国の対外政策は、皇帝親征によるバルカン半島の再征服ではなく、通商関係の拡大とキリスト教の布教による「ビザンツ世界」への統合を進めることで、帝国への脅威を取り除く方向へと転換していった。ところがフランク王国も周辺地域の諸民族のキリスト教化を促したため、とりわけ中欧において東西両教会による勢力争いが生じた。

　9世紀初めにフランク王国がアヴァール人を征服すると、中欧にスラヴ人を主体とした「大モラヴィア国」が成立、831年には首長モイミールがパッサウ司教の手により改宗した。しかし、さらなる信仰の導きと東フランクからの圧力への牽制を求めて、支配者となったロスティスラフは862年ビザンツ皇帝に聖職者の派遣を要請した。これを受けて皇帝ミカエル3世はテサロニケ出身の兄弟キュリロスとメトディオスを派遣した。ふたりはモラヴィア人への伝道の

ためにギリシア語小文字をもとにした「グラゴール文字」を作り、スラヴ語で
典礼を行った。こうしてモラヴィアで東方教会の聖職者と西方教会のフランク
人聖職者とが競合することになった。フランク人聖職者は、スラヴ語で典礼を
行いフィリオクェを認めない東方教会の聖職者を異端視して対立した。

　また、ビザンツとの交易を通して王権を強化したブルガリアは864年頃にボ
リス・ハンがキリスト教に改宗し、コンスタンティノープル総主教の管轄下に
入った。ところが、より自立したブルガリア教会の成立を期待したボリスは、
教皇やフランク教会とも接触した。すると、西方から到来した聖職者がブルガ
リアで行われていたビザンツ式（ギリシア語）典礼をラテン式典礼に改め、ラテ
ン化を推し進めたため、コンスタンティノープル総主教は強く反発した。

　870年にブルガリア教会は東方教会に帰属することが決定されると、ブルガ
リアはモラヴィアでフランク人に弾圧されたメトディオスの弟子らを迎え入れ
た。ギリシア語の典礼書をはじめ聖人伝や説教集などがスラヴ語に翻訳され、
グラゴール文字をもとに作られたキリル文字で記されるようになった。その後、
ブルガリアは1018年にビザンツ皇帝バシレイオス2世により滅ぼされ、帝国に
併合されてしまうが、多くのブルガリア人聖職者がキエフ・ルーシへ逃れたこ
とで、スラヴ語典礼がルーシに伝わった。

　キエフ・ルーシは、988年、ビザンツの内乱鎮圧のための兵力を求めたバシ
レイオス2世がウラジーミル公に妹を嫁がせた際に、キリスト教に改宗した。
ビザンツ帝国と国境を接したブルガリアやセルビアはもとより、交易や傭兵派
遣、婚姻などを通じて帝国と密接な関係を構築した地域の支配者は、キリスト
教改宗による国家建設を必要とし、ビザンツ式のギリシア語あるいはスラヴ語
典礼を受け入れていった。こうして「正教世界」は広がっていった。

4．十字軍と帝国の滅亡

　バシレイオス2世の時代に帝国領土はユスティニアヌス帝の時代に次ぐ規模
となった一方で、商業の発展と対外遠征の繰り返しは納税と兵役の義務を担う
自由農民の没落を招いた。11世紀には門閥貴族が台頭し、テマ制は解体して傭
兵がビザンツ軍の主力を担うようになった。すると外部勢力と結んだ反乱の頻
発によって11世紀後半の帝国は混乱を極めた。

　アレクシオス1世コムネノスは、1082年帝国全土での関税の免除と引き換え
にヴェネツィア艦隊の支援を得てノルマン人の攻撃を凌ぐと、さらに小アジア

での失地回復を目指し、西欧に軍事支援を求めた。皇帝はあくまで傭兵の派遣を想定していたが、支援要請を受け取った教皇ウルバヌス2世は、1095年11月クレルモン公会議において「聖地への十字軍」を呼びかけたのである。翌年コンスタンティノープルに到来した第1回十字軍の軍勢を見た皇女アンナ・コムネナは、「アドリア海からジブラルタルまでのすべての蛮族がこぞってやってきた」と感じた。数万の十字軍士は小アジアを行軍し、まずアンティオキアを、ついで1099年7月には略奪と虐殺でもってイェルサレムを制圧し、イェルサレム王国を樹立した。ところが、十字軍国家ではビザンツ人総主教は追放され、ラテン人総主教が選ばれてラテン式典礼が行われた。東西両教会の不一致は、ラテン人とビザンツ人との間の不和の種となり、相互不信は東西両教会の分裂状態をさらに継続させることにつながった。

　コムネノス朝の皇帝は積極的に西欧各地の王侯と外交関係を結び、西欧の騎士道文化も取り入れた。ヴェネツィアに次いで関税の減免と居留地の提供を受けたピサやジェノヴァの商人も、ビザンツの経済活動の活性化に貢献した。他方で、軍事奉仕の対価として国税の徴収権を一代限り給付するプロノイア制が広まったことは、帝国の分裂傾向を強める結果となった。また、ビザンツ人の間で反ラテン人感情が高まると、1171年にヴェネツィア人は帝国から追放され、1182年には首都のラテン人居留区で虐殺事件が起こった。

　12世紀後半には帝国各地で反乱が相次ぎ、帝国の支配から離脱してゆく動きを見せるようになる。1184年にキプロス島が自立を宣言し、1185年ボゴミール派の広まったブルガリアの反乱は民族運動に発展し、1188年には実質的に帝国から独立した。

　こうした混乱の中で、1204年、第4回十字軍の軍勢がコンスタンティノープルに到来した。ヴェネツィア人の導きにより金角湾の内側から海の城壁を攻撃した十字軍はコンスタンティノープルを征服し、ビザンツ帝国は滅亡した。カトリック優位の東西教会の合同が実現したことに気を良くした教皇インノケンティウス3世は、「ラテン帝国」の成立を容認した。十字軍士はハギア・ソフィア教会の聖域にまで踏み込み、大量の聖遺物を略奪して西欧へ持ち帰った。このような暴虐に憤激したビザンツ人にとって、もはや東西両教会の和解はあり得ないものとなった。

　1261年にコンスタンティノープルを奪回したパライオロゴス朝のもとでは、プロノイアの世襲化が進み、諸特権を享受した門閥貴族層は地方の大所領を基

盤とするようになり、帝国の解体はさらに進んだ。バルカン半島ではセルビア
が勢力を拡大し、小アジア西部にオスマン帝国が出現した。オスマン帝国はビ
ザンツの内戦をきっかけにバルカン半島に定着すると、14世紀後半にはセルビ
アとブルガリアを征服し、ビザンツ皇帝にスルタンへの臣従を強いるほど優勢
になった。

　オスマン帝国に圧迫されたビザンツ皇帝は、自ら西欧各地を回り、救援を訴
えた。しかし、珍しい賓客として歓待はされても実のある支援は得られなかっ
た。そのため1439年にフィレンツェで開かれた公会議に出席したビザンツ皇帝
ヨハネス8世は、ついにはローマ教皇の首位性はもとより「フィリオクェあり」
信条の使用さえ受け入れるという苦渋の決断をした。ともかくも東西教会の合
同を実現することが、西欧の支援を得る前提となっていたからである。しかし、
そのような形での東西教会の合同にビザンツ教会の賛同を取り付けることは困
難であった。1444年の対オスマン帝国の十字軍はヴァルナで撃破され、コンス
タンティノープルに到達することすらなかった。1453年オスマン帝国メフメト
2世軍に包囲されたコンスタンティノープルはついに陥落し、自ら激戦地区に
身を投じたコンスタンティノス11世はビザンツ帝国最後の皇帝となった。

　ただし、正教信仰がビザンツ帝国とともに滅んだわけではない。オスマン帝
国支配下でも総主教は選ばれ続けたし、何よりアトス山の修道院群は、ギリシ
アだけでなくセルビア、ブルガリア、ロシア、グルジア（ジョージア）など他の
正教諸民族の修道院をも擁した正教信仰の聖地として存続することになった。

テーマ史3　十二世紀ルネサンス

1.『薔薇の名前』と十二世紀ルネサンス

　1980年にイタリアの作家ウンベルト・エーコは、14世紀のイタリアを舞台に
『薔薇の名前』という小説を著した。イタリアのある修道院で次々に修道士が
亡くなる不可解な事件が起きるのだが、それを主人公のフランシスコ会修道士
ウィリアムが解決していく物語である。1986年には映画化され、ショーン・コ
ネリーが主役を務めた。

　事件を起こした真犯人にたどり着くために重要な役割を果たすのが、ある一
冊の古代ギリシアの書物である。事件が起きた修道院には、多くの書物がおさ

められており、その中にこの書物もある。こうした場面設定には、「十二世紀ルネサンス」の影響が見て取れる。十二世紀ルネサンスとは、アメリカの歴史学者ハスキンズが提唱して以来、使用されるようになった用語である。14-16世紀のいわゆるルネサンスと呼ばれる現象がはじまる以前の12世紀に、古代の知の復興はすでにはじまっており、この時点からヨーロッパにおける知の発展が促されていたとするのが、ハスキンズの主張である。

　中世初期の西ヨーロッパ世界には、古代ギリシアの書物はプラトンの『ティマイオス』やアリストテレスの『命題集』など、ごくわずかしか伝わっていなかった。その多くは東ローマ帝国内にあったが、ササン朝ペルシアやイスラーム勢力との接触にともなって、古代ギリシアの書物の多くが西アジアへと伝わっていった。アッバース朝の都バグダードでは、「知恵の館」が建てられ、多くの古代ギリシアの書物がアラビア語へと翻訳された。イスラーム世界では、古代ギリシアの学問だけでなく、近隣地域の諸学問も取り入れられた。たとえば、アラビア数字はインドから取り入れられた数字をもとにしている。各地の知識を取り入れ、そして活用することでイスラーム世界では大いに学問が発展した。蓄えられた知識は、イスラーム勢力圏の各地へと広まっていく。

　そして12世紀に、イスラーム世界へと伝わっていた古代ギリシアの書物の多くが西ヨーロッパ世界へ伝わることになる。その際、イスラーム世界で発展した様々な知識も同時に伝わった。窓口となったのは、イベリア半島のトレドとシチリア島であった。トレドは、レコンキスタの過程で、11世紀末にカスティーリャ王国がイスラーム勢力から奪回した都市である。このトレドには、当時の西ヨーロッパ世界にはなかった大量のアラビア語、そしてギリシア語の書物があった。新たな知識を吸収すべく、ラテン語への翻訳が大々的に進められる。その際、大きな役割を果たしたのがモサラベであった。イベリア半島は、8世紀以降ムスリムの支配下に置かれることになるが、キリスト教徒は様々な制約を受けつつも、そこでキリスト教徒として生活することができた。彼らのことをモサラベと呼ぶ。モサラベはムスリムと共存しイスラーム社会に溶け込んでいった。アラビア語とイスラーム世界で展開されていた学問に精通するモサラベの協力を得ることで、翻訳活動は促進された。似たような現象は、キリスト教徒とムスリムとが共存していたシチリア島でも起こった。こうして12世紀は「大翻訳時代」と呼ばれ、これまでヨーロッパ世界になかった書物が次々と生み出されていった。その中には、アリストテレスの『自然学』や『形而上学』、

古代ギリシアの医学者ガレノスの影響を受けたイブン・シーナーの『医学典範』をはじめ、後のヨーロッパ世界に多大な影響を及ぼす書物が含まれていた。

　古代ギリシアの書物の多くは、およそ700年という時間とイスラーム世界を経てヨーロッパ世界へと伝わった。この知識の伝達こそが十二世紀ルネサンスの本質である。その後、ラテン語に翻訳された書物は、ヨーロッパの南から北へと徐々に伝わっていく。12世紀以降のイタリアは、翻訳された書物の集積地であった。『薔薇の名前』で登場するイタリアの修道院に多くの書物があり、またその中に古代ギリシアの書物があったのは、十二世紀ルネサンスを経験した後の西ヨーロッパ世界だからだと考えられる。

2．「知」とキリスト教

　十二世紀ルネサンスを経て得られた新たな知識を、知の発展のために利用するか。それとも、キリスト教の教義に合わない知識が含まれていることから、異端的思想を導くものとして禁書とするか。『薔薇の名前』の中では、新たな知識の利用をめぐる争いが描かれている。

　西ヨーロッパでは、グレゴリウス改革以降教会の権威も高まり、人々の間にキリスト教が深く根付くようになっていく。それと並行して発展していったのが神学であった。神学は古代の哲学などを利用して、一神教であるキリスト教の信仰に論理的な根拠を示す。たとえば、中世初期の西ヨーロッパに伝わっていたプラトンの思想は、キリスト教の教義に合わせて、万物を創生する神を説明するものとして解釈され、11世紀に登場するアンセルムスは、「それより大いなるものが考えられないほど大いなる存在」という哲学的論理を用いて「神の存在証明」を行なった。また自然哲学は、『聖書』の「天地創造」を説明するために利用された。

　神学の主な担い手は、聖職者たちであった。神に仕える彼らの多くは文字を読むことができ、また『聖書』を読むことができた。それゆえ、聖職者たちが述べる世界や自然に関する説明が、当時の西ヨーロッパにおける主な認識となっていく。しかし、「大翻訳時代」を経て新たに生み出された大量の書物は、知の発展を促していく。この時期に新たな知識に触れ感化されたのがイングランドのバース出身であるデラードであった。彼はアラビア世界に旅したこともあり、様々な知識に触れた経験を持っていた。その経験を生かして書かれた『自然の諸問題』では、甥との対話形式で、植物、動物、人間、天体など、様々な

分野に関する話が展開されている。たとえば、アデラードは、甥との会話の中で、植物の発芽に関する話をした。甥はその現象を神の意思によるものだと考えているのだが、アデラードは確かに神の意思も働いているが、それ以外の力も作用しているとする。具体的には火、水、土、空気の四つの要素がそこには働いていると彼は述べる。ここで重要なのは、説明が説得的であるか否かではなく、アデラードがとった物事の根拠と理由を探ろうとする姿勢である。これまで万物を生み出した神の存在とともに諸々の自然現象が説明されてきたが、新たな知識を得たアデラードはそこに付加要素をつけ、物事をより論理的に説明しようとしたのである。

　十二世紀ルネサンスが人々の知的活動に刺激を与える一方で、カトリック教会は、この新たな知識を受け入れるか否かをキリスト教の教義を基準にして判断していった。なかでも教義と齟齬があるアリストテレスの知識の活用は大きな問題となり、神学の拠点であったパリでは、その教授が禁止された。しかし、その効果は十分に発揮されなかった。人々の新たな知識に対する興味関心は尽きず、アリストテレスのものを含め様々な書物がパリでも、そして西ヨーロッパ各地でも積極的に利用されていくことになる。

３．十二世紀ルネサンス以後の信仰と理性

　『薔薇の名前』で主人公のライバルとなるのが、ドミニコ会士で異端審問官のベルナール・ギーである。彼は修道院で起こる謎の事件を悪魔の仕業とし、修道院に紛れ込んだ異端者を炙り出そうとする。当時、異端者は悪魔との契約者と見なされていた。一方、フランシスコ会に属する主人公のウィリアムは、論理的な推理によって真犯人を探し出そうとする。ふたりはそれぞれが信じるやり方で犯人に迫ろうとした。

　ドミニコ会とフランシスコ会は、ともに13世紀初頭に創設された新興の托鉢修道会である。ともに神学研究に熱心であったことから、両会派の修道士はしばしば異端審問官として活躍した。とくにドミニコ会には、教皇から異端審問に携わるための特別な権利が付与されていた。12世紀後半から南フランスを中心に二元論を説くカタリ派が広まる。彼らは神が創った魂が、悪が創った肉体に閉じ込められたとし、魂を善、肉体を悪とする。また、この悪に関する考察から、神が悪を創造し、その存在を許しているなら、神は全能であり得ないとし、キリスト教の教義に対する論理的な反論を行った。カタリ派との議論でキ

リスト教の聖職者は、しばしば返答に窮していた。このカタリ派を論理で説き
伏せ、信者を「教会の懐」に戻すことを命じられ派遣されたのが、ドミニコ会
の始祖となるドミニクスであった。彼は積極的にカタリ派信徒に働きかけ、幾
人かを回心させることに成功した。しかし、カタリ派信仰は根強く、最終的に
はアルビジョワ十字軍という、いわば武力を用いた強硬策によって排除される
ことになる。その後も残り続けるカタリ派に対処するために作られたのが、異
端審問制度であった。そしてこの時、ドミニコ会には教皇から異端に対処する
ための特別な権利が付与された。

　両会派は異端を論駁するためにも神学研究に取り組み、理論武装するために
十二世紀ルネサンスを経て得られた新たな知識を積極的に活用した。ドミニコ
会士であったトマス・アクィナスは、論理に優れたアリストテレスの思考を神
学の中に取り入れていった。たとえばキリスト教では、現生で人間は苦しむも
のとするが、アリストテレスは様々な喜びに満ちているとし、そのひとつは理
性を用いて学び理解することであるとする。アクィナスは、このふたつを相対
的な幸福という考えで結び合わせる。つまり、人間は理解したいという欲求が
あり、理性を用いて学ぶことでそれを満足させることができるが、すべてを知
り尽くすことはできないため、その欲求を完全に満たすことはできず苦しむと
するのである。アクィナスによって理性と信仰とが融合させられる一方で、フ
ランシスコ会では、十二世紀ルネサンスで得られた新たな知識を、ドミニコ会
とは別のやり方で利用していく人物が現れる。その代表といえるロジャー・ベー
コンは、アリストテレスの自然学やイスラーム世界の知識に触れ、観察と実験
を重視する姿勢を打ち出した。さらにこの考えを受け継ぐウィリアム・オブ・
オッカムは、自然を読み解くためには経験と理性が必要であり、『聖書』や教
義を理解するためには神学が必要であるとし、信仰と理性とを明確に分けるこ
とを提唱した。

　『薔薇の名前』で主人公ウィリアムのモデルとなっているのが、このウィリ
アム・オブ・オッカムである。主人公ウィリアムは理性に基づく丹念な推理か
ら、事件の真相に迫っていく。一方、ベルナール・ギーは理論武装した神学を
前面に押し出して事件の真相に迫ろうとする。両者の対立は、まさに十二世紀
ルネサンスの影響を受けて発展した信仰と理性との対立を意味している。

　こうして十二世紀ルネサンスは、西ヨーロッパに多大な影響を及ぼすが、忘
れてはならないのが知識を得て活用した者たちは、すべてキリスト教徒であっ

たということである。ベーコンにせよオッカムせよ、理性を重視する姿勢を打ち出しているが、決して神を否定し、信仰を蔑ろにしていたわけではない。自然のあり方などを確実に理解するためには、理性の力があくまで必要であるとしているにすぎない。神が創りし世界を正確に理解することができれば、それだけ神の意思をより深く理解できるようになり、より良い信仰に繋がる。つまり、より良いキリスト教徒になるためには、理性が必要であるとしてベーコンは観察と実験を重視し、オッカムは理性と信仰とを明確に分ける考えを打ち出したのである。十二世紀ルネサンスとともに、新たな知識が西ヨーロッパに流入してきたが、その知識はあくまでキリスト教の世界の中で消化されていった。またそれは同時に、中世の西ヨーロッパがキリスト教の教義を中心とした世界観で成り立っていたことを示している。

テーマ史4　中世ヨーロッパの農村と都市

1．中世ヨーロッパの食と農村

　中世のヨーロッパでは、農民一人一日当たりのパンの平均消費量は、およそ500〜750gであったともいわれる。ちなみに現在の一般的なバゲット1本の重さは、およそ300〜400gである。当時パンは主に小麦とライ麦から作られていた。ライ麦は小麦に比べて寒冷地でも育ち、また収穫率も高かったが、中世では小麦粉からできる白いパンの方が好まれる傾向があり、耕地では小麦がよく栽培された。しかし、ヨーロッパにおいて小麦の生産量が高くなるのは、11世紀以降のことであった。いわゆる中世における農業革命が起きた後のことである。

　ヨーロッパ内陸部の土壌は粘土質の所が多く、基本的に硬くて重い。こうした場所で麦を育てるには、まずしっかりと犂耕して水はけをよくし、土に空気を含ませ、下層の新鮮な土を上層に持ってこなければならない。しかし、中世初期における鍬や鋤は木製であり、硬く重い土壌を掘り起こすのは困難であった。こうした問題を解決したのが、鉄製の農具であった。11世紀頃からヨーロッパでは、鉄の生産が拡大する。農村では蹄鉄などの馬具を作る鍛冶屋が存在していたが、彼らは農民から鉄製農具作成の依頼も受けるようになる。こうして、鍬や鋤の先に鉄製の刃先がついた鉄製農具が作られた。丈夫な刃先が農具に付

けられたことで、硬く重い土地でも深く耕すことができるようになる。また、当時開発されていた重量有輪犂にも鉄製の刃先が使用されるようになり、広い面積の土地をより効率よく耕すことができるようになった（図4-6）。さらに牽引役として従来の牛に代わり、よりスピードと持久力を持った馬が使われるようになることで、犂耕の効率はさらに上がった。その結果、麦の収穫率は10世紀頃までは2～4倍であったのが、11世紀中頃以降は7～8倍と、およそ倍増した。

　道具面の進化とともに、耕地の利用に関しても工夫が加えられるようになる。三圃制の導入である。ある土地で作物を一回育てると地力が下がり、作物が育ちにくくなる。地力を回復させるためには、土地を休ませなければならない。耕作地と休耕地とに耕地を分ける二圃制は、こうした理由から行われていたのだが、11世紀頃からはこれを三圃制にした。つま

図4-6　15世紀の田園風景（『ベリー公のいとも豪華なる時禱書』3月の場面。1415年頃制作。シャンティイ、コンデ美術館）。(Wikimedia Commons. https://commons.wikimedia.org/wiki/File:Les_Tr%C3%A8s_Riches_Heures_du_duc_de_Berry_mars.jpg?uselang=fr)

り、休耕地を活用し、そこに家畜を放してそのフンを利用したり、あるいは豆類などを植えたりして、地力の回復を促したのである。しかし、中世初期の頃のヨーロッパには耕地は少なく、代わりに鬱蒼とした森が広がっていた。この森を開拓していったのが修道士たちであった。彼らは信仰中心の生活をおくるために俗世から離れ、森の中に修道院を創設した。働くことを信仰の一部とする修道士たちは、周りの森を切り開き、そしてそれを耕地へと変えていった。耕地面積が増えることで収穫物の絶対量が増える。耕地の開拓と農具の進化、そして耕地利用の工夫とが相俟って、ヨーロッパにおける麦の収穫量は増大した。

　麦からパンを作るにはまずその実をすり潰して粉にしなければならない。麦の実を磨り潰すには石臼が必要である。中世では川の水流を利用して石臼を回

す製粉水車が開発された。さらに作ったパン生地は焼かなければパンにならない。パンを焼くためには窯が必要である。この窯と製粉水車の所有権を保持していたのが、農村では領主であった。領主は農民に対して、自身が持つパン焼き窯と製粉水車とを使用することを強制し、使用料を徴収した。領主が農民にこれらを強制する権利のことをバナリテと呼ぶ。それゆえ農民たちは、パンの代わり麦をそのまま煮て粥にしたり、あるいはスープに入れたりして食べることもあった。

　中世ヨーロッパにおいて、麦以外の食べ物としては、タマネギやキャベツなどの野菜類、エンドウ豆やインゲン豆などの豆類、ニシンやウナギなどの魚類、そして牛や豚などの肉類、さらには森で採れる栗や木の実などが挙げられる。野菜類や豆類は、農村にある菜園で栽培され中世の人々の日常食として欠かせないものであった。魚に関しては、キリスト教において毎週の金曜日や四旬節に、肉を食べるのは避けるべきとされていたので、こうした曜日や時期によく食べられた。肉以外の貴重なタンパク源としては、チーズとバターがあった。また、森で採れる栗は麦が十分に取れない時期や、麦が十分に育たない地域において重要な炭水化物源であった。栗の他にキノコなども採れる森は、中世の人々になくてはならない場所であったが、食糧の採集地としてだけでなく、そこでは生活に不可欠な薪が取れ、また豚が放し飼いにされた。豚は森に落ちているドングリを食べ成長していく。肥えた豚はその後屠殺され、塩漬け肉にとなる。豚肉の塩漬けは、冬場の重要な保存食であった。一方、農民が森で鹿や野鳥などを獲る狩猟は、原則禁じられていた。これらは森を管理する領主たちが独占していたのである。森には農民の共同保有林と領主が管理する私有林とがあったが、農民たちはこの共有林で薪を調達し、木の実を拾い、豚を飼った。しかし、森の資源が豊かであることから、領主たちは徐々に共有林も積極的に自らの管理下に置こうとするようになる。領主は農民が森で木を伐採する際に、その収益の３分の１を徴収するなどして、徐々に共有林に対する介入を強めていった。

　中世の中期まで基本的に農民は農奴として、領主の支配下に置かれることが多かった。バナリテや森に対する利用規制のほか、賦役と呼ばれる領主の土地での労働義務や収穫物の一定量を領主に治める貢納、また領主の支配圏外の者と結婚する際に支払わなければならない結婚税や、相続に際して支払わなければならない死亡税など、農民は領主から様々な負担が強いられていた。

　こうしたなかでも農民たちは、より良い食生活を手に入れるために、農具の改良を行ったり、土地利用の仕方を模索したりした。11世紀以降における収穫量の増大は、農民たちの地道な努力の上に成り立っていたといえる。収穫量が増えたことで、養うことができる人の数も増える。11世紀頃からヨーロッパでは気候の温暖化が進んだこともあり、人口が増える傾向にあったが、農業革命は増大する人口を支えるひとつの柱でもあった。こうして進んだ農業の発展は、中世初期から続いていた自給自足の生活に変化をもたらした。収穫物の増大は、余剰作物をも生み出した。余剰作物は農村で開かれる市で売り買いされるようになる。また、一部はより人が集まる都市へと運ばれ、そこで取引された。農業革命はこうしてヨーロッパ世界における商業の活性化をも促すことになった。

2．中世ヨーロッパの都市と交易

　農業革命を経た後、余剰作物が都市で売られるようになるなかで、農村では徐々に市場向けのレタス、ニンジン、メロンなどの野菜、アンズ、南欧ではオレンジ、レモンといった果物が積極的に栽培されるようになる。また都市においてパンはパン屋で購入することが多かったが、周辺の農村で焼かれたパンが近郊にある都市の市に持ち込まれて売られることもあった。都市と農村とはこうした経済的のつながりをはじめとして、様々な側面で密接に結びついており、農村における生産活動の充実は、都市の成長を支える基盤となった。

　14世紀初頭における大陸ヨーロッパの人口は、およそ7500万人であったと推計される。その約20%にあたる1500万人が都市に居住していたといわれる。中世ヨーロッパにおける都市は、2000人以下の小規模都市、あるいは2000〜 1 万人の中規模都市がほとんどで、1300-50年の間で10万人を超える大規模都市は数えるほどであった。パリは20万人、ミラノは10〜15万人、ヴェネツィアは12万人、4 万人以上の都市としてはロンドン、ケルンなどを挙げることができる。中世ヨーロッパでは、古代ローマ時代から続く都市に加え、領主の居住地や戦争の拠点、あるいは商業の中心地として新たな都市が姿を現すことになる。

　中世ヨーロッパの商業都市としてよく知られているのがプロヴァンであろう。プロヴァンはイタリアからアルプスの峠道を越えて北海へ抜けるルート上に位置しており、多くの商人がそこを訪れた。プロヴァンとその周辺で開催された大市では、農村での収穫物に加え、商人が運んで来る毛織物、亜麻布、絹

図4−7　中世フランスにおける市場の風景
(1403-05年。パリ、フランス国立図書館)（Wikimedia
Commons).（https://fr.wikipedia.org/wiki/Foires_de_
Champagne#/media/Fichier:Scène_de_foire_-_ca_1400_-_
BNF_Fr12559_f167.jpg）

織物、錦織、砂糖、塩、香辛料、ワイン、木材、蜜蝋、染色用の材料、明礬、皮革、毛皮などが並べられ売買された（図4-7）。これらの商品のなかで、絹織物や香辛料、そして砂糖などは地中海方面からもたらされた品物であった。地中海ではイタリア商人が、ムスリム商人を介してアジア産の香辛料や絹織物などを入手していた。なかでもコショウやナツメグなどの香辛料は、ヨーロッパでは栽培することができず、アジアから輸入するしか入手方法がなかったため高値で取引され、それを保持すること自体がひとつのステータス・シンボルとなっていた。サトウキビから取れる砂糖も、当時は貴重品であった。原産は東南アジアとされるが、後に地中海の島々で栽培されるようになる。

　一方、毛織物や毛皮、そして木材などは北ヨーロッパから運ばれてきた商品であった。フランドル地方は毛織物の名産地であった。イングランドから輸入された羊毛は紡いで糸にされ、その糸を機織り技術に長けたフランドル地方の職人らが毛織物に仕上げていった。また毛皮はロシア・バルト海域における交易品のひとつであり、特にテンの毛皮は肌触りが良く高級品として扱われていた。その他、木材は船の建造や建築資材として必要不可欠であった。

　プロヴァンの大市では生活に必要なものから世界各地の名産品まで、あらゆる商品が店先に陳列され、訪れる人の購買意欲を刺激した。そして都市で人々の消費活動を下で支えていたのが両替商であった。彼らは外貨をプロヴァンで使用可能なドゥニエ貨に両替するだけでなく、金貸し業も営んでおり、人々の購買意欲を満たす手助けをしていた。

　こうしてプロヴァンとその周辺で開催された大市には、物を売る人そして買う人が次々と集まり大いに賑わった。しかし、大市が盛況なのも、そこでの安

全性が保たれ、また取引の公平性が担保されていたからであった。大市の管理
と運営を担っていたのが、この地方の領主であるシャンパーニュ伯と、伯によっ
て任命されるふたりの監督官であった。監督官は実際に大市を管理し運営する
役割を担い、伯はプロヴァンで起きた問題を裁定し、また軍事力で都市の安全
を確保する役割を担った。伯はこうして人々に安全で公正な市場を提供する代
わりに、出店する商人に対して出店料を徴収していた。

　しかし、プロヴァンの繁栄は長くは続かなかった。交易路が変化したのであ
る。13世紀に一艘の船が、ジェノヴァからジブラルタル海峡を抜け大西洋に出
て、フランドル地方に到着した。陸上輸送よりも海上輸送の方が、輸送量が多
くまた安全なこともあり、その後、海上ルートがヨーロッパの北と南とを結ぶ
主要ルートとなっていく。商人が多く集まることで収益を得ていたプロヴァン
は、来訪者が減少したことで衰退していった。一方で、海上ルートの拠点となっ
たブルッヘ（ブリュージュ）は、ヨーロッパ各地から商人が訪れ大いに発展
した。

　ヨーロッパ内部におけるヒトとモノの交流が活発になり、ヨーロッパ自体が
ひとつの交易圏としてまとまっていくなかで、世界に目を転じてみると、13世
紀から14世紀にかけての時代は、モンゴル帝国主導のもとユーラシア大陸全体
がひとつの交易圏となっていく時代であった。実際に交易を担っていたのはム
スリム商人であった。彼らの活動範囲は広かった。東は東南アジアを回って中
国まで行き、泉州をひとつの活動拠点にしていた。西では地中海交易に携わっ
ていた。ムスリム商人は、ペルシア湾から上陸してコンスタンティノープルに
行き、そこから地中海へ抜けるルートと、紅海からカイロやアレクサンドリア
を経由して地中海へと抜けるふたつのルートを持っており、これらのルートを
用いて、彼らはヨーロッパにアジアの産品を運んでいた。中国を支配下におさ
め、現在の北京である大都を新しい都としたフビライ・ハンは、広範囲で活動
するムスリム商人の活動を支援し、国内の交易を活性化させた。さらにフビラ
イは中国国内で大規模な運河開削事業を展開し、都の大都から東シナ海に直接
つながる運河を開通させた。その結果、ムスリム商人が船で杭州や泉州に運び
込まれていた商品が、大都へも直接運ばれるようになる。さらに、大都はモン
ゴル帝国下で整備された陸上交易の拠点でもあった。陸上のネットワークと海
上ネットワークとが接続することで、ユーラシア大陸は一体化したひとつの大
きな交易圏となる。大都を訪れたことがあるヴェネツィアの商人マルコ・ポー

ロは、『東方見聞録』のなかで次のように述べている。「カルンバック（大都）の町には世界中のどの町にも増して貴重で珍しい品物が到来する。しかも、そのすべての品物について膨大な量が運び込まれてくる」。『東方見聞録』が伝えるアジアの豊かさは、ヨーロッパの人々のアジアに対する憧れを募らせる。アジア交易に直接参入したいというモチベーションが、その後の大航海時代を導くひとつの要素となる。

参考文献
第4章　中世1　古代の継承と中世ヨーロッパ世界の形成
通　　　史　諸民族の移動と封建社会の成立
江川温「「封建制」をめぐる論争」金澤周作監修『論点・西洋史』ミネルヴァ書房、2020年、84-85頁。
大黒俊二、林佳世子編『岩波講座　世界歴史8　西ヨーロッパの形成　8～10世紀』岩波書店、2022年。
河成洋『イギリスの歴史を知るための50章』明石書店、2016年。
河原温、堀越宏一『西洋中世史』NHK出版、2021年。
神崎忠昭『ヨーロッパの中世』慶應義塾大学出版会、2015年。
高山博、亀長洋子編『中世ヨーロッパの政治的結合体』東京大学出版会、2022年。
ウェンディ・デイヴィス編（鶴島博和日本語版監修・監訳）『オックスフォード　ブリテン諸島の歴史3　ヴァイキングからノルマン人へ』慶應義塾大学出版会、2015年。
轟木広太郎「封建革命論」金澤周作監修『論点・西洋史』ミネルヴァ書房、2020年、82-83頁。
マルク・ブロック（堀米庸三監訳）『封建社会』岩波書店、1995年。

テーマ史1　ラテン・キリスト教世界
秋山聰『聖遺物崇敬の心性史——西洋中世の聖性と造形』講談社（講談社選書メチエ）、2009年。
ロバート・ルイス・ウィルケン（大谷哲、小坂俊介、津田拓郎、青柳寛俊訳）『キリスト教一千年史』上・下巻、白水社、2016年。
キリスト教文化辞典編集委員会編『キリスト教文化辞典』丸善出版、2022年。
櫻井康人『図説　十字軍』河出書房新社、2019年。
R・W・サザーン（上条敏子訳）『西欧中世の社会と教会——教会史から中世を読む』八坂書房、2007年。
杉崎泰一郎『世界を揺るがした聖遺物』河出書房新社、2022年。
多田哲『ヨーロッパ中世の民衆教化と聖人崇拝——カロリング時代のオルレアンとリエージュ』創文社、2014年。

G・バラクロウ（藤崎衛訳）『中世教皇史』八坂書房、2012年。

オーギュスト・フリシュ（野口洋二訳）『叙任権闘争』筑摩書房（ちくま学芸文庫）、2020
　　年。

堀越宏一、甚野尚志編著『15のテーマで学ぶ中世ヨーロッパ史』ミネルヴァ書房、2013年。

P・G・マックスウェル-スチュアート（髙橋正男監修）『ローマ教皇歴代誌』創元社、
　　1999年。

テーマ史 2　正教世界の成立

井上浩一、栗生沢猛夫『世界の歴史11　ビザンツとスラヴ』中央公論社、1998年。

小林功、馬場多聞編著『地中海世界の中世史』ミネルヴァ書房、2021年。

中谷功治『テマ反乱とビザンツ帝国——コンスタンティノープル政府と地方軍団』大阪大
　　学出版会、2016年。

————『ビザンツ帝国——千年の興亡と皇帝たち』中央公論社、2020年。

根津由喜夫『図説ビザンツ帝国　刻印された千年の記憶』河出書房新社、2011年。

服部文昭『古代スラヴ語の世界史』白水社、2020年。

ジョナサン・ハリス（井上浩一訳）『ビザンツ帝国の最期』白水社、2013年。

————（井上浩一訳）『ビザンツ帝国——生存戦略の一千年』白水社、2018年。

久松英二『ギリシア正教　東方の智』講談社、2015年。

ジュディス・ヘリン（井上浩一監訳）『ビザンツ　驚くべき中世帝国』白水社、2010年。

テーマ史 3　十二世紀ルネサンス

伊東俊太郎『十二世ルネサンス』講談社（講談社学術文庫）、2006年。

小田内隆『異端者たちの中世ヨーロッパ』NHK出版（NHKブックス）、2010年。

図師宣忠『エーコ　薔薇の名前——迷宮をめぐる〈はてしない物語〉』慶應大学出版会、
　　2021年。

チャールズ・H・ハスキンズ（別宮貞徳、朝倉文市訳）『十二世紀ルネサンス——ヨーロッ
　　パの目覚め』講談社（講談社学術文庫）、2017年。

八木雄二『神を哲学した中世——ヨーロッパ精神の源流』新潮社（新潮選書）、2012年。

W・モンゴメリ・ワット（三木亘訳）『地中海世界のイスラム——ヨーロッパとの出会い』
　　筑摩書房（ちくま学芸文庫）、2008年。

テーマ史 4　中世ヨーロッパの農村と都市

海老澤哲雄『マルコ・ポーロ——『東方見聞録』を読み解く』山川出版社（世界史リブレッ
　　ト人）、2015年。

河原温『中世ヨーロッパの都市世界』山川出版社（世界史リブレット）、1996年。

————『ヨーロッパの中世②　都市の創造力』岩波書店、2009年。

河原温、堀越宏一『図説　中世ヨーロッパの暮らし』河出書房新社、2015年。

J・ギース、F・ギース（栗原泉訳）『大聖堂・製鉄・水車——中世ヨーロッパのテクノロジー』講談社（講談社学術文庫）、2012年。

————（青島淑子訳）『中世ヨーロッパの農村の生活』講談社（講談社学術文庫）、2008年。

————（青島淑子訳）『中世ヨーロッパの都市の生活』講談社（講談社学術文庫）、2006年。

甚野尚志、堀越宏一編著『中世ヨーロッパを生きる』東京大学出版会、2004年。

杉山正明『興亡の世界史　モンゴル帝国と長いその後』講談社（講談社学術文庫）、2016年。

J・デポルト（見崎恵子訳）『中世のパン』白水社（白水Uブックス）、2004年。

マルコ・ポーロ（月村辰雄、久保田勝一訳）『東方見聞録』岩波書店、2012年。

堀越宏一『中世ヨーロッパの農村世界』山川出版社（世界史リブレット）、1997年。

————『ヨーロッパの中世⑤　ものと技術の弁証法』岩波書店、2009年。

第5章

中世2　ヨーロッパ世界の発展と変容

通　　史　中世ヨーロッパ諸地域の動向

1．教皇と皇帝とイタリア

　中世西ヨーロッパの政治史を彩るものは、皇帝と教皇の関係の複雑な展開である。フリードリヒ1世のような君主にとって、イタリアを支配することは皇帝としての権威を保つためにきわめて重要であった。一方で、とくにインノケンティウス3世とそれ以降の教皇は、「ピピンの寄進」に遡る中部イタリアに対する支配権を、より確実なものにしようとした。その結果、教皇の教会全体に対する政策は、ますます教皇の領土的野心を反映したものになった。そのため皇帝がシチリア王も兼ねるようになると、教皇の警戒感は高まった。

　シチリア王国のノルマン朝が断絶すると、皇帝ハインリヒ6世が妻の継承権を主張して1194年にシチリアに遠征し、制圧した。ハインリヒの子フリードリヒ2世は、1224にナポリ大学を創設して官吏養成機関とし、1231年にはシチリア王として王国の統一的な法の編纂・施行を試み、「メルフィ法典」を発布した。1240年にはフリードリヒ2世は、貴族、聖職者に都市代表も参加させた身分制議会をフォッジャで開催した。王権を強化したシチリア王国を神聖ローマ帝国と結合させ、北イタリアをも支配下に置こうとするフリードリヒに対して教皇は、第1リヨン公会議において廃位を宣告した。

　1250年にフリードリヒが病死すると、教皇はフランス王ルイ9世の弟シャルル・ダンジューをシチリア王に選んだ。シャルルは、シチリア議会が支持したフリードリヒの庶子マンフレディとその甥コンラディンを敗死させ、フリードリヒの男系子孫を絶やした。シャルルの悪政に対し、1282年に「シチリアの晩

禱」事件が勃発すると、マンフレディの娘婿にあたるアラゴン王ペドロ3世が介入し、シチリア王に即位した。その後の「晩禱戦争」の結果、1302年にシチリアは、アンジュー家が支配するイタリア南部のナポリ王国と分離され、アラゴン王国の領土となった。ドイツでは、フリードリヒ2世の死後、1254年にシュタウフェン朝が断絶すると、1273年にハプスブルク家のルドルフ1世が選出されるまで、統一王が存在しない時期が続いた（「大空位時代」）。1356年の「金印勅書」により、皇帝（国王）選出の資格は7名の聖俗諸侯にのみ限定された。これは選帝侯に皇帝権を分与することであり、領邦の自立性を高める結果となった。しかも、1438年以降、ハプスブルク家が皇帝位を独占するようになると、選挙は儀礼的なものになり、帝国諸侯の自立性はさらに強まっていった。

　また、1305年以降、教皇にはフランス人が選出され続け、教皇庁も南フランスのアヴィニョンに移された（1309-77年）。そのため教皇の政策はフランス王の意を汲んだものになりがちであった。こうして皇帝と教皇のどちらからの圧力も和らいだことで、北イタリアの諸都市は自治を強めた。さらに有力な都市は周辺地域を征服して領土を拡大し、近隣の中小都市をもその支配下におさめていった。イタリア半島の勢力図は、15世紀半ばにはミラノ、ジェノヴァ、ヴェネツィア、フィレンツェといった主要な都市とローマ教皇領に集約されていき、南部のナポリは1442年にアラゴン王国領となった。

2. イベリア半島

　イベリア半島ではアストゥリアス王国やバルセロナ伯領などのキリスト教勢力がしだいに南へと拡大し、イスラーム勢力から領土を奪回していき、12世紀前半にはポルトガル、カスティーリャ＝レオン、アラゴン連合王国が成立した。キリスト教諸国の君主は征服地へのキリスト教住民の入植活動（「再植民」）を組織的に進めた。武装して騎乗し従軍できる者は騎士階級出身でなくても平民騎士となり、軍役義務の代わりに免税などの特権を認められた。サンティアゴ騎士修道会やカラトラバ騎士修道会などが結成され、対イスラーム戦の重要な戦力となった。1212年ラス・ナバス・デ・トローサでキリスト教諸国の連合軍がムワッヒド朝軍を破り、キリスト教側の軍事的優位を決定づけた。その後の「大レコンキスタ」の結果、ナスル朝グラナダを除くイベリア半島全体とバレアレス諸島がキリスト教諸国の支配下にはいった。

　「大レコンキスタ」後の各国は、統治の充実に迫られた。各国で統一法の公

布や地域法・慣習法の成文化が行われ、貴族、聖職者、都市民の代表が出席するコルテス（身分制議会）が開催されるようになった。カスティーリャでは各地のメスタ（移動牧畜業者組合）を全国メスタに再編し、貨幣や度量衡の統一などの経済政策が取られたことで、南部で羊毛業や毛織物業が発展し、北部で新たな海港都市が開かれ、鉱山開発や造船業が発展すると、フランドルやイングランドとの交易も盛んになった。アラゴン連合王国ではペドロ 3 世がシャルル・ダンジューやフランス王、教皇と戦った「晩禱戦争」のせいで財政が逼迫し、王権はコルテスへの依存を強めた。その一方でシチリアやマジョルカ、サルデーニャなどの地中海領土の獲得は、特にカタルーニャ商人による海上交易を成長させた。しかし次第にジェノヴァ商人と競合するようになると、カタルーニャの地中海交易は15世紀には縮小した。

　ポルトガルは、1249年のファロ陥落でもっていち早くレコンキスタを完了すると、国内統合と王権強化に努めた。1383-85年の王位継承をめぐる動乱では蜂起した民衆や市民が支持したジョアン 1 世がコルテスによってポルトガル王に選出された。そしてポルトガルは1415年にジブラルタルのセウタを攻略、さらに西アフリカの黄金や奴隷を求めて沿岸部の征服を進め、内陸部への襲撃も行なっていった。15世紀半ばにはポルトガルによるアフリカ人奴隷交易がリスボンを拠点に盛んになり、マデイラやアゾレス諸島ではアフリカ人奴隷を使用するサトウキビ農園が成長した。

　1479年にカスティーリャ王女とアラゴン王子の結婚により統一スペイン王国が成立すると、「カトリック両王」と呼ばれたふたりは、1492年 1 月にイスラーム勢力の最後の拠点グラナダを占領、レコンキスタを完了した。

3．イングランドとフランス

　1066年の「ノルマン征服」と1152年のヘンリ 2 世とアキテーヌ女公アリエノール・ダキテーヌの結婚の結果、イングランド王がフランスのほぼ西半分を領有することとなった。しかしフランス王フィリップ 2 世はジョン王からノルマンディを奪回し、1214年ブーヴィーヌの戦いでジョン王を敗走させた。イングランド国内では、軍事費を調達するために過重な負担を強いる王権に対して諸侯は政治改革を求め、ジョン王にマグナ・カルタ（大憲章）の承認を強いた。さらに、いわゆる「シモン・ド・モンフォールの乱」の過程で改革派への支持を糾合するために州の騎士や都市の代表も招集したパーラメントが開かれたこと

図5-1　中世後期のヨーロッパ

が、後の議会制度の成立につながった。

　南西フランスにイングランド領として残ったギュイエンヌに関しては、1259年のパリ条約でイングランド王がフランス王から封土として保有することになったが、両王家間の紛争の種であり続けた。1340年のイングランド王エドワード3世によるフランス王位請求は、イングランド王自身がギュイエンヌの主権者となることでこの問題を解決しようとしたものであった。「百年戦争」の緒戦は長弓兵を駆使したイングランド軍が優勢であったが、1366年からのカスティーリャ内戦に両国が介入したことで、戦争はイベリア半島にも波及した。

　イングランドでは、とりわけ百年戦争の遂行に莫大な戦費を必要とした王権が議会への依存を高めた結果、州及び都市の代表からなる下院が課税同意や請願活動を担うようになった。フランスでは1302年に教皇と対立したフィリップ

4世が、初めて都市代表を含む全国三部会を召集した。しかしその後は全国三部会が定期的に開かれるようにはならず、課税同意についても地方ごとに聖職者、有力貴族、都市代表が出席する地方三部会が重要な役割を果たした。

　1413年にイングランド王ヘンリ5世が再開した百年戦争は、もはや南フランスのギュイエンヌではなく北のノルマンディを標的とした。ヘンリ5世はアザンクールの戦いに勝利し、ブルゴーニュ公と同盟すると、トロワ条約で自身へのフランス王位継承を認めさせた。しかし、ヘンリ5世急逝の後を受けたヘンリ6世は軍事、外交両面において成果を上げることはできず、ジャンヌ・ダルクの支援を受けたフランス王シャルル7世が劣勢を挽回していった。ジャンヌはイングランド側の手によって異端として処刑されたが、イングランド軍は大砲をそろえたシャルル7世軍の前にあえなく敗れた。1453年にイングランドはカレーを除くすべてのフランス領土を失った。

　その後、フランス王権は諸侯領の王国への統合を進めた。イングランドでは、フランスでの失敗に端を発した政治対立から内戦（「薔薇戦争」）が起こったが、その後は王権が強化された。また、長期にわたる戦争状態を通じて両国で国民意識の形成が促進された。

4．スカンディナヴィアとバルト海

　スカンディナヴィアには三つのキリスト教国が成立したが、バルト海周辺にはまだキリスト教を受け入れない民族集団が割拠していた。1145年に第2回十字軍が招集されると、ザクセンのドイツ人は南へ行くことよりも北のスラヴ人（ヴェンド人）に対する十字軍（北方十字軍）を求め、教皇も了承した。デンマーク王もヴェンド人への攻撃を開始し、バルト海へ進出した。スウェーデンはノヴゴロドと対立し、その係争地であり異教徒フィン人の居住地でもあるフィンランドに対して3度十字軍を差し向け、これを征服した。一方、ノルウェーはアイスランドやグリーンランドを領有し、1263年にはブリテンの島嶼部のうちヘブリディーズ諸島やマン島をスコットランド王国に譲渡する代わりに、オークニー諸島とシェトランド諸島に対する権益を確保した。

　13世紀になると刀剣騎士修道会やドイツ騎士修道会がキリスト教の伝道と拡大という名のもとにリヴォニアやプロイセンを征服し、キリスト教化していった。特にドイツ騎士修道会はプロイセンを拠点に十字軍国家を打ち立て、多くのドイツ人を入植させた（「東方植民」）。バルト海沿岸に新たに建設されたリガ

やダンツィヒなどの都市にはドイツ商人が入植し、バルト海交易に従事した。このドイツ商人と商品を守るために諸都市が連合を作るようになり、1280年代にはリューベックを盟主としてハンザ同盟が成立した。ハンザ同盟は国際交易を目的とした都市連合であったが、一定の軍事力も保持しており、14世紀半ばにはデンマークを破るなど、バルト海における覇権を確立した。

　スカンディナヴィアの3国はそれぞれ領土の拡大にともない統一国家化を進めた。全国法が公布され、行政システムの整備が図られたほか、婚姻政策によって緊密な人的ネットワークが構築された。その結果、3国は1397年に同君連合のかたちで「カルマル連合」を成立させた。ただし、3国は対等ではなく主導権はデンマークにあった。そのため課税への不満などからスウェーデンは15世紀に事実上離脱し、独自の中央集権国家の建設へ向かった。

5．中・東欧

　10-11世紀にかけてポーランド、ボヘミア、ハンガリーなど神聖ローマ帝国の東隣に成立した諸国家はカトリック圏に組み込まれた。12世紀後半から13世紀にかけて、主にドイツから多くの植民者が平和の裡に流入した。入植者は有輪犂や三圃制農法など農村に技術革新をもたらし、多くの村落と都市が新たに築かれた。その結果、各国で世俗貴族層が成長したが、西欧とは異なり貴族間の主従関係は明確でなく、法的にすべて同等の存在とされていた。また、各国はそれぞれ王家にまつわる守護聖人を有しており、その守護聖人への崇敬が王国への帰属意識と一体感を人々にもたらした。

　1236年チンギス・ハンの孫バトゥの率いるモンゴル軍がヨーロッパ侵攻を開始した。モンゴル軍はキエフ・ルーシの諸都市を制圧し、ハンガリーとポーランドにも侵入した。ポーランドは1241年レグニツァ（ワールシュタット）の戦いで、ハンガリーはモヒの戦いで大敗を喫したが、間もなくモンゴル軍が引き返したため独立を保った。

　14世紀に入ると各国で土着の王朝の断絶と外来王朝の成立が相次いだ。ハンガリーではナポリ王も兼ねたアンジュー家が王位に就き、ボヘミアではドイツのルクセンブルク家が王位を得て皇帝カール4世を輩出した。ヨーロッパで最後まで残った異教国であったリトアニアは、1386年大公ヨガイラがポーランド王女と結婚する際に受洗したことでキリスト教国となり、ヤゲウォ朝ポーランド＝リトアニア連合王国が成立した。1410年グルンヴァルト（タンネンベルク）

の戦いではプロイセンのドイツ騎士修道会に対して大きな勝利をおさめ、ヤゲ
ウォ家は中欧の盟主となっていった。

　一方、モンゴルのバトゥはヴォルガ川下流のサライを都とするジョチ・ウルス
スを築き、支配下にはいったルーシの諸公国は服従と貢納を強いられた（「タター
ルのくびき」）。そのなかで1380年クリコヴォの戦いでモンゴル軍を破ったモス
クワ大公国が勢力を強め、イヴァン3世のもとでモンゴルの支配を脱した。イ
ヴァン3世は、ノヴゴロドを併合するなどロシア諸邦に進出して領土を拡大し、
またビザンツ帝国最後の皇帝コンスタンティノス11世の姪ゾエと結婚して
「ツァーリ」の称号を用い、ビザンツ皇帝の後継者を自任した。

6. 黒 死 病

　13世紀モンゴル帝国の成立は、ユーラシアの大半が統一的な支配のもとに置
かれたことを意味した。モンゴル帝国は駅伝制を整備し、関税を減免すること
で交易活動を促進した。そして黒海から地中海にかけての海上交易は、ヴェネ
ツィアとジェノヴァの商人が担った。こうしてユーラシアの東西はこれまで以
上に緊密に結びつくようになり、ヒトとモノの交流は盛んとなったが、この状
況は疫病の伝播をも容易にしたのである。

　14世紀にはいるとヨーロッパの気候は悪化し、1315-22年には飢餓が広がっ
た。さらに14世紀半ばには黒死病（ペスト）が襲った。近年の研究では、黒死
病による死者の遺骨から取り出した遺伝子の解析結果などから、黒死病の原因
となったペスト菌はおそらく中国辺境地域で発生したとみられている。齧歯類
につくノミを宿主とするペスト菌は、中央ユーラシアをヒトやモノとともに運
ばれ、1347年に黒海沿岸の港を出航したジェノヴァやヴェネツィアの船に入り
込んでいた。船が寄港、荷下ろしをした先々でペストの感染爆発が起きた。黒
死病は、交易ルートに沿って、ヒトの移動とともに周辺地域へと広まっていき、
3年あまりの間にヨーロッパ全域に伝播した。

　当時はペストに対する有効な治療法はなかった。しかも、ペストはその後も
ヨーロッパで断続的、局地的に流行を繰り返した。とりわけ黒死病による人口
激減の結果は、ヨーロッパ社会に大きな影響を及ぼした。まず、労働力が不足
したことで、領主層は従来の農奴の賦役による直営地経営が困難になった。そ
こで領主層は、一定額の地代の支払いと引き換えに定期で、領主直営地の農地
さえも、農民層に貸し出すようになった。その結果、賦役労働から解放された

農奴は、実質的に、不自由な身分からも解放されていった。また、穀物価格が下落したことで、穀物栽培よりも牧畜と羊毛生産を拡大させた地域や、染料など工業原料用作物の栽培へ転換する地域もあった。

　北西ヨーロッパでは1500年までに農奴制は実質的に消滅した。しかし、領主層の農民に対する支配力が相対的に低下した一方で、王権からの圧力が増した。しばしば戦費調達のために重い税が全国的に課されるようになると、自由を得つつあった農民層は新たな負担増に反発した。1358年フランス北東部ボーヴェ地方でジャックリーの乱が、1381年イングランド南東部でワット・タイラーの乱と呼ばれる農民反乱が起こった。また、国王課税は都市自治への介入と見なされ、14世紀後半には北フランス各地で市民の蜂起や暴動が頻発した。

テーマ史1　教皇権の絶頂から教会大分裂へ

1. 第4ラテラノ公会議

　12世紀の間に全カトリック地域においてローマ教皇の権威は揺るぎないものとなった。一方で、教会改革の進展が俗人の信仰心をも刺激した結果、いくつもの信仰集団が出現し、そのうちのいくつかは異端として断罪され、排撃された。

　1215年に教皇インノケンティウス3世が開催した第4ラテラノ公会議には、聖俗の数多くの代表が出席した。この公会議の決議は、中世カトリック教会を特徴づける重要な規定をいくつも含んでいた。まず、「祭壇の秘蹟におけるキリストの実在」が定義された。すなわち、ミサにおいて、パンはキリストの肉に、葡萄酒はキリストの血に、形態はパンと葡萄酒のまま、実体はキリストの肉と血に変化する、というものである。司祭の手からパンを拝領することで、ミサの会衆はキリストと合一し、救済に与ることができるとされる。パンはキリストの肉つまり「聖体」として崇敬の対象になり、後に聖体を祝福する儀礼や祝日なども定められていった。

　さらに第4ラテラノ公会議では、異端の撲滅に世俗権力も協力することが要請された。すでに1208年に教皇は南フランスの異端カタリ派（アルビジョワ派）を根絶するためにフランス王フィリップ2世に働きかけ、北フランスの貴族を中心とした十字軍（アルビジョワ十字軍）を組織させていた。この公会議ではさ

らに、聖職者が流血を伴う処罰に関わることが禁じられ、処刑は俗人に委ねられるべきことと定められた。こうした規定と異端審問制の設置により、異端として断罪された被告人は世俗権力により処刑とくに火刑に処せられるパターンができあがり、各国で異端処罰法が制定されていった。

　また、公会議決議では、キリスト教社会で生活するムスリムとユダヤ教徒は衣服の種類によって公然とキリスト教徒から区別されるべきことが定められ、ユダヤ教徒が公職に就くことも禁じられた。これらの規定は後に西ヨーロッパ社会におけるユダヤ教徒の境遇に大きな影響を及ぼすことになった。

　インノケンティウス3世は、教皇領を拡大して「教皇領国家」の礎を築いた教皇とされる。その後、13世紀の間に教皇の支配領域は、スポレートやアンコーナ、さらにボローニャを含むロマーニャ地方にまで拡大した。中部イタリアへの領土的野心から、教皇は敵対者を破門したり、自らの政敵を制圧するために十字軍を呼びかけたりした。そして領土支配を維持するために、教皇は親族登用政策（ネポティズム）を採った。自らの縁者を教皇庁の主要な官職に就けたり、重要な教会の司祭や枢機卿に登用したりしたほか、彼らに教皇領の重要地点の支配を任せたりした。教皇はしばしばローマの都市貴族家門の出身者であったので、ネポティズムを背景に、有力家門同士が枢機卿団内部で、ローマ市内や教皇領内で、権力闘争を繰り広げることになった。

2．教皇権の落日

　1300年、教皇ボニファティウス8世は、この年にローマの聖堂に巡礼、参拝し罪の告白を行った者には完全な贖宥を授けると布告した。この史上初の「聖年」で数十万の巡礼がローマを訪れたとされる。教皇権の威光を誇示したボニファティウス8世であったが、間もなくフランス王との対立が激化したことから、その威光にも影が差すことになった。

　すでに1297年にフランス王フィリップ4世と教皇ボニファティウス8世は、聖職者に対する国王課税を巡って対立していた。そして1301年にはフィリップ4世が、司教を投獄して聖職者の有する裁判特権に違反したことから、両者の対立はさらに深まった。教皇は、聖職者を抑圧する存在として王を断罪したが、王は1302年4月に全国三部会を召集して対抗した。全国三部会は王を支持したのである。そこでボニファティウス8世は、「教皇に服することはすべての人間に取り必要不可欠である」と宣言し、教皇の地位をこれまで以上に強調する

と、フィリップ 4 世の破門を準備した。しかし、破門を行う予定の前日 1303 年
9 月 7 日に、王の側近ギョーム・ド・ノガレとその一派が、ローマ南郊のアナー
ニに滞在中のボニファティウス 8 世を急襲した。彼らは教皇の顔を殴り、身ぐ
るみを剥いで身柄を拘束した。ボニファティウス 8 世は間もなく救出されたが、
1 カ月後にローマで死去した。この「アナーニ事件」により、教皇の権威は著
しく傷つけられた。

　1305 年に即位した教皇クレメンス 5 世は、フランス人で、フランス中西部の
リヨンで戴冠式を行うと、在位中に一度もローマへ赴くことのないまま、1309
年にフランス南部のアヴィニョンに定着した。これ以後、7 代の教皇がアヴィ
ニョンに留まり続けた。

　アヴィニョン時代は一般に「教皇のバビロン捕囚」と呼ばれるが、教皇は悲
惨な状態に置かれていたわけではない。むしろこの時期に、教会税の徴収体系
や官僚制の整備が進んだことで、効率的な行財政機構を作り上げることができ
た。また、1335 年から建築がはじまった教皇宮殿は、教皇の生活の場であった
だけでなく、教皇による儀礼と統治の中心ともなった。一方で、歴代のアヴィ
ニョン教皇にはフランス人が選ばれ、枢機卿団の大半もフランス人が占めるよ
うになった。そのため教皇はフランス王権と良好な関係を築くことに腐心した。

　1307 年フランス王フィリップ 4 世は、王国内のテンプル騎士修道会士全員を
逮捕し異端審問にかけるよう命じた。異端審問官による拷問と尋問の結果出て
きた会士らの自白は、テンプル騎士修道会が異端的であることを示唆していた。
テンプル騎士修道会に多額の負債を負っていた王にとって、同修道会の有する
莫大な富は魅力的であった。そこで王は教皇クレメンス 5 世に圧力をかけ、
1311 年にヴィエンヌ公会議を開催させた。しかしながら教皇は、公会議の場で
テンプル騎士修道会の団長ジャック・ド・モレーらに対する助命嘆願を教皇の
名において行ったうえ、テンプル騎士修道会を異端と断罪せず、行政上の手続
きに則って同修道会を解散させるに留めた。したがってアヴィニョン時代の教
皇は完全にフランス王権に従属していたというわけではないようだ。とはいえ、
解散させられたテンプル騎士修道会が保有していた所領のほとんどは、フラン
ス王権のものになった。

　1337 年に百年戦争が開始されるとイングランドでは、アヴィニョン教皇に
よってイングランド国内の聖職禄がフランス人に授与されることや、イングラ
ンド人が教皇庁へ納めた金銭がフランス人の手に渡ることが危惧されるように

なった。1350年代にはイングランド議会が、イングランド国内における教皇の叙任権を制限し、イングランドから教皇庁への金銭の輸送を禁じるなどの、反教皇権的な法を相次いで制定した。

　アヴィニョン移転以降も教皇は、ローマ市と教皇領に対する支配を維持することに心を砕いていたが、教皇不在のイタリアでは、ミラノやフィレンツェなどの有力都市が教皇に反旗を翻し、教皇領内でも教皇に対する反乱が広がるなど、不穏な情勢であった。しかし、フランスが百年戦争の戦場となり、アヴィニョンもしばしば攻撃を受けるようになったことと、1350年代に枢機卿ジル・アルボルノスが教皇領の大部分を軍事的に平定して教皇の支配下に取り戻したことから、教皇はローマへの帰還を考えるようになった。

　1376年、教皇グレゴリウス11世はアヴィニョンを発ち、ローマへ戻った。ところが、2年後にグレゴリウスがローマで死去すると、ローマ市民らは枢機卿団に対して次の教皇にはローマ市出身者かせめてイタリア人を選出するよう要求した。怯えた枢機卿団はイタリア人ウルバヌス6世を教皇に選出したが、彼はあまりに傲慢で教皇に相応しい人物ではなかった。そこでフランス人枢機卿たちは、ウルバヌス6世の選出は外部の圧力によるもので無効だとする声明を出し、1378年9月に新たにクレメンス7世を独自に選出した。こうしてローマとアヴィニョンに教皇が並び立つことになり、「教会大分裂(大シスマ)」(1378-1417年)が開始された。

3．大シスマ

　教会の分裂に伴って国際関係も二分された。ローマの教皇はイングランドやポルトガルから、アヴィニョンの教皇 (対立教皇) はフランスやカスティーリャ、アラゴン、スコットランドなどから支持を得た。どちらの教皇も自らの正統性を主張して譲らず、教会の分裂状態 (シスマ) は長期化した。それにともない教会の現状に対する批判の声は大きくなっていった。

　1374年にオクスフォード大学の神学者ジョン・ウィクリフは、正しい信仰へは聖職者の言葉ではなく聖書 (＝神) の言葉によって導かれる (聖書主義) と唱えた。聖職者の蓄財や贖宥状販売も聖書に根拠がないとし、金儲け主義の教皇権を批判したうえ、すべての教会財産を王権が収公するよう求めた。そしてカトリック教会の定める秘蹟や煉獄、聖体の実体変化などの教えを、聖書に基づくものではないとして否定した。また、死後の魂の救済は現世での善行によら

ず、すでに神によって定められている（予定説）と唱え、誰であれ救済に価する者のみが「真の教会」の構成員である（万人司祭主義）として、カトリックの聖職者や教会組織の存在意義を否定した。さらにウィクリフは、ウルガータ（ラテン語）聖書の英語訳を進めた。

　1377年ウィクリフの教説を問題視した教皇グレゴリウス11世は、ウィクリフの逮捕と異端審問を要求したが、当時イングランド王リチャード2世の摂政として政治の実権を握っていたランカスター公ジョンはウィクリフを庇護した。ウィクリフの教説は、イングランド教会の自立性の拡大や、富を有する高位聖職者への批判など、14世紀以来イングランドで増してきていた反聖職者・反教皇権主義的な政治傾向と合致していたからである。ウィクリフは大学を去った後も平穏に暮らし、1384年に脳卒中で死去した。ウィクリフの死後、彼の追随者らは「ロラード派」と呼ばれるようになり、イングランドの下級貴族や都市民などに支持を広げ、1381年の農民反乱にも影響を与えたとされる。

　1403年頃ボヘミアでは、ウィクリフの教説の影響を受けたヤン・フスが、教会の腐敗に対する批判を展開していた。プラハ大学長も務めたフスは、教皇による贖宥状の販売を厳しく批判し、さらには聖書主義や予定説を唱えた。フスの教説は、ドイツ教会におけるボヘミア人聖職者の処遇への不満や、教会に富が集中することへのボヘミア貴族の憤慨など、ドイツに対する民族的反感を背景にボヘミアで広まっていった。

　ウィクリフやフスによる教会批判の多くは的を射たものであったが、これらの批判に対して、分裂した教会は有効な手を打てなかった。シスマの解決が最優先であった。

　1408年、ローマの教皇グレゴリウス12世とアヴィニョンの対立教皇ベネディクトゥス13世は、それぞれ自らの教皇位を確保するために、別々の場所に教会会議を招集したが、どちらの陣営も十分な支持は得られなかった。むしろ双方の陣営の枢機卿たちが同盟を組んで1409年イタリアのピサに、第三の教会会議を招集した。ピサでは、双方の教皇ともシスマを引き起こした張本人として破門され、第三の教皇アレクサンデル5世が選出された。ところが、先の二人の教皇らが退位を拒んだため、結果的に三人の教皇が並び立つことになってしまった。

　アレクサンデル5世の後継者ヨハネス23世は、皇帝ジギスムントの支持を得て、1414年コンスタンツに公会議を招集した。フスも、公会議の前で自らの正

当性を明らかにしようと考え、コンスタンツに到着した。しかし、自説の撤回を拒否したフスは、1415年 7 月 6 日異端として火刑に処された。また、公会議でウィクリフの教説も異端とされたことから、イングランドではウィクリフの墓が暴かれて遺体は焼却処分された。

　コンスタンツ公会議では、教会の統一を成し遂げるためにはヨハネス23世の退位が必要であるということになったが、1415年ヨハネスは逃亡し、公会議を解散させようとした。そこで、対抗措置として公会議側は「普遍公会議は教皇よりも上位の権力を有する」と決議した。ヨハネスは捕らえられ、公会議に連れ戻されて、廃位された。グレゴリウス12世は退位を受け入れ、1417年10月に死去した。残るひとり、ベネディクトゥス13世は、1417年に廃位されたものの納得せず、1423年に死去するまで自分は正統な教皇であると主張し続けた。コンスタンツでは1417年11月ようやくマルティヌス 5 世が新教皇として選出、承認され、シスマは解決した。

　ところが、ジギスムントが兄の死を受けてボヘミア王位を継承すると、フスの教説を信奉するボヘミアの人々は、即位に反対した。とりわけヤン・ジシュカ率いる急進的なターボル派が反ジギスムントの急先鋒であった。ジギスムントは1420年から五度にわたって「対フス派十字軍」を派遣し、フス派の牙城であったプラハを攻撃したが、結束を高めたフス派によって、いずれの十字軍も撃破された。

　1431年にバーゼル公会議が開かれ、フス派代表団も招かれた。戦乱による国土の荒廃を憂えた穏健的フス派は、カトリック教会側と和解し、ターボル派の禁圧に協力することに同意した。1434年リパニで穏健派とターボル派が激突し、ターボル派は粉砕された。1436年に協約が結ばれ、ジギスムントのボヘミア王位容認と引き換えに、ボヘミア教会ではフス派の主張する両種聖餐（パンに加えて葡萄酒による秘蹟）を行うことが認められた。

　以上のように、大シスマ以降、教皇の権威は地に落ちたが、西ヨーロッパの人々のカトリック信仰そのものが揺らいだわけではなかった。とりわけ黒死病のもたらした大量死の衝撃は、無常観や悲嘆を表象する美術作品を流行させただけでなく、自己や家族の魂の救済への関心を高めた。救済への導き手たる教会や聖職者の役割に対して、これまでになく人々の期待が高まっていただろう。しかしながら中世後期のほとんどの教皇は教会批判に耳を貸さず、教会改革にも無関心なままであった。バーゼル公会議以後の教皇は、ますます教皇領に対

する支配を強化しようとして、ネポティズムや官職の売買、贖宥状の販売といった旧来の悪弊を正すどころか、さらにはびこらせる始末であった。その一方で西ヨーロッパの各国は、王権と国内の聖職者が手を組むことで、普遍的教会から距離を置き、国内の教会に対する教皇権の関与を制限する方向へ進んでいったのである。

テーマ史2　ルネサンスと宗教改革

　ペストの災禍に加え、教会大分裂がもたらした混乱のなかで、古代の英知に人間としての新たな生きる指針を見出そうとしたのが、人文主義者である。人文主義者は、古典の教養とキリスト教信仰を一致させることを目指し、古典文献の校訂と翻訳作業を進めた。

　一般に、古典古代の文献の発見を通じて、人間中心の新しい自由な学問研究が広まったとされる。しかし、大部分の古典文献は、中世にすでに知られていた。中世との相違点があるとすればそれは、古典文献に何を読み取ろうとしたか、そして文献研究の担い手として俗人の知識人が増えたことであろう。俗語（口語／国語）文学も、中世に騎士道文学を好んだ貴族・騎士階級の間で楽しまれ続けていたが、14世紀以降の俗語文学にみられる特徴は社会や権威に対する諷刺の要素であるといえるかもしれない。一方で、14世紀初頭フィレンツェ出身の詩人ダンテが、イタリア語のなかでもトスカーナ方言こそが最も詩に適した言語であると主張した『俗語論』をラテン語で書いたように、知識人の共通語としてラテン語はなお有用性を保持していた。ダンテは、ラテン語よりも、幼い頃より母から習い覚える国語の表現力のほうが、詩人が創作に用いる言語として優れていると主張し、それを自ら実践したのが代表作『神曲』である。このダンテを敬愛し、詩作の道に進んだのがペトラルカであり、その友人ボッカッチョであった。

　古典文献の研究のためにラテン語に加えてギリシア語学習の必要が痛感され、14世紀末以降フィレンツェを中心に、イタリアを訪れるビザンツ帝国の知識人を通じてギリシア語の学習が熱心に行われていた。なかでも1438-39年に開かれたフェラーラ・フィレンツェ公会議にビザンツ側代表団の一員として出席したベッサリオンは、カトリックに改宗して枢機卿に選ばれた後はイタリア

に住み、ギリシア語とラテン語で多くの書物を執筆した。1453年ついにオスマン帝国によりコンスタンティノープルが陥落すると、ベッサリオンはそれまでビザンツ帝国で所蔵されていた多くのギリシア語文献の収集を進めた。そのおかげで貴重な写本が散逸を免れ、イタリアに運ばれた。一方で、ヨーロッパ各地の修道院の書庫などに眠っていた古典文献写本の発掘と収集も、積極的に進められた。

　こうして人文主義者らが手に入れた古典文献写本の

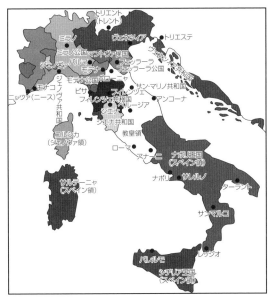

図5-2　ルネサンス期のイタリア（中嶋浩郎『図説メディチ家　古都フィレンツェと栄光の「王朝」』河出書房新社、2000年、20頁。「ルネサンス期のイタリア」をもとに作成）

なかでも、プラトンの著作は新しい思想の潮流を生み出した。また、ヘロドトスやトゥキュディデスの『歴史』もラテン語に翻訳され、アリストテレスの著作も新訳が出版された。プルタルコスの著作では『対比列伝（英雄伝）』よりも『倫理論集』がもてはやされた。こうした成果は、西ヨーロッパ全体に大きな影響を与え、人文主義は各地に広まった。古典古代文化の単なる「再生」ではなく、当時のキリスト教信仰やキリスト教倫理と合致するものとして受容された。そして古典の教養は支配者たる者に不可欠な素養とされるようになった。

1．イタリア・ルネサンス芸術

　14世紀以降、商業ネットワークの独占によって繁栄したイタリア諸都市の多くは、コムーネ（共同体）の名のもとで共和政を行っていたが、次第に富裕な有力家門が市政の実権を握るようになった。これら新興の支配者たちは、互いに競うように、最新かつ壮麗な美術作品や建築物でもって自らの都市を飾ろうとした。

　最初にルネサンス芸術の中心地となったのは、メディチ家のもとで繁栄した15世紀のフィレンツェであった。1401年サン・ジョヴァンニ洗礼堂の扉の浮彫を新調するにあたって、コンペが開かれた。課題は「イサクの犠牲」で、ブルネレスキとギベルティが争い、より臨場感があるとしてギベルティが受注した。古代風のリアルな人体表現と臨場感ある情景描写がその後のスタンダードとなった。

　さらに、ブルネレスキは、幾何学の定理にしたがって消失点を算出し、その線に沿って描くことで奥行を表現できることに気づき、線遠近法の手法を考案した。この数学的美術表現の理論は、1436年にアルベルティが『絵画論』で論じたことで広まった。マザッチョの「聖三位一体」は、線遠近法を絵画表現に応用した初期の作品のひとつである。目に映る世界をできるだけ正確に画面に描こうという熱意が、ネーデルラントでファン・アイクが発展させた油彩画技法のイタリア伝来と相俟って、豊かでリアルな絵画表現を生み出していった。ただし、絵画や彫刻のテーマのほとんどは中世と同様に聖書や聖人の物語など、キリスト教に関連するものであった。ルネサンス美術は決してキリスト教を否定したものではなかった。ボッティチェリの代表作「春」(1482年頃) や「ヴィーナスの誕生」(1486年) のように古典古代をモチーフにした作品は、あくまで発注者の古典の教養をアピールするためであった。また、聖書や神話を題材とし、崇高な理想の表現としている限りは、裸体表現も許容されたのである。

　1419年サンタ・マリア・デル・フィオーレ大聖堂の屋根の設計コンペでは、ブルネレスキが受注した。彼は、古代ローマの建築家ウィトルウィウスの『建築論』の新発見写本をもとに機材を考案し、八角形の基盤に円蓋を置くクーポラを完成させた。ミケランジェロの「ダヴィデ像」、ダ・ヴィンチの「モナ・リザ」、ラファエロの数々の聖母子像などが、市政府や有力市民の注文によって制作され、フィレンツェは15世紀末までルネサンス芸術の本場としての地位を保った。

　ところが、教会大分裂を克服した教皇が教皇座関連施設の再建に乗り出した16世紀初頭、とりわけ1513年にジョヴァンニ・ド・メディチが教皇レオ10世として即位すると、ローマがルネサンス芸術の中心地になった。サン・ピエトロ大聖堂の改築工事は、ブラマンテが設計し、同郷の後輩ラファエロが引き継ぎ、最終的にミケランジェロが請け負うことで進められた。ラファエロはヴァチカン官殿の「署名の間」にフレスコ画「アテネの学堂」を手掛け、ミケランジェ

ロはシスティーナ礼拝堂天井画の制作を開始した。

　しかしながら、イタリア・ルネサンス芸術は、あくまでイタリア諸都市の支配者層の古典趣味を反映したものであった。それは、大多数の市民にとってはあずかり知らぬことであり、財力にものをいわせた豪奢な装飾は、厳しい批判の的にもなった。15世紀末にジローラモ・サヴォナローラは、フィレンツェ市政の腐敗とメディチ家の浪費を激しく糾弾して市民の支持を得、一時はメディチ家を追放して市政を牛耳った。

　1494年、フランスによるイタリア侵攻が開始され、スペイン領のナポリが攻略された。いわゆるイタリア戦争である。以後50年以上にわたってイタリアはハプスブルク家とフランス王の勢力争いの場と化し、1527年の「ローマ劫掠<ruby>劫掠<rt>ごうりゃく</rt></ruby>」では、神聖ローマ皇帝カール5世の軍勢が暴虐の限りを尽くした。1559年カトー・カンブレジ条約によってイタリアにおけるハプスブルク家の覇権が確認されると、ヴェネツィアとローマを除いてイタリア諸都市の政治的独立は失われた。それとともにイタリア・ルネサンス芸術もまた、活力を失っていったのである。

2．人 文 主 義

　人文主義者は古典文献のなかの一分野として、キリスト教関連の文書すらも校訂の対象とした。すると、その成果はカトリック教会を揺るがした。15世紀の人文主義者ニコラス・クザーヌスとロレンツォ・ヴァッラは、1440年の論文で「コンスタンティヌスの寄進状」が、古代ローマ皇帝コンスタンティヌス1世の時代のものではなく、後世の偽造であることを看破した。この「寄進状」は、キリスト教を公認したコンスタンティヌス帝がローマ教皇に帝国西部を委ね、教皇座を他のあらゆる教会の上位に置くと定めたと称する文書で、教皇権の独立性や教皇領の存在する根拠として使われてきたものであった。さらにヴァッラは、カトリック教義の典拠とされてきたウルガータ聖書のいくつかの部分は、オリジナルのギリシア語版には存在しないことを明らかにした。こうした成果は、後の宗教改革運動に影響を与えることとなった。

　ネーデルラントのデシデリウス・エラスムスは、1509年に『愚神礼賛』を著し、古典をモチーフにユーモラスに教会の形骸化と聖職者の腐敗を諷刺した。さらにエラスムスは、ギリシア語新約聖書こそキリストの教えの凝縮されている源泉であり、誰もが聖書を読み、それに基づいた生活をすべきであると考え

た。そしてそのためには聖書を正しく理解できるようテクストを確立しなければならないと確信し、1516年にギリシア語聖書を校訂して『校訂ギリシア語新約聖書』を出版し、ウルガータ聖書の校訂と注解の執筆も進めた。彼の著作は高く評価され、エラスムスはブルゴーニュ公の息子シャルル（後の神聖ローマ皇帝カール５世）の教育係に任命された。

　ネーデルラントでは、ペストをきっかけに14世紀後半から「新しい信仰」の実践を唱える共同生活兄弟団の運動が広まっており、ロッテルダム出身のエラスムスも兄弟団の寄宿舎で育っていた。しかし、マルティン・ルターによる宗教改革運動が本格化すると、エラスムスはルターと自由意志の重要性を巡って論争した。エラスムスは、人間の自由意志と寛容を説き、なによりもキリスト教世界の一致と平和を重視した。そのため神の意志がすべてであるとするルターとは相容れず、ルター派からは反対派と見なされた。そのうえ、カトリックからは改革派と見なされて非難を受けた。エラスムスの長年の友人イングランドの人文主義者トマス・モアは、『ユートピア』で理想郷を描き、現実の社会を諷刺した。しかし彼もまた、ヘンリ８世がはじめる宗教改革に反対したために、処刑される。

　このように、人文主義者は必ずしも宗教改革派ではなく、多くはカトリック信仰に忠実であったが、それでも、エラスムスの進めた聖書研究は、宗教改革者に大きな影響を与えた。ルターがドイツ語に翻訳した聖書は、エラスムスによる『校訂ギリシア語新約聖書』をもとにしていた。そのため両者の関係は、「エラスムスが産んだ卵をルターが孵した」と表現されることもある。また、スペインでは、エラスムスの教えに基づいてルター派と対抗しつつ、カトリック信仰を純化しようとする「エラスムス主義」の運動が盛んとなる。しかし、カトリック信仰と国家的統一が一致したこの国では、異端審問制が統治の要として機能していた。1559年に異端審問制は禁書目録にエラスムスの著作を含め、エラスムス主義を弾圧した。

　こうして人文主義の潮流は、16世紀ヨーロッパを激動させた宗教改革運動に収斂されつつ、その後のヨーロッパの思想的、文化的基礎のひとつを形成していくことになる。

３．宗教改革運動
　12-15世紀にもキリストの教えに立ち戻ることを掲げる集団や教皇権のあり

方を批判する者が現
れたことはあった。
しかし、これらは教
皇によって異端と断
罪され、ときに世俗
権力の武力を借り
て、撲滅されてきた。
しかしながら、16世
紀にマルティン・ル
ターというひとりの
修道士の苦悩からは
じまった宗教改革運
動は、カトリック教
会という普通的権威

図5-3　「ルターの敵対者たち」（森田安一『ルターの首引き猫』山
川出版社、1993年、195頁）。中央にローマ教皇レオ10世が邪悪なライオンの姿
で描かれ、その左右にはルターと論争したカトリック神学者たちが、それぞれ
愚かな動物（猫、ヤギ、豚、犬）の姿に描かれている

によって象徴される中世的枠組みを崩壊させることになった。

　ルターは、1483年ドイツ北部ザクセン地方の出身で、長じて修道士になった。
ルターは清貧、貞潔、服従という修道生活の原則を完遂することを目指したが、
結局それは不可能だった。ルターは、神が人に望む生活について思索を続け、
ついには「信仰のみ」「恩寵のみ」「聖書のみ」という悟りに達した。しかし、
当時のドイツ各地ではローマのサン・ピエトロ大聖堂を改築する名目で贖宥状
が販売されており、「箱にお金を投げ入れれば、チャリンという音とともに魂
が天国に飛び上がる」と詠われていた。ルターは、このような金儲け主義に激
しい怒りを覚え、1517年10月31日、「95カ条の提題」を発表した。カトリック
教会は贖宥状の購入という「善行」によって魂は救われると説いていたが、ル
ターは、「人が義とされるのは信仰によってのみ」であり、そのような信仰を
可能にするのは福音すなわち聖書だけであるとし、聖職者の役割と教会による
聖書解釈の独占も否定した。ルターの発表した「提題」はラテン語で書かれた
もので、一般向けではなかったが、これをきっかけに宗教改革運動が本格化し
ていくことになる。

　ルターは、1519年の神学者エックとの論争のなかで、ついにカトリック教会
との断絶を宣言するに至る。1521年、教皇レオ10世によりルターは破門され、
神聖ローマ皇帝カール5世もルターを帝国追放とした。しかし、ザクセン公の

庇護をうけたルターは、密かにヴァルトブルク城にかくまわれ、その間に聖書のドイツ語訳を進めた。ルターの考えでは、すべての信徒が自由に福音に接するべきである以上、聖書は日常語で読める必要があったからだ。一方で、ルターを支持する改革派は、当時最新のメディアであった活版印刷術を活用した。簡単な言葉と本版画の挿絵のあるパンフレットを大量に発行することで教皇やカトリック神学者らを攻撃した。グーテンベルクが考案したとされる活版印刷術は、宗教改革運動の情報戦において重要な役割を果たしたのである（図5-3）。しかしルターの蒔いた種は、ルターの許容範囲を超えて拡大した。トマス・ミュンツァーが「神の前の平等」を実現する社会改革を目指して急進的主張を唱えるようになると、ルターは彼を否定し、1524年に農民戦争がはじまると、これを鎮圧するよう領邦諸侯たちに求めた。ルターにとって、君主や社会秩序も神が定めたものであり、従うべきものであった。

　皇帝カール5世は、ヨーロッパに攻め入るオスマン帝国軍に対抗するため、諸侯の支持が必要な時はルター派を容認し、オスマン帝国の脅成が去ると弾圧するということを繰り返した。こうした皇帝の態度にルター派諸侯が抗議（プロテスト）し、軍事同盟を結んで結束すると、両派の対立は1546年には内戦に発展した。1555年アウクスブルクの宗教平和令でルター派は容認されることになったが、「領主の宗教がその領土におこなわれる」が原則とされ、カトリックかルター派か、宗派を選ぶ自由は領邦諸侯にしか認められなかった。

　ドイツでのルターの活動は、多くの宗教改革者を西ヨーロッパ各地に生んだ。なかでも、ジュネーヴで宗教改革を進めたジャン・カルヴァンは、ルターの教えをさらに発展させた。カルヴァンは、神は誰を救い、誰を地獄に落とすかをアダムとイヴの原罪以前にすでに決定していて、人にはどうすることもできないが、神を信じ、神の教えを受け入れる者は、救われるほうに自分が選ばれていることを確信できると説いた。またカルヴァンによれば、職業も神が定めた天職、召命であり、これに勤しまねばならないとした。カルヴァンのこうした教えは、とくにハプスブルク家の支配下にあったネーデルラントに広まり、そのために皇帝カール5世から厳しい弾圧を受けた。また、フランスにもカルヴァン主義は広まり、宮廷内の派閥争いとて相俟って、ユグノー戦争と呼ばれる内戦が起こるに至った。

　一方、イングランドや北欧諸国では、中央集権化を進める王権が主導して宗教改革を断行した。国家統合のイデオロギーとして、普遍的な教会よりも、国

家教会を求めたのである。

　宗教改革運動の開始当初、ルターによる神学・倫理上の批判に対して、教皇が真摯に向き合うことはなく、カトリック教会側の危機意識は乏しかった。それでも、宗教改革運動の進展は、カトリック教会内部の刷新を促した。1545年から18年にわたって断続的に討議が繰り返されたトリエント公会議では、信仰を支える制度としての教会の意義が再確認されるとともに、司教職の兼任禁止や贖宥状販売廃止など綱紀粛正が進められた。また、スペインのイグナシオ・デ・ロヨーラが設立したイエズス会は、教皇への絶対服従を唱えて対抗宗教改革の先頭に立ち、積極的に海外宣教にも打って出た。

テーマ史3　大航海時代

1．外界へのモチベーションとコロンブスの航海

　中世アイスランドで書かれた散文群「サガ」には、北米大陸であろうと考えられる場所のことが記述されている。そこはブドウの木が育つ豊かな大地という意味の「ヴィーンランド」と呼ばれた。この地にヴァイキングは、グリーンランドを経由してたどり着き、一時定住を試みたが、原住民と対立するなかで、引き上げざるを得なくなった。それからおよそ400年以上の月日を経たいわゆる大航海時代に、アメリカ大陸は「新大陸」としてヨーロッパの人々により「発見」されることになる。

　15世紀末から16世紀にかけて、ヨーロッパ諸国が大西洋へと乗り出した背景には、様々な要因があった。コンスタンティノープルの陥落も、そのひとつである。1453年にオスマン帝国はここを攻め落とし、ビザンツ帝国を滅ぼした。長くイスラーム勢力に対する防波堤の役割を果たしてきたビザンツ帝国であったが、これが崩壊したことでオスマン帝国の脅威は本格的にヨーロッパ世界に及ぶようになる。オスマン帝国の勢力拡大は地中海貿易にも影響を与えた。これまで香辛料をはじめとしたアジアの産品は、地中海貿易で活躍するムスリム商人とイタリア商人の手を介してヨーロッパ各地へと運ばれていた。しかし、オスマン帝国とヨーロッパ勢との対立関係が緊張を増すなかで、地中海貿易は滞っていく。ヨーロッパの人々がアジアの産品を手にすることは、徐々に難しくなっていった。それゆえ彼らは、別の交易ルートを探す必要があった。また、

ヨーロッパで香辛料は高く売れることから、これを直接手に入れることができれば大きな利益になる。こうした事情もヨーロッパの人々を外界へと導くひとつの要素となった。

　宗教的な動機もあった。アジアにはキリスト教の国である「プレスター・ジョンの国」がある。当時のヨーロッパでは、この伝説の国の存在が信じられていた。「プレスター・ジョンの国」と連携してイスラーム勢力を挟み撃ちにする。オスマン帝国の脅威が増すなかで、その必要性は高まっていた。以上に加え、大海での航海に不可欠な羅針盤や操舵性に優れたキャラベル船の開発、そして地球球体説。こうした様々な要素が重なって、大航海時代は訪れることになる。

　大航海時代の先駆けとなった国は、ポルトガルであった。大西洋に面したポルトガルは、船をアフリカ大陸の沿岸に沿って南に進めていく。1488年にはアフリカ大陸の南端にたどり着いた。さらに船を進めアフリカ大陸の東岸に入ると、そこからはアラブ人の案内を受け、1498年にはインドのカリカットに到着した。ポルトガルはその後、ゴアにアジア貿易の拠点を築く。そこから船はマラッカ海峡を通過し、中国そして日本にも進出した。こうしてアジア貿易に直接参入したポルトガルは、香辛料をはじめとしたアジアの産品をヨーロッパへ

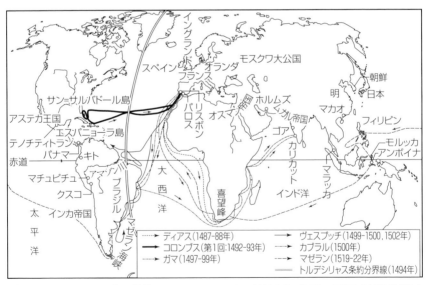

図5-1　ヨーロッパ人の航海（『詳説世界史B 改訂版』山川出版社、2005年、158頁。「大航海時代」を基に作成）

と持ち帰り、売り捌くことで大きな利益をあげた。

　一方、アフリカからアジアへと向かうポルトガルの姿を見ていた隣国のスペインは、西廻りでアジアを目指すようになる。1492年にグラナダを占領し、国土回復運動（レコンキスタ）を完成させたスペインではあったが、長いイスラーム勢との戦いで国庫を使い果たしていた。財政の立て直しが必要なスペイン王室には、貴重なアジアの産品は魅力的に映った。その頃、船乗りであったコロンブスは、トスカネリの地球球体説を支持し、西廻りでアジアに向かうべくスペインで出資者を探していた。また、マルコ・ポーロの『東方見聞録』を愛読するコロンブスは、世界の産品が集まる中国や大量の金を保持するとされるジパング（日本）に行き、これらを入手しようと考えていたともいわれる。仲介者を介して対面したコロンブスとスペイン女王イザベルとは利害が一致し、コロンブスはスペイン女王から資金援助を受け、アジアに向けた航海に乗り出した。

　コロンブスは約2カ月の航海の末、カリブ海に浮かぶひとつの島にたどり着いた。現地ではグアナハニ島と呼ばれていたが、コロンブスはそこをサン＝サルバドール島と名づけた。その後、コロンブスは周辺の島々を探索した後、航海に関する報告を行うため、幾人かの部下を残してスペインに帰国した。コロンブスは全部で4回大西洋を渡った。2回目の航海では、カリブ海に浮かぶ島々を探索し、3回目、4回目の航海では、アメリカ大陸自体の探索も行った。しかし、コロンブスはそれをあくまでアジアの一部として認識し、「新大陸」だとは考えなかったようである。その後、アメリゴ・ヴェスプッチは緯度の計算から、これはアジアではなく別の大陸であると述べた。ドイツの地理学者マルティン・ヴァルトゼーミュラーは、『世界誌入門』の地図の中で、この大陸をアメリゴ・ヴェスプッチの名前にちなんで「アメリカ」と記した。アメリゴ・ヴェスプッチのラテン語読みはアメリクス・ウェスプキウスであり、その女性形（大陸は女性名詞）が「アメリカ」であった。これ以降、「新大陸」の呼び名として「アメリカ」という呼称が定着していくことになる。

2.「コロンブスの交換」とヨーロッパ人の入植

　コロンブスは初めての航海を終えスペインに帰国する際に、「新大陸」にあった様々なものを持ち帰った。その一例として挙げられるのが、タバコ、トウモロコシ、トウガラシである。一方、第2回目の航海の際、コロンブスは馬や牛

といった家畜、そしてサトウキビを携えて「新大陸」へと渡った。これらは、これまで互いの大陸に存在しなかったものであった。コロンブスの航海をきっかけに、両大陸にとって未知のものが、それぞれの大陸に運ばれるようになる。このことを、「コロンブスの交換」と呼ぶ。

「コロンブスの交換」において「新大陸」からヨーロッパへと持ち込まれた植物はヨーロッパ、さらにはアジア、アフリカの食文化に大きな影響を与えた。ジャガイモはその代表的な植物といえる。アンデス山脈が原産地とされるジャガイモは、当初その形が異形であることからヨーロッパの人々にあまり受け入れられなかった。しかし、栄養価が高く、また寒冷地でも育ち収穫量も多いことから、ジャガイモは徐々にヨーロッパ各地で栽培されるようになり、ヨーロッパの人々の食を支える存在へと変わっていった。また、寒冷地で農作物が育ちにくいアイルランドでは、ジャガイモがまさに人々を救う食材となった。19世紀、そのアイルランドのジャガイモに疫病が広がり、「ジャガイモ大飢饉」と呼ばれる事態が生じる。ジャガイモへの依存が招いた悲劇であった。ジャガイモが食の中心となっていたアイルランドでは、政府による輸入政策の失敗もあり、多くの人々が飢えで苦しみ、そして亡くなった。一部の人々は、国内での生活を諦め国外へと避難した。アメリカの英国植民地へも多くの人が逃れた。

トウガラシも世界の食文化に大きな影響を及ぼした植物といえるであろう。世界各地でこのトウガラシを用いた料理あるいは調味料がある。イタリアのペペロンチーノ、北アフリカのハリッサ、中国では麻婆豆腐、韓国ではキムチ、日本では七味。どれもそれぞれの国を代表する料理あるいは調味料といえるであろう。新大陸から持ち込まれたトウガラシは、ポルトガル人の手を介してアジアへと運ばれたとされる。その他、トマトやカボチャ、トウモロコシなど、新大陸産の植物は大航海時代を経て世界各地へと広がり、各国の食文化に欠かせないものとなっていった。

一方、ヨーロッパから新大陸へと運ばれた代表的なものとして挙げられるのが、牛や馬といった家畜である。アメリカ大陸では、動物の家畜化は進んでおらず、農耕で利用されたり、人間を背に乗せたりする動物はいなかった。アメリカ大陸の一部の地域は、気候が温暖で草原地帯が広がっていたため、家畜にとって環境が良く大いに繁殖した。また、一部の家畜は逃走して野生化し自然の中で数を増やしていった。その結果、牛や馬の分布はアメリカ大陸全土に広がった。こうして増えた牛は捕獲の対象となり、牛の皮が大量にアメリカ大陸

からヨーロッパへと運ばれ
た。20世紀になり冷凍船が開
発されると、肉を世界各地へ
と運ぶことが可能となる。す
ると、アメリカ大陸で飼育さ
れた牛が、ヨーロッパやアジ
アの人々の食を支える存在と
なった。

　「コロンブスの交換」で大
陸間を行き交ったのは、動植
物だけではなかった。感染症
もそのひとつとして挙げられ
る。感染症がとくに大きな影

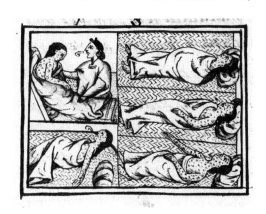

図 5 - 2　メキシコおける天然痘患者 (Wikimedia
Commons. https://ja.wikipedia.org/wiki/天然痘#/media/
ファイル:FlorentineCodex_BK12_F54_smallpox.jpg)

響をもたらしたのは、アメリカ大陸においてであった。ヨーロッパからアメリ
カ大陸へともたらされた感染症には、天然痘、インフルエンザ、チフスなどが
挙げられる。これらのなかでとくに先住民たちに大きな被害をもたらしたのが、
天然痘であった。この感染症は、ユーラシア大陸においては古くから存在して
おり、ヨーロッパの人々には抗体が備わっていた。しかし、先住民たちにとっ
ては初めて体験する感染症であり、免疫はなかった。天然痘は非常に感染力が
高かった。空気感染と接触感染で広がるため、ひとり感染者が出ると、瞬く間
にその周囲の人々に感染は拡大していった。また免疫を持たない先住民たちに
とって、天然痘にかかった際の致死率は高かった。たとえばアステカ王国の首
都テノチティトランでは、天然痘の感染拡大により 2 年間で約半数の住民が亡
くなったとされる。天然痘はアメリカ大陸全土に広がり、各地で先住民たちを
襲った（図 5 - 2 ）。

　また、人の行き来というのも「コロンブスの交換」のひとつと捉えることが
できるであろう。大航海時代の幕開けとともにヨーロッパから、そしてアフリ
カからアメリカ大陸へと多くの人が渡った。ヨーロッパの人々はキリスト教の
伝道者として、そして征服者としてアメリカ大陸にやってきた。スペイン人は、
天然痘の蔓延などの影響を受け国力が低下していたアステカ王国やインカ帝国
を滅ぼし、ここを植民地にした。その他のヨーロッパの国々も、アメリカ大陸
の各地へ侵出し、先住民から土地を奪う形で植民地化を進めていった。植民地

ではプランテーションが導入され、そこではしばしばサトウキビの栽培が行われた。熱帯、亜熱帯地域で育つサトウキビは、ヨーロッパでは一部の地域を除いてしか栽培できず、サトウキビのしぼり汁から精製される砂糖は、ほぼ輸入に頼っていた。希少価値もあり、砂糖は当時のヨーロッパにおいて高級品であった。それゆえ、もしこれが製造できれば、かなりの利益が見込めた。サトウキビの栽培から砂糖の製造までは、かなりの重労働なのだが、その労働力として使役されたのは当初先住民たちであった。過重な労働、先にも触れた天然痘の流行、そして戦禍によって先住民の人口は減っていった。そこで代わりの労働力として、アフリカからアフリカ人を奴隷としてアメリカ大陸に連れてきた。ヨーロッパの国々はアフリカで黒人奴隷を調達し、アメリカ大陸に送ったのである。こうして作られた砂糖は、奴隷の使用によって人件費が抑えられているため利益率が高く、多くの富をヨーロッパの人々にもたらすことになった。

　「コロンブスの交換」は世界の様々な地域の社会や文化に大きな影響をもたらした。ただ、土地が奪われ、隷属させられた先住民たちにとっては、悲惨な状況を生み出す現象でしかなかった。スペイン人の入植が進む中で、ドミニコ会修道士のラス・カサスは、スペイン人の先住民に対する虐殺や破壊、略奪行為をヨーロッパの人々に伝え改善を求めた。しかし、ヨーロッパの国々よるアメリカ大陸の侵食と利用は、おさまることなく続いていった。

参考文献
第5章　中世2　ヨーロッパ世界の発展と変容
通　　史　中世ヨーロッパ諸地域の動向
朝治啓三、渡辺節夫、加藤玄編著『中世英仏関係史　1066-1500　ノルマン征服から百年戦争終結まで』創元社、2012年。
ジャネット・アブー＝ルゴド『ヨーロッパ覇権以前――もうひとつの世界システム』上・下巻、岩波書店、2001年。
小澤実、薩摩秀登、林邦夫『ヨーロッパの中世③　辺境のダイナミズム』岩波書店、2009年。
木村靖二編『世界各国史13　ドイツ史』山川出版社、2001年。
佐藤猛『百年戦争』中央公論社、2020年。
高橋理『ハンザ「同盟」の歴史中世ヨーロッパの都市と商業』創元社、2013年。
立石博高編『世界各国史16　スペイン・ポルトガル史』山川出版社、2000年。
藤澤房俊『地中海の十字路――シチリアの歴史』講談社、2019年。
マシュー・ベネット、ジム・ブラッドベリー、ケリー・デヴリース、イアン・ディッキー、

フィリス・G・ジェスティス（淺野明監修、野下祥子訳）『戦闘技術の歴史 2　中世編　AD500-AD1500』創元社、2009年。
ウィリアム・マクニール（佐々木昭夫訳）『疫病と世界史』上・下巻、中央公論社、2007年。

テーマ史 1　教皇権の絶頂から教会大分裂へ

佐藤彰一『剣と清貧のヨーロッパ─中世の騎士修道会と托鉢修道会』中央公論社、2017年。
B・シンメルペニッヒ（甚野尚志・成川岳大・小林亜沙美訳）『ローマ教皇庁の歴史──古代からルネサンスまで』刀水書房、2017年。
藤崎衛『中世教皇庁の成立と展開』八坂書房、2013年。
藤崎衛監修「第四ラテラノ公会議（1215年）決議文翻訳」『クリオ』第29号、2015年。
P・G・マックスウェル・スチュアート（高橋正男監修）『ローマ教皇歴代誌』創元社、1999年。

テーマ史 2　ルネサンスと宗教改革

池上俊一監修『原典イタリア・ルネサンス人文主義』名古屋大学出版会、2010年。
伊藤博明『ルネサンスの神秘思想』講談社、2014年。
澤井繁男『ルネサンスの文化と科学』山川出版社、1996年。
杉全美帆子『イラストで読むルネサンスの巨匠たち』河出書房新社、2010年。
永田諒一『宗教改革の真実』講談社現代新書、2004年。
森田安一『ルターの首引き猫──木版画で読む宗教改革』山川出版社、1993年。
M. L. King, *The Renaissance in Europe*, London, 2003.

テーマ史 3　大航海時代

ラス・カサス（染田秀藤訳）『インディアスの破壊についての簡潔な報告』岩波書店（岩波文庫）、1976年。
合田昌史『大航海時代の群像──エンリケ・ガマ・マゼラン』山川出版社（世界史リブレット人）、2021年。
コロンブス（林屋永吉訳）『全航海の報告』岩波書店（岩波文庫）、2011年。
酒井伸雄『文明を変えた植物たち──コロンブスが遺した種子』NHK出版（NHKブックス）、2011年。
増田義郎『図説　大航海時代』河出書房新社、2008年。
山本紀夫『コロンブスの不平等交換──作物・奴隷・疫病の世界史』KADOKAWA（角川選書）、2017年。

第6章

近世　競合するヨーロッパ諸国

通　　史　三十年戦争と近世における諸国の動向

1. 近世という時代

　16世紀のヨーロッパは宗教改革によって社会が分断されると同時に、大航海時代にともなう本格的なグローバル化のはじまりを見た。しかしヨーロッパが世界を主導する時代はそこから一足飛びに到来したわけではない。

　17世紀には小氷期と呼ばれる寒冷な時期に入り、農業がふるわず飢饉や疫病が頻発した。一方、いわゆる重商主義にもとづきグローバルな経済活動から大きな利益を得ようとする動きは、まだ一部の国・地域にとどまっていた。オランダの場合は東インド会社が大きな利益をあげている。イギリスでも東インド会社が活動をはじめたが、いわゆるピューリタン革命と名誉革命が起こって内政が安定せず、本格的な海外進出は17世紀末以降のことである。フランスの場合も、三十年戦争（1618-48年）には勝利したがまもなくフロンドの乱（1648-53年）が勃発、ルイ14世の親政期（1661-1715年）になってようやく繁栄の時代を迎えている。ようするに17世紀のヨーロッパは経済活動がふるわず、ヨーロッパ域内で領土の奪い合い、経済的なパイの奪い合いをしていたといえるだろう。

　ところで近世の国家は、それ以前に比べれば、一定の国境線で区切られた領域を主権者（多くは国王）が統治する体制だった。ただし現代の国家と大きく異なり、各地方は中世以来の法・税制・言語などを温存させたままであり、それらが共通のものとなることは一般的でなかった。このような特徴を持つところから、近世の国家は「複合国家」「礫岩国家」などと表現される。中央集権化が進んだといわれるフランスでさえ、地域によって徴税方法・言語などが異なっ

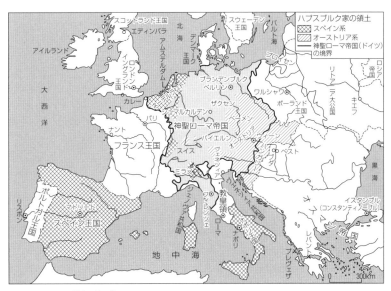

図6-1　16世紀半ばのヨーロッパ（「世界の歴史」編集委員会編『もういちど読む山川世界史』山川出版社、2009年）

ていた。たとえばスペイン王国の場合、カスティーリャ・カタルーニャ・ポルトガル・シチリアなどそれぞれ個性をもつ地域をたまたまひとりの君主が統治していたにすぎなかったと捉える方がわかりやすい。

　その一方、各国の君主たちは、権威を失いつつあった神聖ローマ皇帝・ローマ教皇の持つ普遍的権威にかわってヨーロッパの覇権を握ろうと抗争した。さらに東方からはオスマン帝国という脅威も迫っており、各国はその強力な軍事力に対抗しうる体制を構築する必要に迫られた。ヨーロッパの近世とは、いってみれば「戦国時代」である。その抗争に勝ち残ろうとするなかで、人的・物的資源を効率よく活用して軍事力の強化を目指す国家のあり方が模索されるようになった。「絶対王政」「財政＝軍事国家」などと呼ばれる近世国家の特徴は、つまるところ「いかに戦争に勝ち抜くか」を想定していた点にあり、それが主権国家の生成へとつながったのである。

２．南　　欧

　西ローマ帝国が滅んだ後、19世紀までイタリア半島には統一国家が生まれて

いない。各地の都市が地中海貿易によって経済的に栄え、しだいにルネサンス文化を花開かせていった。14世紀のペスト禍も乗り越えて、15世紀にはヴェネツィア共和国・ミラノ公国・フィレンツェ共和国・教皇国家・ナポリ王国の五大国の勢力が拮抗する状態となった。

　15世紀末、ハプスブルク家とフランスが覇権めぐって争うイタリア戦争（1494-1559年）がはじまった。1559年のカトー＝カンブレジ条約によって、スペイン＝ハプスブルク家がイタリアの大半を支配することになり、「スペインの平和」と呼ばれる相対的な安定期を迎えた。しかし三十年戦争が勃発すると北イタリアは戦乱に巻き込まれ、南イタリアはスペインの要請で課税・徴兵の負担がのしかかった。そのためナポリとシチリアでは民衆反乱が起きている。18世紀になると、啓蒙主義に影響されてミラノやナポリなどでは上からの改革が行われ、サヴォイが領土の拡大と中央集権化を推し進めていった。

　なおオスマン帝国やオランダ・イギリスが地中海商業にも進出したため、17世紀以降の北部イタリアは商業から農業や絹織物工業などに経済の軸を移していった。一方もともと農業が盛んだった南イタリアは技術革新が進まず、北部との経済的な格差が徐々に広まっていった。

　スペインでは、16世紀初頭にカルロス1世（神聖ローマ皇帝カール5世）が即位し、ハプスブルク家が支配することとなった。この時期には中南米で植民地を拡大し、アジアにも進出した。1580年にはフェリーペ2世がポルトガル王位も継承すると「太陽の沈まぬ帝国」を築き上げ、スペインは「黄金世紀」を迎えた。しかし領土拡大は多くの戦争に関わることにつながり、深刻な財政難をもたらした。さらに、経済活動の要であったネーデルラントでカルヴァン派が広まったためフェリーペはこれを統制しようとしたが、かえって独立戦争を引き起こし（1568-1648年）、ヴェストファーレン（ウェストファリア）条約において正式にネーデルラントの独立が認められた。

　こうして17世紀にはスペインの弱体化ははっきりしてきた。国王フェリーペ4世の寵臣オリバーレスは、内政改革による中央集権化と積極外交によって帝国の威信を回復しようとした。しかし軍事・課税面での負担をイベリア半島内の各王国に均等に求めた彼の改革は反発を招き、1640年にはカタルーニャで反乱が勃発するとともにポルトガルが独立を宣言するに至った。イタリアでも反乱が続発し、彼の改革は失敗に終わった。複合国家的な性格を乗り越えらなかったスペインは、ヨーロッパの覇権獲得競争には敗れていったといえよう。

　18世紀にはいるとスペイン継承戦争（1701-13年）が勃発、ハプスブルク朝からブルボン朝にかわり、中央集権化を目指す改革も試みられた。経済面でも重商主義的な政策がとられたものの、十分な成果があがったとはいえない。対ヨーロッパ貿易は赤字で、植民地から流入する貴金属がそれを補填する構造が続いた。

3. 西　　欧

　百年戦争（1339-1453年）とバラ戦争（1455-85年）を経たイギリス（イングランド）では、テューダー朝のもとで新たな国づくりが進んだ。ヘンリ 8 世の治世期、離婚問題に端を発して宗教改革が導入され、イギリス国教会体制がしかれた。次いでエリザベス 1 世もカトリックに対して強硬な姿勢をとり、スペイン無敵艦隊の襲来の呼び水ともなったが、これを破ることに成功した。またこの時代に東インド会社が設立されたほか、劇作家シェークスピアが活躍するなど社会・文化の発展が見られた。

　1603年、スコットランド王国のジェームズ 6 世が、イングランド国王・アイルランド国王ジェームズ 1 世として即位した。しかし次王チャールズ 1 世は宗教政策に失敗して三つの王国それぞれで反乱が勃発、イングランドでは1642年にピューリタン革命が起こった（近年は「三王国戦争」とも呼ばれる）。1660年には王政復古を迎えたが、1688年にジェームズ 2 世が再カトリック化の気配を見せると、オランダの協力を得て王を亡命に追いやった（名誉革命）。以後イギリスは対外進出を本格化させ、第 2 次英仏百年戦争とも称される植民地をめぐるフランスとの争いにも勝ち抜いた。アメリカ独立戦争（1775-83年）によって北米植民地の多くを失いはしたものの、19世紀に大英帝国として発展する道筋がついた。

　フランスは中世後期から徐々に中央集権化が進んでいたが、15世紀末にはシャルル 8 世がイタリアに進出したことを機にハプスブルク家と対立（イタリア戦争）、以後18世紀半ばまでヨーロッパのヘゲモニーをめぐって争った。さらに16世紀後半、カルヴァン派とカトリックが争うユグノ戦争が勃発したが、アンリ 4 世がナントの勅令（1598年）を発布して王国の再統合を図った。

　17世紀にはルイ14世のもとでいわゆる絶対王政の最盛期を迎え、ヴェルサイユ宮殿の造営がはじまるとともに積極的な対外戦争も行われた。また「コルベルティスム」の名で知られる重商主義政策が推し進められ、商工業の育成が図

られた。中・北米での植民地建設も進んだが、これはイギリスとの衝突をもたらし、18世紀にかけて数度に及ぶ戦争となった。フランスは結局この対立に敗れ、アメリカ独立戦争に多大な支援を行ったことも相俟って財政難が深刻化、18世紀末には天候不順や英仏通商条約（1786年）にともなう不況にもみまわれ、社会情勢は不穏なものとなっていった。

4．中・東欧

　16世紀のヨーロッパは宗教改革とその後の宗派間抗争に大きく揺れたが、17世紀前半の三十年戦争によってひとつの決着を迎える。

　神聖ローマ帝国では新旧両派が並存する状態がしばらく続いたが、ハプスブルク家のフェルディナントが1609年にボヘミア王になると、この地のカトリック化を推し進めようとした。これに対してプロテスタントが反発したことから、いわゆる三十年戦争がはじまった。当初はカトリック勢が優勢だったが、デンマーク、次いでスウェーデンがプロテスタントの保護を名目に参戦し、皇帝＝カトリック軍と戦った。スウェーデン率いるプロテスタント軍は度々勝利したが、それを支えていたのがフランスである。イタリア戦争以来ハプスブルク家と対立していたため、カトリック国家でありながらスウェーデンに援助金を与え、ついに1635年にはプロテスタント側に立って参戦している。こうして戦争は長期化・複雑化していったが、1648年になってヴェストファーレン条約が結ばれ、ようやく終戦を迎えた。この条約ではアウクスブルク宗教平和令が再確認されるとともに、カルヴァン派も公認された。スイスとネーデルラントは独立が正式に承認され、スウェーデンとフランスは多くの領土を神聖ローマ帝国から獲得した。

　なおフランスは獲得したアルザス・ロレーヌ地方を本国に併合したが、ポンメルンなど北ドイツ領を得たスウェーデンの場合、それら領土を完全に王国に組み込んだわけではない。スウェーデン王はあくまでも「ポンメルン公」としての立場で北ドイツを支配したのであり、さらにその限りにおいて神聖ローマ帝国議会に議席さえ有した。複合国家が近代主権国家と大きく異なっていたことが、こういった点に見てとれる。

　一方、神聖ローマ帝国については領邦諸侯に主権が認められた。約350の領邦からなる神聖ローマ帝国はこれによって形骸化した、と一般的によくいわれる。ただし近年の研究では、中央集権的でない帝国国制それ自体が、数多くの

領邦をゆるやかにまとめる面があったことも指摘されている。

　三十年戦争の被害が軽く、戦後に力をつけていったのがブランデンブルク＝プロイセンである。とくに北方戦争（1655-60年）の後ポーランドの宗主権下から離れて主権を確立、1701年には公国から王国に昇格した。そしてフリードリヒ＝ヴィルヘルム 1 世軍人王は軍事力強化に努め、次のフリードリヒ 2 世大王はシュレージエンをめぐってオーストリアと二度にわたり争って勝利し、プロイセンはヨーロッパの大国としての地位を確立した。

　それとは逆に弱体化していったのがポーランドである。ポーランド王国は14世紀にリトアニア大公国と連合したが、1573年にヤギェウォ朝が断絶すると、王位はシュラフタと呼ばれる貴族たちが選出することとなった。以後の王は「ヘンリク諸条項」と呼ばれる統治契約を貴族らと結んだが、これによって王権が制限されるとともに、貴族の特権や議会の役割が保障された。しかし17世紀には、スウェーデンやオスマン帝国との戦争、コサックの反乱といった戦乱が相次いで徐々に弱体化していった。1772年に第一次ポーランド分割が行われると、危機感を覚えた国王スタニスワフ・アウグストを軸に「五月三日憲法」が制定され、中央集権化と軍事力の強化、シュラフタ権力の抑制などが図られた。しかしポーランドの改革を望まない周辺諸国の介入を招き、1793年と95年に領土が分割されて地図上からポーランドは消滅した。

5．北欧・ロシア

　北欧では、1523年にスウェーデンがカルマル連合から独立し、以後デンマーク＝ノルウェーとの争いを繰り返した。両国ともルター派を導入し、三十年戦争の際にはプロテスタント勢力を守るために参戦した。とはいえ宗教的理由だけではなく、領土的・経済的野心があったことは間違いない。そしてこの戦争のなかでスウェーデンが軍事大国として名声を高め、バルト海世界での覇権を握った。

　ロシアは15世紀、イヴァン 3 世のときにビザンツ帝国最後の皇帝の姪と結婚、ツァーリ（「カエサル」に由来）を名乗るようになった。16世紀にはイヴァン 4 世のもと勢力が拡大したが、その死後は「動乱（スムータ）」の時代となる。だが17世紀にはいるとロマノフ王朝が成立し、再び国力の充実が図られた。

　バルト海世界の勢力図は、大北方戦争（1700-21年）を機に大きく変化した。当初は戦いに敗れていたロシアだったが、ピョートル大帝は大胆な国政改革に

着手し、ポルタヴァの戦い（1709年）でスウェーデンに大勝してヨーロッパに
おける大国としての地位に躍り出た。さらに18世紀後半には、啓蒙専制君主エ
カチェリーナ2世のもとで東部と南部に領土を拡大していくこととなる。

テーマ史1　文芸と政治権力──近世フランスの事例

1．ルネサンスと思想統制

　15世紀半ばにグーテンベルクが実用化した活版印刷術は、既存の権力や権威
を揺るがす、大きな力を秘めていた。ルターの宗教改革が、活版印刷術に支え
られていたことは夙に知られる。それゆえ、権力者たちは印刷物を管理しよう
と、様々に試みてきた。ここでは、政治権力との関係に着目して、近世フラン
スの文芸世界について見てみたい。

　フランスで最初の印刷機は、1470年、パリ大学神学部に設置されたといわれ
る。1473年にはフランス南東部の都市リヨンにも印刷所ができ、まもなく王国
各地の都市にも広がっていった。16世紀初頭にはパリだけで50余りの印刷所が
存在し、リヨンでも30カ所以上で印刷機が稼働していた。フランス最初の印刷
機を導入したのがパリ大学神学部であったことからも窺えるように、活版印刷
術導入直後は宗教書の占める割合が高かったが、ルネサンス文化がフランスで
も花開く16世紀には、古代ギリシア・ローマの作品や人文主義者の著作が大き
な比率を占めるようになっていった。

　印刷物を通じて新しい思想が広まる一方で、王権による思想統制の試みも開
始される。1537年、フランソワ1世は「モンペリエの王令」を発し、「王国内
で印刷されたいかなる書物についても、一部を書物監督官に納めた後でなけれ
ば、販売に供してはならない」ことをすべての印刷業者に命じた。これは現代
まで続く「納本制度」のはじまりであるが、その背景に思想統制の意図があっ
たことは記憶されてよい。

　同じくフランソワ1世治世の1540年代には、パリ大学神学部を通じた検閲制
度も整えられていく。1543年にパリ大学神学部が作成した手書きの『禁書目録』
には、全65点の書物が記載された。宗教改革者カルヴァンの著作『キリスト教
綱要』のほか、クレマン・マロによるフランス語訳の旧約聖書「詩編」など宗
教関連の書物が中心であったが、フランソワ・ラブレーの『ガルガンチュアと

パンタグリュエル』といった世俗の作品も含まれていた。さらにその翌年には『禁書目録』そのものが印刷物として刊行され、危険な書物として挙げられた作品の数は233点まで増加した。その中にはエラスムスの『痴愚神礼讃』も登場する。

2．検閲と允許

　その後の出版統制の歴史をたどるうえで、重要な転換点となったのが、シャルル 9 世治下の1566年に出された「ムーランの王令」である。その第78条は、すべての印刷・出版業者に対し「大印璽の下に交付された允許状なしに、如何なる書物も印刷することを禁ずる」と同時に、書物に印刷・出版業者の名前と住所を「允許とともに記載・挿入することを厳命」した。「大印璽」とは王令などに押される国王の印章で、国王の最高補佐官である大法官ないし、その代理者である国璽尚書が管理していた。「允許（privilège）」とは「特権」も意味する言葉で、ここでは年限を区切った出版独占権を指す。つまり、特定の業者に出版独占という特権を付与することと引き換えに、王権が印刷物を監視する体制を構築しようとしたのである。さらに、これまで宗教書に対する検閲者を自任していたパリ大学神学部からその主導権を奪い、王権こそが唯一の統制機関であると主張したのだった。

　ただし、この王令をもって、直ちに王権による出版統制が実現したのではない。当時のフランスは宗教戦争（ユグノ戦争）のただ中にあり、王権の出版許可を得ない厖大な数のパンフレットが市中にあふれていた。とくに1572年に「サン＝バルテルミの虐殺」が起こってからは、カルヴァン派陣営が『暴君に対する反抗の権利』（1579年）など「暴君放伐論」を唱える数多くのパンフレットを刊行し、1588年に国王アンリ 3 世が旧教同盟派の

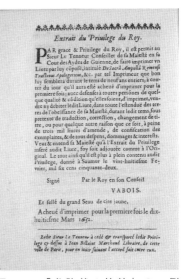

図 6 - 2　「允許状の抜粋」の一例
(1652)（Wikimedia Commons. https://commons.wikimedia.org/wiki/Category: Privil%C 3 %A 8 ge_ (imprimerie) #/media/ File:De_sacra_ampulla_privilege_roy.png）

首領ギーズ公を暗殺させると、今度はカトリック陣営もパンフレットを通じての王権批判を展開した。

　しかし、王権による集権的な出版統制の試みは、その後も捨てられることはなかった。大法官府を通じた王権による出版統制を確立したとされるのが、ルイ13世御代の1629年1月の王令である。当時の国璽尚書ミシェル・ド・マリヤックの名をとって「ミショー法典」と呼ばれるこの王令の第52条は、ムーランの王令を踏襲しつつ、以下のことを命じて、さらなる統制の強化を図った。すなわち、すべての書籍に作者と印刷・出版業者の名前を明示すること、允許を得るため原稿の写しを事前に大法官に提出すること、原稿の写しは大法官が指定した検閲人に委ねられること（実際にはひとりの大法官がすべての書物について検閲人を指名するのは不可能だったため、国王秘書官が検閲人を指定した）、検閲人の承認を得た書籍については国王秘書官が形式に則って允許状を作成すること、そして允許状の全文ないし抜粋を書物に掲載すること（図6-2）。こうして事前検閲と允許を組み合わせた出版統制の仕組みを整えた王権は、以後、出版に関する唯一の裁定者としての権威をまとうようになる。

3．非合法の出版物

　もちろん、17世紀に流通した印刷物のすべてが事前検閲を経て允許を得ていたわけではない。允許を拒絶された作品や、そもそも允許を申請せずに印刷された作品も、数多く存在した。そうした「非合法」の印刷物は、とくに王権が弱体化した時期に氾濫し、「允許の不在」それ自体が王権への抵抗のしるしとなった。作者や印刷・出版業者の名前と住所が伏されていれば、反抗の印象はより強まった。17世紀半ば、ルイ14世の宰相マザランの時代に出現したふたつの文書群、「マザリナード」と「ジャンセニスム」論争文書に、その典型を見ることができる。

　マザリナードは、ルイ14世の幼少期に起こった内戦、「フロンド」の時期（1648-53年）に出回った約5000種に及ぶ文書の総称である。フロンドは、もともとは宰相マザランの政策に不満を募らせた民衆の暴動と、官僚たちによる改革運動が合流したことからはじまり、やがてマザランに取って代わって政権を握ろうとする大貴族たちの党派争いへと変質していった。この過程で、党派首領たちはたんに武力に訴えただけでなく、文筆家を雇って小冊子を書かせ、敵方の信用を失墜させたり、民衆を扇動したりしようと試みたのだった。もちろ

ん一番の標的になったのがマザランであり、そこから「マザリナード」の呼称が広まっていった。パンと同じくらいの手ごろな価格で大量にばら撒かれるマザリナードは、王権が構築した検閲体制からこぼれ落ちた文筆家や中小の印刷・出版業者にとって、またとない利益獲得の機会を提供したのである。

　ジャンセニスムは、神学者ジャンセニウス（ラテン語名ヤンセニウス）の遺著『アウグスティヌス』（1640年）の刊行をきっかけに1660年代まで続く神学論争から生まれた「異端」思想である。ジャンセニウスの擁護者たちは、非合法出版という手段を用いて、激しい論調の論陣を張ったため、その論敵から「ジャンセニスト」と呼ばれ恐れられた。パスカルらが共同で執筆した『田舎の友への手紙』（1656-57年）は、今日、フランス文学史で高い評価を得ているが、もとはこの論戦から生まれた論争文書である。ジャンセニウス擁護者が非合法出版に訴えたのは、大法官府による出版統制が反ジャンセニストによって担われていたからだった。当時の大法官セギエ自身が反ジャンセニストであり、彼から検閲を依頼されたパリ大学の神学者もまた反ジャンセニストだったのである。反ジャンセニストが允許の権限を握っている限り、ジャンセニウス擁護者たちの著作は否応なしに「非合法」かつ「非正統」とならざるを得ない。つまり、王権による出版統制を前提とした論争が「ジャンセニスム」なる「異端」を生み出す大きな要因になったのである。

4．自律と従属

　検閲制度の効果は、たんに（王権にとって）有害な著書の排除だけではなかった。事前検閲を通り、允許を付されて刊行される著作は、王権によってその価値を認められたことになるため、その作者の名声を左右することにもなった。筆で身を立てようとする者は、検閲を受け入れて王権に従属する見返りに、文芸のプロとしての社会的評価を高め、「作家」として自律する可能性を手にしたのである。この従属と自律の「逆説」は、検閲制度に限らず、17世紀フランスの文芸の世界に通底する論理であった。ふたつの事例でそれを確認してみよう。

　17世紀のフランスでは、文芸の専門家が集まり、「文芸について語る」場所としてのアカデミーが興隆した。短命に終わったものも多かったが、その数は世紀全体で50以上を数えたという。その目指すところは、仲間との議論を通じて文芸の文化的・芸術的価値を体系化し、規範を創出することにあった。1629年に文人ジャン・シャプランや国王秘書官ヴァランタン・コンラールが作った

図6-3　ロベール・ナントゥイユ
「ジャン・シャプラン」(1655)(Wikimedia
Commons. https://commons.wikimedia.org/
wiki/File:Robert_Nanteuil,_Jean_Chapelain,
_1655,_NGA_9415.jpg)

文芸サークルも、そんなアカデミーのひとつであった（図6-3）。ところが、結成から5年ほど経った1634年、彼らの活動を聞き知った宰相リシュリューが、公的権威のもとで定期的に集まることを提案し、翌年には王の公開状を与えて公的機関へと作り変える。こうして生まれたのが「アカデミー・フランセーズ」で、これにより文芸は固有の公認組織を有するに至った。そしてまた、アカデミーの公認化は、文芸の専門家・言語の調整役としての「作家」という社会的アイデンティティを公的に認めることを意味した。しかし、その一方で、公認化には公権力への従属という代償もともなった。アカデミー・フランセーズ発足に当たっては、ボワロベールやブルゼイスといった宰相に従順な文人が新たに加わり、友情に基づいた自主的な集団としての性格は失われた。

　アカデミー・フランセーズが最初に存在感を示したのが、『ル・シッド』論争への介入である。コルネイユの『ル・シッド』（1637年初演）は大きな喝采を浴びた一方で、「三単一の規則」（劇作品は同じ場所で、一日の内に、一貫した筋をもって展開すべしという主張）を信奉する規則派の批判を招いた。アカデミー・フランセーズはリシュリューから論争への介入を命じられ、規則派への支持を表明した。アカデミー・フランセーズの介入により論争が決着したわけではなかったが、結果として規則を重視する文学に公的権威のお墨付きが与えられることになった。規則重視の文学は、19世紀以降、「古典主義」の名で呼ばれるようになる。

　ルイ14世の親政期の王権による学芸保護活動（メセナ）にも、アカデミー・フランセーズと同じ自律化と従属の力学を確認できる。メセナをはじめ太陽王の文化政策全般を取り仕切っていたのは、コルベールであった。彼は文化政策を進めるにあたり、1663年以降、パリにある自邸の図書室とそれに隣接する王

の図書室に定期的に文人を集めて会議を開いた。これが「小アカデミー」と呼ばれる諮問機関で、アカデミー・フランセーズの創立メンバー、シャプランが政策顧問として中心的な役割を果たした。「赤ずきんちゃん」などで有名な『童話集』を書いたとされるシャルル・ペローも、コルベールの被保護者で、初期からの小アカデミー構成員だった。

　小アカデミーの任務のひとつが、「王の栄光」に寄与する文筆家を毎年選出し、「報奨金」を授与することで、シャプランが候補者のリストを作成し、最終的にコルベールが受給者を決定した。これ以前にも政治的有力者が金銭面で文筆家を支えることはあったが、この報奨金制度は、国庫から支出された点で従来のメセナとは一線を画す。コルベールは、報奨金の授与が王の意志に基づく公的事業であることを前面に打ち出したのだった。報奨金それ自体の金額はそれほど大きなものではなかったが、受給者の人数が30〜40名に抑えられていたため、それが与える威信は大きかった。こうして、アカデミー・フランセーズが文芸にその拠点となる制度をもたらし、「作家」の社会的地位を保証したように、メセナも公的制度となることで「作家」の尊厳の確立に寄与したのである。しかし、ここでもまた「作家」は権力の軌道に引き込まれる。彼らの才能が評価されるのは、それが「王の栄光」すなわち国家の威信を高めるために発揮されることを前提とするのだ。この時代の作家たちが示す体制順応主義的な態度は、それゆえ彼らの矜持の欠如を示すのではない。それは作家が作家として認められる環境を、ひいては文学が社会空間として存立するための条件を物語っているのである。

テーマ史2　ふたつの「北方戦争」とポーランド

1. 近世のバルト海世界とポーランド

　近世のバルト海世界では、「バルト海支配（dominium maris Baltici）」をめぐって周辺諸国が抗争を繰り広げた。16世紀にはポーランドが広大な領土を支配して存在感を示したが、17世紀になるとスウェーデンが東方と南方に領土を広げ、18世紀にはロシアとプロイセンが大国として台頭した。

　ところで高校の世界史では、一般に「北方戦争」といえばロシアとスウェーデンが1700-21年に闘ったそれを指すが、正しくはこの戦争は「大北方戦争」

と称される。そして1655-60年、ポーランド・スウェーデン・ロシアなどが争っ
たのが「北方戦争」である。この戦争によってポーランドは甚大な被害を受け、
そこから立ち直りきらないまま18世紀後半に分割され、地図上から消滅した。
以下ではふたつの「北方戦争」とポーランドを軸としつつ、近世のバルト海世
界の動きをたどる。

　14世紀後半、ポーランド女王とリトアニア大公の結婚にともなって両国が合
同し（クレヴォの合同）、ヤギェウォ朝がはじまった。この合同はドイツ騎士修
道会国家に対抗するためであり、タンネンベルクの戦い（1410年）でポーラン
ドは勝利した。さらに十三年戦争（1454-66年）などを経て1525年、プロイセン
東部が公国となりポーランドの宗主権下にはいった。こうして16世紀までに
ポーランドは支配領域をさらに拡大させるとともに、西欧向けの穀物輸出に
よって大いに栄えた。また、人口の約1割を占めるシュラフタ（貴族）が王を
選ぶ選挙王制も確立し、近世のポーランド＝リトアニア（以下ポーランド）は「貴
族の共和国」ともいわれる。

　繁栄するポーランドにとって新たな脅威となっていったのが、スウェーデン
とロシアであった。まずスウェーデンは1523年、デンマークを中心とするカル
マル連合から独立した。その直後にルター派を導入するとともに中央集権化を
推し進めながら、バルト海東岸方面に領土を拡張していった。また1587年にポー
ランド王となっていたヴァーサ王家のシーギスムンド（ジグムント3世ヴァーザ）
がスウェーデン王の座にも就いたが、再カトリック化の動きを見せたため王位
を追われた。ただしポーランドはこの後、スウェーデンの王位継承権を主張し
続けている。またスウェーデンがバルト地方に進出して17世紀前半までにエス
トニア・リヴォニア地域を支配下に置いたが、ポーランドはその宗主権も主張、
両国の関係は悪化の一途をたどった。

　一方のロシアは、13世紀にバトゥ率いるモンゴル軍に蹂躙された後キプチャ
ク＝ハン国に臣従した。しかし1462年にモスクワ大公となったイヴァン3世の
もと、「タタールのくびき」から自立した。彼は滅亡したビザンツ帝国最後の
皇帝の姪と結婚、正教会の守護者を自認するとともに、モスクワは「第3のロー
マ」であるとされるようになった。16世紀にはイヴァン4世（雷帝）が「ツァー
リ」の称号を公式に用い、中央集権化を強力に推し進めた。しかし1598年に
リューリク朝が断絶すると「動乱時代（1604-13年）」を迎え、一時はモスクワ
をポーランドに占領されるなど大きく混乱した。ロマノフ朝の成立により安定

を取り戻したが、北方ヨーロッパ世界で覇を唱えるにはなお1世紀ほどの時を
要した。

2．周辺諸国の台頭と北方戦争（1655-60年）

　1648年、ポーランド支配下のウクライナにおいてボフダン・フメルニツキー
率いるコサックが反乱を起こすと、ロシアとスウェーデンがその混乱に乗じて
侵入してきた。これをきっかけとしてはじまった北方戦争において、首都ワル
シャワは一時スウェーデン軍に占領された。さらにポーランド内部にはス
ウェーデン王カール10世をポーランド王に推戴しようとする勢力も現れた。
カールはさらに、ブランデンブルクおよびトランシルヴァニアとともにポーラ
ンドを分割することも企図していた。しかしクリミア＝ハン国やデンマークが
ポーランド側に立って参戦、ほどなくしてブランデンブルクも寝返って情勢が
変化したため、1660年になって和平条約が締結された。ただしポーランドは
1667年までロシアやコサックと戦い続け、70年代にはオスマン帝国とも戦って
いる。

　ポーランドで北方戦争は、ノーベル賞作家シェンキェヴィチの作品にちなん
で「大洪水」と呼ばれている。ワルシャワやクラクフといった都市をはじめと
して、各地は大きな害を被った。すでに16世紀末から穀物輸出は停滞気味であっ
たが、北方戦争後は開戦直前の半分にも達しないほど輸出が落ち込んだ。その
ため所領の規模が大きくないシュラフタは貧窮化し、マグナート（大貴族）の
郎党となっていくとともに、議会においても彼らマグナートの影響下に置かれ
るようになった。とくに自由拒否権、すなわち議員がひとりでも反対すれば法
案が否決される権利が1652年に初めて行使されて以降、マグナートの意に沿わ
ない案件は議事停止・廃案に持ち込まれることが増えている。そのためポーラ
ンド議会は機能麻痺に陥り、種々の改革が困難になった。ただし当時の貴族た
ちは自由拒否権をそのようなネガティブなものとは見なしておらず、国王の専
制を防ぎ共和国の自由を守るものと認識していた。

　ところで、この戦争が文化に及ぼした影響にも触れておきたい。ワルシャワ
の南西200kmあまりの所に、「黒い聖母」と呼ばれるイコンで有名なヤスナ＝
グラ修道院がある。ここは1655年、スウェーデン軍に包囲・攻撃されたが、奇
跡的にこれを撃退した。これは「黒い聖母」の加護のおかげであるとされ、国
王ヤン2世は翌年この「聖母」をポーランドの守護者とし、爾来ポーランド人

の信仰を集め続けている。

　またポーランド語に、「スウェーデン人のようにあくどいzły jak Szwed」「スウェーデン人のように汚いbrudny jak Szwed」といった表現が生まれたのもこの頃である。一方17世紀後半のスウェーデンでは、ポーランドで議会政治が機能しなくなったことを受けて、無秩序や手に負えない状況を意味する「ポーランド議会polsk riksdag」という言い方が登場した。

3. 大北方戦争 （1700-21年）

　1697年、スウェーデンで15歳の国王カール12世が即位した。かつて奪われた領土を取り戻す好機と見たロシア・ポーランド・デンマークは反スウェーデン同盟を結成、大北方戦争が1700年に勃発した。

　ナルヴァの戦い（1700年）など緒戦に勝利したスウェーデン軍は、その後6年ものあいだポーランドを転戦した。ポーランドの軍事力を警戒していたほか、商業権益の確保や、軍隊の扶養にこの地が適していたことが、ポーランドに長く止まった理由と考えられている。その間スウェーデンはポーランド王アウグスト2世を退位させ、傀儡王スタニスワフ・レシチンスキを即位させたが、アウグスト側もこれに対抗、ポーランドは内戦の状況を呈した。

　スウェーデン軍はその後ロシア方面に向かうが、住民から食料・家畜などを強制的に調達しながらポーランドやウクライナ地方を行軍した。ある研究者の言葉を借りれば、「鋼鉄で武装したイナゴの大軍が押し寄せ、その地域を食べ尽くして」いくようなものだった。退却していくロシア軍の方も焦土作戦をとり、通り道にある村や町を焼き払い井戸に毒を投げ込んだ。ポーランド住民も各地でスウェーデン軍に対してゲリラ闘争をしかけたが、これに対してスウェーデンは容赦せず、拷問や処刑をもって応えた。

　過酷な進軍の後ロシア軍とスウェーデン軍はポルタヴァで衝突、スウェーデンが大敗を喫した（1709年）。カール12世はオスマン帝国に一時亡命し、帰国後も戦局はふるわず1718年ノルウェーの戦場に斃れた。3年後にニスタッド条約が締結され、スウェーデンは領土を縮小する一方、その領土を奪ったロシアが北方の大国として台頭した。またこの間ポーランド王に復位したアウグスト2世は、自らの出身地ザクセンから軍を招き入れることでポーランドの軍事力を確保しようとした。しかしこれに反対するシュラフタや農民らはタルノグルトで「連盟」を結成、常備軍がこれに加わるとともにロシアが支援したため、軍

制改革は失敗するとともにロシアの影響力が強まることになった。

　18世紀後半になるとポーランド国内にも改革の機運が高まったが、それを嫌うロシア・プロイセン・オーストリアによる介入と国内の派閥間対立が相俟って、第1回ポーランド分割が行われた（1772年）。それでも、啓蒙思想に傾倒した国王スタニスワフ・アウグストのもと国政改革が模索され、1791年には自由拒否権の廃止や常備軍の編成、世襲王政などを定めた五月三日憲法が制定された。ポーランドの中央集権化を望まないロシアは、ポーランドの改革反対派シュラフタを支援してタルゴヴィツァで「連盟」を結成させ、さらにポーランドに軍事的圧力をかけ、プロイセンと共に第2回分割を行った（1793年）。コシューシコらがこれに抵抗して戦ったが敗北し、1795年、3回目の分割によってポーランドは地図上から消滅した。

テーマ史3　科学革命

1．錬金術と神が創造した世界

　ある物質を変成させて別の物質をつくりだす。たとえば、鉄にある作用を加えて金にする。錬金術と呼ばれる手法である。鉄から金は生み出せない。いまを生きる我々からすれば常識である。しかし、錬金術は古代から脈々と受け継がれ、15世紀のルネサンス期には大流行し、18世紀にも行われていた。近代科学の導き手のひとりであるニュートンも、この錬金術に熱心に取り組んでいたとされる。

　「科学革命」という言葉がある。歴史家ハーバート・バターフィールドが、17世紀における科学の発展を表現するために使用した言葉だ。これまで神の存在を中心として世界が説明されていた状況が、17世紀になると理性を重視し、実験や経験に基づいて世界を捉えようとするようになる。この変革の導き手として挙げられるのが、コペルニクスやガリレイ、そしてニュートンであった。しかし、この変化というのは、革命といった言葉から連想されるような劇的なものではなく、非常に漸次的であった。中世やルネサンス期に積み重ねられてきた知的活動が、17世紀における変化を生み出す。その一方で17世紀においても、中世やルネサンス期の思考は残り続けた。ニュートンが錬金術に勤しんだことが、まさにそのことを示している。以下では、中世の影響を受けつつ科学

が進展していく状況を見ていく。

　ルネサンス期における錬金術は、神の存在を証明するひとつの手段であった。世界のあらゆるものは土、水、空気、火の四元素から成り立っている。また、四元素はそれぞれ温、寒、湿、乾の要素を持つ。土は寒と乾、水は寒と湿、空気は温と湿、火は温と乾である。水から湿の要素を抜いていくと乾の要素を持つ土となる。つまり、物質が別の物質へと転換する。中世やルネサンス期の錬金術はこの考えを基調としている。四元素の理論は古代ギリシア世界で生み出され、中世のヨーロッパ世界に引き継がれた。

　中世のヨーロッパでは、キリスト教が人々の間に浸透していた。聖書によると、世界は神が6日間かけて創り上げたものとされる。しかし『聖書』には、神が具体的にどのようにして自然や生物、そして人間を生み出したのかについては書かれていない。ルネサンス期に流行った錬金術は、まさにこの点を解決するための手段であった。物質の変成過程がわかれば、神がどのようにして世界のあらゆるものを生み出していったのか、その一端がわかるかもしれない。こうして錬金術師たちは物質と物質とを掛け合わせる実験を繰り返した。地上における神の代理を自称するカトリック教会は、神の領域に近づこうとする不遜な錬金術者に眉を潜めつつも、天地創造の核心に迫ろうとするその活動を積極的には弾圧しなかった。

　ルネサンス期は、こうした神に対する関心だけでなく、神が創ったとされる自然や人間に対する関心も高まった時期であった。その背景には、新プラトン主義の影響があったとされる。15世紀の後半、ビザンツ帝国が滅亡したことにともない、多くの学者が古代ギリシアの文書を携えてイタリアにやってきた。そのなかにあったプラトンの著作やヘルメス文書がギリシア語からラテン語に翻訳されていく。新プラトン主義はこれらの文書のなかからが生まれたとされる。新プラトン主義の考え方では、絶対的な一者から流れ出た光が、自然や人間、さらには他の生物など、あらゆる事物に伝わっていくとされる。つまり、人間や自然には絶対者の一部が宿っている。絶対者はすなわち神に等しいのだが、こうした考えから人間を神の単なる創造物として捉えるのではなく、人間自体に積極的な価値を見出していこうとする考えが生まれる。これがいわゆる人文主義の根幹である。同様の考え方から自然に対する関心も人々の間で高まっていった。「自然は神の書」と捉えられるようになり、自然に対する観察が積極的に進められていくことになる。

　以上を見てもわかるように、ルネサンス期における錬金術及び人間と自然への関心は、あくまで中世から引き継がれる神中心の世界観に基づくものであり、人々の信仰と深く関わっていた。錬金術師も人間や自然を追求する者たちも、活動の目的は神のことを知ることであり、彼らは身近にあるものから逆算して、神のことをより良く理解しようとしていたのである。

２. 天文学と変わりはじめる世界

　ルネサンス期に活躍したレオナルド・ダ・ヴィンチは、「万能人」と呼ばれ、あらゆるものを観察し、その構造を明らかにしようとした。鳥を観察して空を飛ぶ道具を考えたり、また人体の構造を観察し、目は光を受けてものを認識していることを明らかにしたりした。イエスの弟子たちの動作が鮮明に描かれた『最後の晩餐』も、彼が人間の動きを詳細に観察したことによって仕上げられた作品である。こうした自然や人間への関心は、まさにルネサンス期の特徴であり、ダ・ヴィンチはルネサンスを象徴する人物といえる。

　こうした関心は、天上界にも向けられることになる。中世のヨーロッパ世界において、多くの人々に受け入れられていたのは天動説（地球中心説）であった。２世紀にプトレマイオスは『アルマゲスト』のなかで、地球を中心として世界を捉え、地球の周りを太陽やその他の惑星が回っているとした。また、アリストテレスは、地上は不完全な世界である一方、天上界は完全であり、そして普遍であるとした。こうした世界観は中世のヨーロッパ世界へと受け継がれる。中世において存在感が増していくカトリック教会は、地球中心の世界観を教会中心の世界観と重ね合わせることで、教会の権威を高めようとした。こうして地球中心説がカトリック教会の公式見解となり、人々の間にもこの説が広まっていった（図6-4）。

　プトレマイオスの説を信じ、天上界を観察する者たちは、天体の動きを天動説に合わせて説明していく。しかし、火星を観察していると、その動きは時折逆行を示すことがある。これを天文学者たちは火星が起こす周転円という動きとして捉えた。しかし、様々な天体の動きを観察し、その動きを地球中心に説明しようとすればするほど、周転円の数は増え、天上界における天体の動きは複雑になっていく。完全であるはずの天上界は歪であった。この点に疑問をもったコペルニクスは、太陽を中心にすえてみる。いわゆる地動説（太陽中心説）であるが、すると天体の動きは見事に整理されることになった。しかし、これを

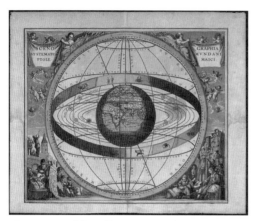

図6-4　17世紀に描かれた天動説の図(Wikimedia Commons. https://fr.wikipedia.org/wiki/Héliocentrism#/media/Fichier:Heliocentric.jpg)

図6-5　17世紀に描かれた地動説の図(Wikimedia Commons. https://fr.wikipedia.org/wiki/Géocentrisme#/media/Fichier:Cellarius_ptolemaic_system.jpg)

正論として発表すれば、カトリック教会の公式見解と違うので、弾圧される可能性がある。コペルニクスの『天体の回転について』は、それゆえ彼の死の直前に発表された（図6-5）。

　同じく天体を観測するガリレオ・ガリレイは、従来よりも20倍よく見える望遠鏡を開発し、月の表面が凸凹していることや、太陽の黒点を発見した。ガリレイはこうした観察結果から、天上界が従来いわれていたような完全な世界ではなく、また地動説が天上界を理解するうえでふさわしいと考えた。彼はこのことを教皇に詳しく説明したが、教皇は受け入れなかった。ガリレイはその後、天動説を唱える者と地動説を唱える者、そしてそれを仲介する者の三者による対話の形で本を出版し、そこで地動説を主張した。自身がこの説の保持者でないことをアピールするためである。しかし、これを見た教皇は激怒し、この書物の出版を禁止し、ガリレイには異端の判決が下された。ガリレイは、その判決を受けて自説を翻さざるを得なかった。

　地動説に関しては、その後、ケプラーが膨大な実証データをもとに証明することになる。また彼は、惑星の軌道が真円ではなく楕円であることも明らかに

した。こうした実証データが積み重ねられていくことで、天動説や天上界は普遍であるとする説が徐々に覆されていくことになる。ただ、地動説にも問題があった。太陽の周りを地球が回っているなら、地球は遠心力により、どんどん太陽から離れていくはずである。また地球の周りを回る月も同じく、地球から離れていくはずである。しかし、そうはならない。なぜか。この問いに答えを出したのがニュートンであった。ニュートンは研究の結果、万物には引力が働いていることを発見する。いわゆる万有引力の法則である。地球は太陽の引力にひかれて太陽の周りを回り、月は地球の引力にひかれて地球の周りを回っている。万有引力の法則が発見されたことで、天界は引力をもとにした新たな世界へと姿を変え、またこの引力によって地上界と天上界との区分も取り払われることになる。

3．科学の進展と神の存在

　イギリスの哲学者フランシス・ベーコンは、「自然は神から与えられたもうひとつの聖書である」と述べた。ルネサンス期に発展した自然に対する関心が、彼の中に受け継がれている証拠である。ベーコンは経験を重視し、実験と観察に基づくデータから原理を導き出す帰納法を提唱した。つまり、中世のスコラ学で育まれてきた普遍的事実から個別のものを考える演繹法とは、別の思考法を重視したのである。こうした従来の考え方に対する再考は、フランスのデカルトによっても進められた。彼はこれまで築き上げられてきた考え方や慣習を一度すべて疑ってみる方法的懐疑を打ち出す。そのなかで疑問を抱いている自分自身は疑いようのない存在であり、そこから思考をはじめるべきだとする。さらに彼は考察を進め、精神と物体とがこの世界を形作る最大の要素であるとし、このふたつは相互に干渉し合わないとした。こうしてデカルトは、信仰の世界と物体の世界の両方を認めつつ、明確にふたつの世界を腑分けしたのである。物体には物体を動かす独自の力がある。それをデカルトは数学による計算によって導き出そうとした。

　ニュートンの存在はベーコンやデカルトの延長線上に位置づけることができる。彼は経験を重視し、神から離れた物質世界に働く独自の力を解明しようとした。実験と考察を重ねた結果、ニュートンは物体に働く力を数値化する術を編み出す。彼が導き出した運動方程式によれば、物体の状態とそこに働く力がわかれば、物体はその後どのような動きをするかがわかる。つまり、物体の動

きは完全に予測することが可能なのである。また、ニュートンが考える法則の因果関係を逆にたどっていけば、物体に働く力の根源をも明らかにすることができる。すなわち、ニュートンの法則に従えば、力が働く物体の過去、そして未来を把握することができるのである。もし、この世にあるすべての物質の位置と運動量を運動方程式によって正確に計算できる人物がいれば、彼は世界の過去から未来のすべてを見ることができる。「ラプラスの悪魔」の表現で知られる考え方である。膨大な計算によって世界の過去と未来を見ることは、現実的には難しいが、こうした考えの背景からは、神の存在をなくして世界のあらゆるものを理解しようとする姿勢が見て取れる。

　現代の科学は17世紀の科学革命を土台として成り立っている。信仰の世界と物質の世界とを腑分けし、科学は実験と観察を繰り返すことで成長してきた。しかし、信仰の世界にいるはずの神が、物質世界で必要とされる場面がある。それは、物質に力が働く最初の一撃の場面である。物質は外部からの力がなければ動かない。では、その最初の力を加えたのは誰か。それが神だというわけである。神が最初の一撃を加えた後は、運動力学によって全ての動きは予測可能となる。動き出した世界に神が介入する余地はほとんどないのだが、初期設定の場面では、どうしても神の存在が必要なのである。

　上記の例のように、科学が進展した世界でも神は時折姿を表す。実験を積み重ね法則を見出していくのが科学であるが、時折導き出した法則とは矛盾する実験結果が出ることがある。すると、実験は最初からやり直さなければならない。実験はあくまで人間の行うことであり、この世の存在すべての可能性を網羅した実験結果を生み出すことはできない。細心の注意を払って行われた実験結果から導き出された法則においても、実はそこにはまだ試されていない実験があるかもしれない。残念ながらこの余白の部分は、人間にはわからない。では、それを知る者はいるのか。それを知るのはおそらく人間を超越した存在ということになるであろう。つまりは「神」である。人間が導き出した法則を最終的に正しいと判断できるのは、実はこの人間を超越した存在でしかない。アインシュタインは、「神はサイコロ遊びをしない」といった。人間は実験データに基づいて確度の高い論理を導き出すのだが、神は最初から答えを知っている。科学が発展するなかで未だ残る問題を、アインシュタインはこの言葉で表した。

　ルネサンス期にカトリック教会は、神に近づこうとする錬金術師に対して不

遜な者たちとしつつも、その活動を制止しなかった。科学の発展にともない神
が登場する場面というのは限られるようになったが、現代を生きる我々も、実
はルネサンス期の教会と同じ立場で科学の進展を見ているのかもしれない。

参考文献
第6章　近世　競合するヨーロッパ諸国
通　　史　三十年戦争と近世における諸国の動向
新井政美「オスマン帝国とヨーロッパ」『岩波講座世界歴史』第16巻、岩波書店、1999年、
　　88-89頁。
伊東孝之、井内敏夫、中井和夫編『ポーランド・ウクライナ・バルト史』山川出版社、
　　1998年。
岩﨑周一『ハプスブルク帝国』講談社（講談社現代新書）、2017年。
ピーター・H・ウィルスン（山本文彦訳）『神聖ローマ帝国 1495-1806年』岩波書店、2005
　　年。
J・H・エリオット（藤田一成訳）『リシュリューとオリバーレス』岩波書店、1988年。
北村暁夫『イタリア史10講』岩波書店（岩波新書）、2019年。
木畑洋一、秋田茂編著『近代イギリスの歴史──16世紀から現代まで』ミネルヴァ書房、
　　2021年。
桜井邦明『太陽黒点が語る文明史──「小氷河期」と近代の成立』中央公論新社（中公新
　　書）、1989年。
白木太一『近世ポーランド「共和国」の再建──四年議会と五月三日憲法への道』彩流社、
　　2005年。
立石博高編『スペイン帝国と複合君主政』昭和堂、2018年。
立石博高、関哲行、中川功、中塚次郎編『スペインの歴史』昭和堂、1998年。

テーマ史1　文芸と政治権力──近世フランスの事例
アラン・ヴィアラ（塩川徹也監訳）『作家の誕生』藤原書店、2005年。
クリスチアン・ジュオー（嶋中博章、野呂康訳）『マザリナード──言葉のフロンド』水
　　声社、2012年。
野呂康「終わりにおける始まりの歴史記述──マルク・フュマロリ、「アカデミー・フラ
　　ンセーズ」解説と註解、批評」『佛文論叢』（東京都立大学仏文研究室）第16号、2004
　　年、101-154頁。
────「フランス近世出版統制と文芸の成立──文芸を創る国王秘書官」『関西大学西
　　洋史論叢』第9号、2006年、17-34頁。
────「雇われ検閲人は金を受け取ることができるか？──フランス近世出版統制と
　　ジャンセニスム」『AZUR』（成城大学フランス語フランス文化研究会）第8号、2007年、

53-72頁。

──── 「ジャンセニスムとマザリナード──文芸者の理想と現実」『Web TOKAI』（助川他企画・篇〈シーシュポスの人間学──〈理想〉と〈現実〉のはざまで〉第6回）、2007年。

御園敬介『ジャンセニスム──生成する異端』慶應義塾大学出版会、2020年。

宮下志朗「写本から活字本へ、そして「特認」と「禁書目録」の時代へ」白百合女子大学言語・文学研究センター編『書物の現場』弘学社、2013年、171-194頁。

テーマ史2　ふたつの「北方戦争」とポーランド

伊東孝之、井内敏夫、中井和夫編『ポーランド・ウクライナ・バルト史』山川出版社、1998年。

井内敏夫「ポーランド史における三つの自由」仲手川良雄編著『ヨーロッパ的自由の歴史』南窓社、1992年、259-283頁。

──── 『ポーランド中近世史研究論集』刀水書房、2022年。

ステファン・キェニェビチ編（加藤一夫、水島孝生共訳）『ポーランド史』第1巻、恒文社、1986年。

白木太一『近世ポーランド「共和国」の再建──四年議会と五月三日憲法への道』彩流社、2005年。

杉山正明『モンゴル帝国と長いその後』講談社（講談社学術文庫）、2016年。

土肥恒之『ロシア・ロマノフ王朝の大地』講談社（講談社学術文庫）、2016年。

渡辺克義編著『ポーランドの歴史を知るための55章』明石書店、2020年。

Peter Englund, *Poltava: Berättelsen om en armés undergång*, Stockholm, 1988〔Peter Hale, tr., *The Battle That Shook Europe: Poltava and the Birth of the Russian Empire*, London/New York, 2006〕.

Jerzy Lukowski and Hubert Zawadzki, *A Concise History of Poland*, 3 rd ed., Cambridge, 2019（イェジ・ルコフスキ、フベルト・ザヴァツキ（河野肇訳）『ポーランドの歴史』創土社、2007年〔原著第2版の訳〕）.

テーマ史3　科 学 革 命

池内了『物理学と神』講談社（講談社学術文庫）、2019年。

伊藤和行『ガリレオ──望遠鏡が発見した宇宙』中央公論新社（中公新書）、2013年。

伊藤博明『ルネサンスの神秘思想』講談社（講談社学術文庫）、2012年。

岡崎勝世『科学VS. キリスト教──世界史の転換』講談社（講談社現代新書）、2013年。

古川安『科学の社会史──ルネサンスから20世紀まで』筑摩書房（ちくま学芸文庫）、2018年。

小山慶太『高校世界史でわかる──科学史の核心』NHK出版（NHK出版新書）、2020年。

澤井繁男『ルネサンス文化と科学』山川出版（世界史リブレット）、1996年。

ローレンス・M・プリンチペ（菅谷暁、山田俊弘訳）『科学革命』丸善出版、2014年。
山本義隆『一六世紀文化革命1・2』みすず書房、2007年。

第7章

近代1　変革の時代

通　　史　　植民地をめぐる抗争と王権への抵抗

1．西欧諸国の海外進出

　15世紀末にポルトガルとスペインによって「大航海時代」の幕が切って落とされると、16世紀にはオランダ・イギリス・フランスも相次いでアジアとアメリカへの進出を図り、17世紀になると交易と植民地支配をめぐる競争を本格化させた。

　アジアでは、1602年にオランダの商人たちが合同して設立した東インド会社が、オランダ連邦議会からアジア貿易の独占権を与えられ、各地に商館を設置して活発な交易活動を行う。1619年にジャワ島のバタヴィア（現ジャカルタ）をアジア貿易の拠点にしたオランダ東インド会社は、1623年にはモルッカ諸島（香料諸島）のアンボイナからイギリス人を暴力によって排撃し（アンボイナ事件）、香料の交易を独占することに成功する。さらに1639年に日本がポルトガル船の来航を禁止すると、ヨーロッパで唯一の交易国となったオランダは、日本で大量の銀と銅を仕入れ、アジア諸国との交易を有利に進めた。イギリス商人も国王から勅許を得て東インド会社を設立し（1600年）、アジアでの交易に乗り出していたが、アンボイナ事件以後は香料諸島への進出をあきらめ、カルカッタを拠点にインドでの交易に力を注ぐようになった。フランスは少し遅れて、1660年代からインド進出を精力的に行うようになり、交易活動の拠点となるシャンデルナゴルとポンディシェリを獲得した。

　アジアでオランダに後れを取ったイギリスとフランスも、「新世界」ではスペインの支配領域外だった北米大陸とカリブ海の島々への進出で主導権を握

る。イギリスは17世紀初頭に
ヴァージニア植民地を建設したの
を皮切りに、18世紀前半までに北
米大陸東岸に13の植民地をつくっ
た。1664年には、オランダがマン
ハッタン島に築いたニューアムス
テルダムを奪い、ニューヨークと
改名している。カリブ海でも17世
紀半ばにジャマイカなど西インド
諸島のスペイン植民地を奪取し
た。一方フランスは17世紀初頭か
らカナダに進出し、セントローレ
ンス川沿いに拠点となるケベック
やモントリオールなどを建設し
た。17世紀後半にはミシシッピ川
流域にも支配圏を拡大し、ルイジ
アナ植民地を設立した。フランス

図7-1　カナダ・ルイブール（ルイスバーグ）
包囲戦で炎上するフランスの軍艦プリュダン
号 (1758) (Wikimedia Commons. https://commons.
wikimedia.org/wiki/File:Capture_et_incendie_du_
Prudent_74_canons_a_Louisbourg_1758.jpg)

はカリブ海への進出も熱心に進め、17世紀中にグアドループ、マルティニーク、
サン＝ドマング（イスパニョーラ島西部）などを次々と領有している。

　インドと「新世界」での英仏による勢力拡大は、ほどなく軍事衝突を招き、ヨー
ロッパ内での抗争と相俟って、17世紀末から19世紀初頭まで続く「第2次英仏
百年戦争」へと発展した。この長期にわたる戦争を有利に進めたイギリスが、
19世紀に世界規模での経済的繁栄を謳歌することになる。とくに英仏の明暗を
分けたとされるのが、18世紀半ばの一連の戦争——北米でのフレンチ＝イン
ディアン戦争（1755-63年）、ヨーロッパでの七年戦争（1756-63年）、インドでの
プラッシーの戦い（1757年）など——で、その講和条約であるパリ条約（1763年）
によって、イギリスはフランスからカナダとミシシッピ以東のルイジアナを獲
得し、インドでも優越的地位を確立した（図7-1）。ただし、この条約で北米
大陸におけるほぼすべての領土を失ったフランスも、砂糖の重要な生産地であ
るカリブ海の島々を維持できたため、18世紀を通じて植民地との貿易は活況を
呈し続けた。

2. 新しい生活習慣と新しい思想潮流

　オランダ・イギリス・フランスの海外進出により、ヨーロッパにはアジアやアメリカから目新しい物資やこれまで希少だった商品がたくさん流入するようになった。とくに中国産の茶、インド産の綿織物、北米大陸で栽培されるタバコ、そしてカリブ海の島々で生産される砂糖やコーヒーは、ヨーロッパの人々を魅了し、「生活革命」と呼ばれるほど、その生活習慣を大きく変えることになった。たとえば、イギリスでは旧来の毛織物に代わって綿織物の人気が急速に高まり、それが後の産業革命の下地となる。また、17世紀半ばにはロンドンなどの都市部に「コーヒー・ハウス」が登場し、コーヒーや茶に砂糖を入れて飲むことが流行する。フランスでも17世紀後半以降、パリなどに「カフェ」が次々と生まれ、砂糖入りのコーヒーを飲む習慣が広まった。これらコーヒー・ハウスやカフェは、たんにエキゾチックな飲み物を楽しむ場所だっただけでなく、身分の違いを越えて人々が集まり、情報を交換したり様々な話題について議論したりする社交空間として機能し、「議論する公衆」を育み、「世論」を生み出す母体ともなっていった。

　一方、ヨーロッパで生まれた新たな生活習慣が、ヨーロッパ以外の地域に大きな影響を及ぼしたことを忘れてはならない。カリブ海の島々では、森林を伐採して砂糖やコーヒーのプランテーションが作られ、その労働力として先住民が酷使された。重労働とヨーロッパ人が持ち込んだ疫病のために先住民の数が激減すると、ヨーロッパ諸国はアフリカ西部の黒人王国に鉄砲・ビーズ・綿織物などを輸出し、そこで奴隷を仕入れてアメリカ各地の植民地に運び、彼らを使役してヨーロッパ向けの商品作物を作るようになった。こうしてヨーロッパ・アフリカ・アメリカを結ぶ「三角貿易」が成立し、19世紀に奴隷貿易が廃止されるまでの間に少なくとも1000万人以上の黒人奴隷が大西洋を渡ったと考えられている。

　コーヒー・ハウスやカフェが流行した17世紀後半から18世紀にかけてのヨーロッパでは、理性を重んじ、現実世界を合理的に捉え直そうとする啓蒙主義が広がり、新しい政治思想や社会思想がいくつも生まれた。そのひとつが自然権という考えで、国家権力でも奪うことのできない、人間が生まれながらに持っている権利を指す。たとえば、生存・自由・平等の権利などがこれに当たる。さらに、自然権を保障するため、人々が互いに契約を結ぶことで社会や国家が成立すると考える、社会契約説も説かれるようになった。その代表的論者のひ

とり、イギリスのロックは、政府が自然権を侵す場合、国民には政府に抵抗する権利があると主張した。また、フランスのルソーは、生まれながらに自由で平等な個人の集合体である人民の意志こそが最高の権力であると説き、人民主権の考えを明確に打ち出す。あるいはディドロとダランベールは、啓蒙主義が生んだ合理的な知の総合を目指し、全28巻に及ぶ『百科全書』(1751-72年) を編纂した。

図7-2　作者不詳「カフェ・プロコプ　1743年」(Wikimedia Commons. https://commons.wikimedia.org/wiki/File:Cafe_de_Procope_1743.jpg)

　啓蒙思想家たちの意図するところは、普遍的に通用する社会や政治のあり方を示すことであり、既存の社会秩序や政治体制を転覆させようとの意図はなかった。歴史的知識に基づき、狂信を生む宗教的不寛容を徹底的に批判したヴォルテールは、同じく宗教的寛容を旨とするプロイセンの絶対君主フリードリヒ2世とも親交を持った。とはいえ、現実世界に批判的検討を加える啓蒙主義は、王権や教会などの既存権力に対する批判的眼差しを育むことにもなった。ちなみに、ここに登場するルソー、ディドロ、ダランベール、そしてヴォルテールといった思想家たちはみな、1686年創業のパリのカフェ「ル・プロコプ」の常連だったといわれる。啓蒙主義はこうした新しい社交空間を通じても根を広げることになったのである (図7-2)。

3．アメリカ独立とフランス革命

　1763年のパリ条約により、北米大陸におけるイギリスの覇権が確立した。しかし、長年にわたる戦争によって、イギリスは多額の負債を抱えることにもなった。そこでイギリス本国はその負担の一部を北米植民地に求め、課税を強化しようとした。これが植民地の猛反発を招き、1775年、独立戦争を惹起すること

になる。独立戦争中の1776年7月4日、植民地側は新生国家の理念を示す独立宣言を出し、翌年には国名をアメリカ合衆国と定めた。ジェファソンを中心に起草された独立宣言は、次のように主張する。すべての人間は平等に生まれ、生命・自由・幸福の追求を譲ることのできない権利として有する。政府はこれらの権利を確保するために作られたのであって、もし政府がその目的を破棄することがあれば、人民にはその政府を廃止して新しい政府を作る権利がある、と。そこには自然権や社会契約説、さらにはロックの唱えた抵抗権など、ヨーロッパで生まれた啓蒙主義の影響がはっきりと刻まれている。独立宣言後も合衆国側は苦戦を強いられたが、フランスなどから支援を取りつけることにも成功し、1783年、イギリスとパリ条約を結んで独立を承認させた。その後、1787年に人民主権を明記した合衆国憲法が制定され、1789年には植民地軍の総司令官を務めたワシントンが初代大統領に選出されて、ここにアメリカ合衆国が名実とも成立する。

　他方、植民地獲得競争でイギリスに敗れたフランスは、アメリカ独立を支援し捲土 重 来を期したが、逆にこれが原因で深刻な財政危機に陥った。この危機的状況を打開するため、1789年に175年ぶりとなる全国三部会（身分制議会）が開かれたが、これをきっかけにあらゆる社会層の人々——貴族、有産市民、都市や農村の民衆——の不満や要求が噴出し、フランス革命が勃発する。革命初期には立憲君主制が目指されたものの、国王一家の国外逃亡未遂事件（1791年6月）や、革命を阻止しようとする周辺諸国との戦争（1792年4月以降）などを背景に、王政廃止の機運がしだいに高まっていった。そして1792年8月10日の民衆蜂起が引き金となり、同年9月、ついに共和政が宣言される。共和政成立後は、革命を主導するブルジョワジーの内部で民衆との連携などをめぐって意見が対立し、急進共和派による強圧的な「恐怖政治」も生まれたが（1793年6月-94年7月）、最終的に対外戦争の司令官として名声を高めていたナポレオンが1799年11月にクーデタを起こして権力を掌握し、革命の終結を宣言した。

　このように革命の推移は混迷を極めたが、革命の理念については一定の共通理解が成立していた。それを明示したのが、1789年8月26日に出された「人間および市民の権利の宣言（人権宣言）」で、革命期に制定された三つの憲法（1791、93、95年）の前文に掲げられた。そこではまず「人間は生まれながらにして自由であり、権利において平等である」ことが謳われるとともに（第1条）、「あらゆる主権の原理は、本来、国民のうちにある」ことが確認され（第3条）、身

分制と神授王権に立脚した旧 体 制（アンシアン・レジーム）が根底から否定された。こうして、自由で平等な個人からなる「国民」に立脚した新しい国家の創出が目指されたのである。

　アメリカ独立とフランス革命は、啓蒙主義が示した数々の理想を現実の政治実践の中で実現しようとした。そこで掲げられた諸権利は、近代市民社会の前提となり、その後の歴史に大きな影響を与えることになる。しかし、その一方で、18世紀という時代が抱える限界もあったことは無視できない。独立宣言も、人権宣言も、そこで想定する諸権利の担い手は成人の白人男性に限られ、女性や先住民、黒人奴隷を含んではいなかった。フランス革命では、オランプ・ド・グージュが「女性と女性市民の権利の宣言」を発表し、男女平等の政治的権利を要求したが、実際には女性の政治結社が禁止されるなど、女性は公的な政治空間から排除され、家事と子育てという私的領域に押し込められた。黒人奴隷は依然「モノ」と見なされ、所有の対象とされ続けた。アメリカ建国の父であるジェファソンもワシントンも、大勢の黒人奴隷を抱えるプランテーション経営者であった。人権宣言の理念も、海外植民地で働く黒人奴隷には適用されなかった。

　こうした差別が残存するなか、1791年8月、仏領サン=ドマングで黒人奴隷が反乱を起こした。白人入植者はプランテーションを守るため、イギリスやスペインの軍隊を招き入れた。諸外国の介入で植民地を喪失することを怖れたフランスは、現地の黒人の協力を得るため、1794年2月に奴隷制を廃止し、翌1795年の憲法で黒人にも本国の白人と同じ権利を認めた。1802年、ナポレオンが奴隷制復活を目論み、サン=ドマングに軍隊を派遣すると、黒人たちはトゥサン=ルヴェルチュールの指導のもと抵抗し、これを退け、1804年1月、ハイチ共和国として独立を宣言するに至る。

　近世ヨーロッパが生んだ、自由や平等といった「普遍的」権利は、現実世界の中では必ずしも「普遍的に」適用されたわけではなかった。実際にはそのときどきの歴史的状況の中でその適用範囲を伸縮させながら、徐々に「普遍性」を獲得していったのである。

テーマ史1　ナポレオン

1．ナポレオンの登場

　フランス革命期の急進共和派による「恐怖政治」は、1794年7月のテルミドールのクーデタで終わった。これ以降、穏健共和派が革命の主導権を取り戻したが、社会や政治の状況は安定しなかった。国内では、依然として反革命勢力はなくならず、王党派（王政支持者）が武装蜂起を繰り返す一方、急進共和派も民衆の支持を集め続けていた。また国外では、周辺諸国との戦争が続き、戦局も悪化の様相を見せていた。こうした危機的状況のなか、市民の間には強力な指導者を求める声が高まっていった。そこに登場したのが、ナポレオン・ボナパルトである。

　ナポレオンは、地中海に浮かぶコルシカ島のアジャクシオで貴族の家に生まれた。1779年からフランス本国で軍事教育を受け、軍人としての道を歩む。革命以前、軍隊上層部は名門貴族の子弟が独占し、地方の小貴族にその門戸は閉ざされていた。しかし、革命勃発後、多くの大貴族が亡命したため、才能ある若者にも出世の道が開かれた。ナポレオンは、1795年の王党派の武装蜂起を鎮圧して評判を得、翌1796年にはイタリア遠征軍を率いてオーストリア軍を破り名声を高める。さらに1798年には、イギリスとインドの連絡を遮断するため、エジプトに遠征した。このとき遠征軍に同行した学術調査隊により、古代エジプトの神聖文字解読の手がかりとなるロゼッタ・ストーンが発見されたのは、有名なエピソードである。

　1799年、エジプトから帰国したナポレオンは、クーデタを決行した（ブリュメール18日のクーデタ）。同年12月、「フランス国民へ」と題された声明文を発表する。その声明は次の言葉で締め括られた。「市民諸君、革命はそれをはじめた原理のうちに固定された。革命は終わった」。この声明は革命の終結宣言であると同時に、国内の反革命派や周辺諸国に対する和平の呼びかけでもあった。

2．ナポレオンの支配体制

　権力を掌握したナポレオンは、社会秩序を安定させるための施策を矢継ぎ早に打ち出した。ナポレオンが社会秩序再建の柱としたのが宗教である。1801年にはローマ教皇と政教協約を結び、革命期の教会財産国有化に教皇が同意する

代わりに、カトリックを「フランス市民の大多数の宗教」と認め、国家が聖職
者に俸給を支払うこととした。翌1802年にはプロテスタントにも礼拝の自由と
牧師への俸給の支払いを認め、後1808年にはユダヤ教にも同様の措置を講じた。
こうして国家の監督の下、諸宗派・諸宗教が対等に共存する「公認宗教体制」
がしかれることとなった。またナポレオンは、権力掌握を正当化するため、革
命の継承をアピールした。その最たるものが、1804年 3 月に公布された「フラ
ンス人民の民法典（ナポレオン法典）」である。この法典は、特権の廃止、権利
の平等、所有権の保証を謳い、革命の成果を確認するものであった。

　その一方で、ナポレオンの支配は、革命からの後退ないしその否定という側
面も有していた。民法典では「父権・夫権」の強化が図られ、女性は父親ない
し夫に従属するものとされ、革命期に認められた「性格の不一致による離婚」
も廃止された。1795年に廃止された奴隷制も、1802年にマルティニーク島やグ
アドループ島で復活した。しかしなにより、1804年 5 月、ナポレオンは皇帝に
即位し、共和政を終わらせた。さらに1808年には、国家への貢献という理由か
ら「帝国貴族」を創設し、市民間の平等という原理も破壊した。

　このようにナポレオンには、革命の継承者としての顔と、革命を否定する独
裁者の顔という二面性があった。それが端的に表れたのが、ナポレオンの対外
政策である。ナポレオンは自由・平等という革命理念の「輸出」を口実に、ヨー
ロッパに支配の手を伸ばした。1805年アウステルリッツの戦いではオーストリ
アとロシアの連合軍を破り、翌1806年には南西ドイツ諸邦を再編してナポレオ
ンを「保護者」とするライン同盟を成立させ、神聖ローマ帝国を解体に追いや
った。さらに同年のイエナ・アウエルシュテットの戦いでプロイセンに勝利する
と、プロイセンの領土を削ってワルシャワ大公国とウェストファリア王国を建
設した。たしかにナポレオンの支配下に置かれた地域では、ナポレオン法典が
採用されるなど革命理念が普及することにもなった。しかし、その一方で、ナ
ポレオンは敗戦国に多額の賠償金を課し、支配下に収めた国々に一族や功臣を
王として据えるなど、圧政者として君臨することにもなった。その結果、皮肉
にも、被支配地域ではナポレオンがもたらした市民的自由という理念が、ナポ
レオンの支配に対する反発を生み、かつ抵抗の拠り所ともなったのである。と
くにナポレオンの兄ジョゼフを王として押しつけられたスペイン人の反発は激
しく、1808年 5 月のマドリード市民による武装蜂起以降、ゲリラ戦を展開して
フランス軍を苦しめることになる。

3．ナポレオン帝国の崩壊

　ヨーロッパを席捲したナポレオンにとって、最大の敵はイギリスだった。イギリスとの戦争は、長い目で見れば、17世紀末にはじまった「第二次英仏百年戦争」の最終局面としての性格も有する。当時の経済政策に着目すれば、産業革命を背景に自由貿易を求めるイギリスと、保護貿易の立場からヨーロッパ市場の独占を図るフランスの対立という構図になる。1806年11月、ナポレオンは「大陸封鎖令」を発し、ヨーロッパ諸国にイギリスとの通商を禁じた。

　大陸封鎖令は、イギリスに穀物を輸出していたロシアにとって大きな打撃であった。そのため1810年、ロシアはイギリスとの通商を再開した。これを知ったナポレオンは、1812年6月、支配下のヨーロッパ諸国から兵を集めてロシア遠征に出発する。同年9月にはモスクワに到達したものの、ナポレオン軍を待っていたのは住民のいない、空っぽの町だった。さらにナポレオン軍が入城したその夜、町のあちこちから火の手が上がり、瞬く間にモスクワ全体が炎上する。これはロシア軍が密かに火を放ったためといわれる。食料も宿舎もなく大混乱に陥ったナポレオン軍は、10月には退却を余儀なくされた。その飢えを抱えて退却するナポレオン軍を寒さとロシア軍が襲う。遠征出発時60万を数えたナポレオン軍だったが、プロイセンまで無事戻れたのは数万程度だった。

　このロシア遠征失敗を好機と見たオーストリア・ロシア・プロイセンなど周辺諸国は、1813年、同盟を結んで「解放戦争」に立ち上がり、翌1814年4月にはパリを占領した。退位を余儀なくされたナポレオンは、故郷コルシカ島とイタリア半島の間に位置するエルバ島に流された。ナポレオン失脚後、ウィーンで戦後処理が話し合われたが（ウィーン会議）、各国の利害が対立し、会議は難航する。その隙に乗じてナポレオンはエルバ島を脱出し、1815年3月、再び皇帝に返り咲いたものの、同年6月のワーテルローの戦いに敗北し、今度は大西洋の孤島セント＝ヘレナに幽閉されることになった（百日天下）。

4．ナポレオン伝説

　ナポレオンは今日でもフランスの「国民的英雄」として人気を誇るが、ナポレオン自身も生前から自己宣伝に余念がなかった。自身の勇敢さや軍事的才能を、絵画や彫刻など芸術作品を通じて、巧みにアピールしたのである。

　アントワヌ＝ジャン・グロ作の絵画「ヤッファのペスト患者を見舞うボナパルト将軍」（1804年）は、エジプト遠征中の挿話が主題で、感染の危険を顧みず、

部下の制止を振り切って、ペストに罹患した兵士に触れて励ますナポレオンを描く（図7-3）。実はこの出来事をめぐっては、ナポレオンにとって好ましくない噂が流れていた。ヤッファから退却する際、ナポレオンがペスト患者にアヘンを投与して安楽死させた、というのだ（図7-4）。そのため、ナポレオンは、ヤッファ

図7-3　アントワヌ゠ジャン・グロ「ヤッファのペスト患者を見舞うボナパルト将軍」(1804) (Wikimedia Commons. https://commons.wikimedia.org/wiki/File:Antoine-Jean_Gros_-_Bonaparte_visitant_les_pestif%C3%A9r%C3%A9s_de_Jaffa.jpg)

にまつわる記憶を「冷酷な安楽死命令」から「勇敢な振舞い」にすり替えるために、この作品を依頼したと考えられている。もちろん戦場での勝利は、莫大な国費を投じて大々的に宣伝された。1810年にパリのヴァンドーム広場に建てられた高さ42メートルの円柱は、アウステルリッツの戦いを記念するモニュメントで、オーストリアとロシアの軍隊から奪い取った大砲を溶かして製造された。円柱の頂上には、古代ローマ皇帝の衣装をまとい、月桂冠をかぶった皇帝ナポレオンの像が据えられた。ナポレオンが指揮した戦いを顕彰すると同時に、彼の領土拡大政策を古代ローマ帝国の再現として称揚したのである。

　ナポレオン失脚後は一転してナポレオンの功績を否定する言説や図像が流布し、とくに兵士として若者の命を容赦なく使い捨てた「人喰い鬼」としてのイメージが広がった。実際、1800年から1814年の間に総人口の約7％に当たる200万人のフランス人が召集され、そのうち38％が戦死したといわれる。ヴァンドームの円柱に立つ皇帝像も溶かされ、ブルボン朝の祖アンリ4世の騎馬像に改鋳された。しかし、間もなく「英雄」ナポレオンは復活する。復活に最も貢献したとされるのが、ナポレオンの死の2年後に出版された『セント・ヘレナ回想録』である。著者はセント・ヘレナでナポレオンの侍従を務めたラス・カーズで、元皇帝の口述を書き留めたという体裁を取っている。そこでは、イ

図7-4　ロバート・カー・ポーター「ヤッファ
で580人の傷病兵の毒殺を命じるボナパルト」
(1803)（Wikimedia Commons. https://commons.
wikimedia.org/wiki/File:Bonaparte_poison.jpg）

ギリス人によって過酷な監禁生活を強いられるナポレオンの姿が描かれると同時に、「大革命の偉大な諸原理」のために戦った元皇帝としてのイメージが強調されている。こうしてナポレオンはその死後、フランス革命と一体化する形で人々に記憶されることになった。その後、様々な権力者や政治勢力が、自己正当化や国民へのアピールの手段としてナポレオンを利用することになろう。普仏戦争敗北後の1873年、ヴァンドームの円柱に皇帝ナポレオンの像が再建されたのも、プロイセンに勝利したナポレオンの記憶を喚起し、国民に対独復讐を呼びかける狙いがあったと考えられる。

　歴史上の人物は、しばしば様々な伝説に彩られ、「英雄」として語り継がれていく。そうした伝説をひとつひとつ解きほぐし、その伝説の意味するところを考えながら、「英雄」と向き合うことも、歴史を学ぶ楽しみのひとつである。

テーマ史2　産業革命

1．産業革命とは

　労働環境や自然環境など現代社会が抱える問題を考えるとき、産業革命を起点として考えることは許されるだろう。また近年では、1800年頃を境にヨーロッパ世界とアジア世界の経済的な格差が広がったとする、いわゆる「大分岐」をめぐる議論も盛んである。出発点となったK・ポメランツの議論に対しては、様々な条件が異なる洋の東西を比較していることへの批判もあるが、政治・経

済・軍事・文化の点で19世紀以降のヨーロッパ（次いでアメリカ）が世界を牽引していたことは否定しえない。ここではイギリスを中心に、産業革命のはじまりとそれが及ぼした影響をまとめたい。

　イギリスの産業革命というとき、煙突・煤煙・多くの機械が据えられた工場といったものがイメージされるのではないだろうか。18世紀前半にジョン・ケイが飛び杼を発明した後、紡績機・機織機が自動化・大型化していったことはつとに知られる。ただし一気に工場制機械工業が一般化していったわけではなく、しばらくは以前と同様の小規模な手工業が主流であった。19世紀半ばにあってさえ蒸気機関を用いた工場は繊維や鉄鉱など限られた業種にしかみられず、30人以下の職人が手作業を行なう工房が生産活動の中心だった。また蒸気機関自体も、改良を積み重ねながら時間をかけて発展したものである。すでに18世紀初めT・ニューコメンが発明していたが、当時は大型で、鉱山の排水機に用いられていた。J・ワットの改良によって従来より石炭消費量が4分の1以下で済む高効率の蒸気機関が登場したのは世紀後半であり、機関車・蒸気船などの普及は19世紀になってからである。むろんそこからの交通インフラと物流の発展は特筆すべきものであるが、それ以前は技術的発展も経済成長の点でも、「革命」と呼べるほどの急激な変化ではなかったとされている。

　とはいえ、産業革命の歴史的重要性を否定することはできない。長らく人類は衣食住に必要なものを手に入れるため、土地や植物に依存するとともに水・風・家畜など自然のエネルギーに頼るほかなかった。これは「有機物依存経済」と呼ばれるが、経済活動が自然環境に大きく依存しているため、飛躍的な経済発展は起こりにくい。しかしイギリスでは、都市化と人口増加が徐々に進んだ16世紀後半から木材が不足しはじめ、その代替品として石炭がエネルギー源にとって代わった。蒸気機関の発明と相俟ってかつてとは比較にならないほどのエネルギーを人類は利用できるようになり、諸産業や生活にその影響が及んだ。これは「鉱物依存経済」と呼ばれる。20世紀には石油が用いられるようになったが、化石燃料に依存している点で同じである。このようなエネルギー革命によって、自然環境に制約されない経済発展が可能になったのである。

2.　植民地と産業革命

　ところで、産業革命は一般に綿織物業からはじまったとされている。17世紀に東インド会社が「キャラコ」と称されたインド産綿織物を輸入しはじめると

これが大流行し、伝統的な産業である毛織物業からの働きかけで二度にわたってキャラコ輸入が禁止された。それでもキャラコへの需要が高まり続けた結果、インドから綿花を輸入し、イギリスの工場で紡績と機織を行うようになったのである。産業革命は「消費」欲に導かれた代替産業としてはじまったといえる。そして工場で大量生産された綿織物は、ヨーロッパ各地はもちろんインドなどへも輸出された。この過程と並行して、イギリスはインドの植民地化を進めていった。イギリス産業革命にとって、植民地の存在は欠かせないものだった。

　19世紀にかけてイギリスは広大な植民地帝国を形成してゆき、各地から様々な植民地物産がもたらされた。その代表が茶と砂糖である。茶ははじめ清（中国）から輸入していたが、インドでも生産するようになった。カリブ海域ではサトウキビが生産され、砂糖は徐々に庶民にも手が届く物産となっていった。産業化にともなって多くの工場労働者が生まれたが、その厳しい労働を支えたのが「砂糖入り紅茶」だったのである。

　ただ、サトウキビのプランテーションではアフリカからアメリカ大陸へと「輸出」された黒人奴隷が使役された。インドではイギリス産品の輸入で綿織物業が壊滅し、現地の人々が綿花のプランテーションで過酷な労働を余儀なくされた。植民地の存在は、長く尾を引く「南北問題」へとつながっている。

３．労　働　者
　産業革命によって大きく変わったもののひとつは、労働のあり方であろう。伝統的な社会では生活する場（家庭）と働く場（職場）は同じか非常に近かった。たとえば職人は工房と住居が同じであり、自分の裁量で仕事を進めた。しかし産業革命を経て工場や企業が増えてくると、家庭と職場が分離していった。人々は家庭から離れた場所にある工場・企業に雇用され、自らの労働力を提供して代価として給与を得るという働き方が、当たり前になっていったのである。

　それでも、19世紀頃までは工場労働者たちは古くからの「職人」的性格を残しており、自分が必要だと思うだけ働こうとする独立心が旺盛だった。途中で持ち場を勝手に離れるのを禁じられたり、定刻に仕事をしたりするのを大きな苦痛と感じていた。こうした初期の労働者たちのあり方を示す習慣としてよく知られるのが、「聖月曜日」である。休日である日曜日に酒を飲み、月曜日は二日酔いのため仕事をしないというこの習慣は、19世紀半ばまで残っていたという。

　機械生産による工場制度が徐々に普及し、市場も拡大していくと、問屋からの注文による生産から市場向け商品の生産へと転換していった。労働は機械のリズムと時計に従うものとなり、長時間・深夜労働も広まった。毎日同じものを作ることに不平をもらす労働者が増えたという。婦人・児童による労働も一般化した。たとえば10歳に満たない子供が工場や炭鉱で、長いときには14〜16時間働き、遅刻・怠慢・居眠りなどをすれば体罰が行なわれ、それでいて与えられる食事の質は悪いものだった。

　産業化と並行して、都市が急速に拡大した。とくにマンチェスター・バーミンガムなど新興の工業都市ではスラムが形成されたが、上下水道は未整備で、河川は工場の排水で汚染された。不衛生なスラム街に住む労働者たちは、過労や栄養失調が重なって病気で死ぬ者も多く、労働者の平均寿命は20歳未満といわれる。1842年に行なわれた平均寿命の調査では、マンチェスターの地主階級（ジェントルマン）が38歳であったのに対し、労働者階級は17歳であった。

　新たな労働形態に不満を持つ労働者の側は、当初は機械打ち壊しのような過激で直接的な行動に出ることもあった。政治的権利を持たなかった労働者は、「暴動による団体交渉」に訴えざるを得なかったのである。だがしだいに労働者は団結して組織的に行動し、労働条件の改善を訴えはじめた。

　それは1833年の工場法でひとつの結実を見せた。9歳未満の児童の雇用禁止、9〜13歳の児童の労働時間は1日9時間以下などの内容を定めたこの法は、問題点はあったものの、労働者の権利を初めて法制化したものとしてその歴史的意義は大きい。その後いくどかの改正を経て労働時間は短縮され、1867年にはすべての製造業で土曜日の半日休業が達成されている。

　労働時間が短くなって「仕事の時間」と「生活の時間」つまり余暇が明確に分かれるようになり、1870年代以降、余暇を過ごすための新しい娯楽やレジャーが誕生した。一部の有閑階級の娯楽・レジャーであった旅行、クリケット、テニス、自転車などが広まっていったほか、フットボール（サッカー）観戦、ピクニック、ミュージック・ホールも普及した。「仕事の時間」を工場・企業に提供し、それによって得た金銭を用いて余暇を過ごす。そのような生活スタイルが現れてきたのである。

参考文献

第7章　近代1　変革の時代

通　　史　植民地をめぐる抗争と王権への抵抗

川北稔『砂糖の世界史』岩波書店（岩波ジュニア新書）、1996年。

川分圭子「近世西欧諸国のアメリカ植民地体制における法と経済」島田竜登編『1683年
　　　――近世世界の変容』山川出版社、2018年、218-270頁。

鈴木英明「インド洋西海域と大西洋における奴隷制・交易廃絶の展開」島田竜登編『1789
　　　年――自由を求める時代』山川出版社、2018年、228-272頁。

高橋暁夫「フランス革命からナポレオンへ」平野千果子編著『新しく学ぶフランス史』ミ
　　　ネルヴァ書房、2019年、87-111頁。

竹中幸史『図説　フランス革命』河出書房新社、2013年。

福井憲彦『近代ヨーロッパ－世界を変えた19世紀』筑摩書房（ちくま学芸文庫）、2010年。

松嶌明男「近代への転換であるフランス革命」島田竜登編『1789年――自由を求める時代』
　　　山川出版社、2018年、18-71頁。

山中聡「フランス革命」金澤周作監修『論点・西洋史』ミネルヴァ書房、2020年、186-
　　　187頁。

弓削尚子「啓蒙主義」金澤周作監修『論点・西洋史』ミネルヴァ書房、2020年、176-177頁。

鰐淵秀一「アメリカ革命」金澤周作監修『論点・西洋史』ミネルヴァ書房、2020年、182-
　　　183頁。

テーマ史1　ナポレオン

上垣豊『ナポレオン――英雄か独裁者か』山川出版社（世界史リブレット人）、2013年。

ジェフリー・エリス（杉本淑彦、中山俊訳）『ナポレオン帝国』岩波書店、2008年。

杉本淑彦『ナポレオン伝説とパリ――記憶史への挑戦』山川出版社、2002年。

―――　『ナポレオン――最後の専制君主、最初の近代政治家』岩波書店（岩波新書）、
　　　2018年。

鈴木杜幾子『ナポレオン伝説の形成――フランス19世紀美術のもう一つの顔』筑摩書房、
　　　1994年。

松匌明男『礼拝の自由とナポレオン――公認宗教体制の成立』山川出版社、2010年。

テーマ史2　産 業 革 命

R・C・アレン（眞嶋史叙、中野忠、安元稔、湯沢威訳）『世界史のなかの産業革命――資源・
　　　人的資本・グローバル経済』名古屋大学出版会、2017年。

川北稔『イギリス近代史講義』講談社（講談社現代新書）、2010年。

指昭博編『祝祭がレジャーに変わるとき――英国余暇生活史』創知社、1993年。

角山榮、川北稔編『路地裏の大英帝国――イギリス都市生活史』平凡社、1982年。

長島伸一『世紀末までの大英帝国――近代イギリス社会生活史素描』法政大学出版局、

1987年。

D・C・ノース、R・P・トマス（速水融・穐本洋哉訳）『西欧世界の勃興——新しい経済
　　史の試み』新装版、ミネルヴァ書房、2014年。

長谷川貴彦『産業革命』山川出版社（世界史リブレット）、2012年。

パット・ハドソン（大倉正雄訳）『産業革命』未来社、1999年。

L・マグヌソン（玉木俊明訳）『産業革命と政府——国家の見える手』知泉書館、2012年。

第 8 章

近代2　再編される世界

通　　史　　ウィーン体制と「パクス・ブリタニカ」の時代

1. ウィーン体制

　1814年、ナポレオン戦争後のヨーロッパ秩序を協議するため、オーストリアの首都ウィーンで国際会議が開かれた（図8-1）。しかし、「会議は踊る、されど進まず」と揶揄されたように、ウィーン会議に参加した諸国は自国の利益を追求したため、議題の処理が進まなかった。この間、ナポレオンはエルバ島を脱出し、パリへ戻って帝政復活を宣言した。ここに至って列強諸国は一致結束を図ったため、ナポレオンの支配を「百日天下」に終わらせた後、会議を再開して懸案の処理を進めた。

　ウィーン会議では、フランスでのブルボン家の王政復古に見られるように、

図8-1　ウィーン会議（Wikimedia Commons. https://commons.wikimedia.org/wiki/File:Congresso_di_Vienna.png）

革命前への復帰を目指す「正統主義」が標榜された。しかし、これは必ずしも徹底されず、神聖ローマ帝国は復活しなかった。むしろ重要なのは、「勢力均衡」に基づく国際秩序の再建が図られたことである。会議を主導したオーストリア外相メッテルニヒは、粘り強い交渉を通じて、列強諸国

間の影響範囲を再構築し、勢力の均衡を図ることで、戦争の再発を防止しようとした。

　会議の結果、ヨーロッパの勢力図は大きく変わった。ドイツでは、35の領邦国家と 4 自由市からなるドイツ連邦が組織された。フランスの影響下にあったスイスは、その地政学的位置が考慮され、列強諸国によって永世中立が保障された。オーストリアは、南ネーデルラントをオランダに譲るかわりに北イタリアを獲得した。イギリスは、旧オランダ領のスリランカとケープ植民地、それにマルタ島の領有を認められた。以後、産業革命による経済的繁栄と海軍力を背景に、列強体制の一角を占めることになる。ポーランドの大部分を獲得したロシアは、1815年に皇帝アレクサンドル 1 世がキリスト教精神に基づく神聖同盟を提唱するなど存在感を示した。また、同年にはオーストリア、ロシア、プロイセン、イギリスの間で四国同盟が結ばれた（1818年よりフランスを加えて五国同盟）。こうした列強を中心に国際秩序を安定化させる仕組みは、基本的に20世紀初頭まで維持されることになる。

　会議を経て構築された国際体制としてのウィーン体制は、フランス革命とナポレオン体制の時代にヨーロッパで広がった自由主義とナショナリズムを抑圧した。メッテルニヒは自国オーストリアの多民族状況を背景としてフランス革命の理念に反対する保守主義の立場にあり、「保守反動」の権化として捉えられてきた。しかし、ウィーン体制が、半世紀近くにわたって大国同士の戦争のない、一定の秩序と平和をヨーロッパにもたらしたことも事実である。

　ウィーン体制下でも、自由主義的改革を求める運動がヨーロッパ各地で起こった。メッテルニヒはこうした動きを抑え込むことに腐心したが、ラテンアメリカで起こった独立運動に対しては、すでに産業革命を経て自国製品の市場の開拓を優先したイギリスが独立を支持し、ウィーン体制から一定の距離を置いた。その後も自由主義とナショナリズムの高まりはおさまることがなかった。フランスでは、国王シャルル10世の反動政治に不満が高まり、1830年に起こった七月革命の結果、自由主義者のオルレアン家ルイ＝フィリップが新たな国王として迎えられた（七月王政）。パリの革命はヨーロッパ各地の運動を刺激し、オランダからはベルギーが独立するなどの動きがあったが、オーストリアの支配下にあったイタリア、ロシアの支配下にあったポーランド、そしてドイツ連邦での運動は鎮圧された。ウィーン体制は部分的に動揺したが、中東欧の動向にみられるように、その枠組みは維持された。しかし、新たな社会層としての

労働者層が出現し、1840年代以降自由主義・ナショナリズムの運動はいっそう高まりをみせていく。

　フランスでは、七月王政のもと国民主権が復活したが、制限選挙制で金融ブルジョワが支配する体制に民衆の不満は高まった。1848年には、パリで二月革命が発生して王政が倒され、第二共和政のもとで男子普通選挙が導入された。しかし、政情は安定せず、翌年にルイ＝ナポレオン・ボナパルトが伯父ナポレオン1世の威光を利用して大統領選挙に圧勝した。さらに、1852年には人民投票を経て第二帝政を樹立し、皇帝ナポレオン3世として即位した。

　フランス二月革命はヨーロッパ諸国の自由主義運動を再び刺激した。ドイツでは、1848年にウィーンとベルリンで三月革命が発生し、ウィーン体制を率いたメッテルニヒはイギリスに亡命した。革命はドイツ統一へ向けた機運を盛り上げ、ドイツ各国の代表者がフランクフルトのパウロ教会で開かれた国民議会へ集まった。しかし、革命勢力は市民層と民衆の間で分裂し、同年末にはオーストリアとプロイセンで反革命が勝利した。国民議会では、多民族を擁するオーストリアの位置づけをめぐって統一方式に関する議論が難航した。最終的にオーストリアを外してプロイセンを中核とするドイツ統一が決定されたが、プロイセン国王がドイツ皇帝への即位を拒否したため、統一に向けた一連の試みは失敗に終わった。

2.「パクス・ブリタニカ」の時代

　ヴィクトリア女王の君臨した時代、いわゆるヴィクトリア朝（1837-1901年）のイギリスは繁栄の時代であり、国際政治や世界経済を主導していく。

　19世紀前半のイギリスは、大陸のウィーン体制や革命運動とは距離を置いており、国内で革命が起きることはなかった。この国では、近世以来、大土地所有者の貴族・ジェントリが支配階層として、安定した政治・社会体制を築いていた。しかし、イギリスも自由主義の盛り上がりと無縁だったわけではない。1820年代末には、国教徒以外にも公職に就く道が開かれた。産業革命による経済発展の中で台頭してきた製造業者や産業資本家をはじめとする中流階級は、1832年の第一次選挙法改正により、選挙権を獲得した。他方、中流階級の台頭に不満を持つ労働者階級も参政権の獲得を求めて数度にわたる議会改革運動（チャーティスト運動）を起こしたが、大陸のような革命につながることはなく、経済的繁栄から恩恵を受けるなかで運動から離れていった。

　綿工業に続いて重工業が発展し、19世紀後半に「世界の工場」となる基礎を固めつつあったイギリスは、植民地や大陸諸国に製品の販路を見出し、世界市場で優位な立場に立っていた。そのため、資本家層を中心に貿易自由化を求める声が強まり、通商面でも改革が進んでいく。東インド会社への優遇が廃止され、茶貿易が自由化された。1846年には、国内農業の保護を目的とした穀物法が撤廃された。さらに貿易自由化の一環として、海運のあり方を規制していた航海法も1849年に廃止された。これらと同時期に、奴隷貿易が1833年に廃止され、46年には奴隷制そのものが廃止されている。これは中流階級を担い手とする人道主義的な奴隷制廃止運動の成果というだけでなく、砂糖価格高騰の原因となっていた奴隷の使用をやめて、かわりに低賃金労働者の雇用を可能にするという、経済的論理に基づく改革でもあった。

　これらの通商政策の中心にいた中流階級が、19世紀イギリス社会の主役を演じたのかといえばそうではない。実際には、19世紀半ばに至っても貴族・ジェントリが議会政治の中核を担っており、彼らの抱く古典と教養と人格を基盤とした「ジェントルマン理念」は社会で支配的な価値観でもあった。中流階級は経済的に成功をおさめただけでは社会で認められないため、ジェントルマン化を目指して子弟をパブリック・スクールに送り込んだ。ジェントルマン階層の側でも自由主義を取り入れて、改革を通じて新興の産業資本家層や労働者層の一部を体制に取り込もうとした。第一次選挙法改正以降、トーリ党とホイッグ党が選挙結果に応じて交替して政権を担当する二大政党制が成立した。その後も、選挙制度の改革が漸進的に進められるが、対象となったのは成人男性に限られていた。

　1851年に開かれたロンドン万国博覧会は、18世紀後半からのイギリスの社会や経済の変化を目に見える形で示した世界最初の国際博覧会であった。会場となった「水晶宮（クリスタル・パレス）」（図8-2）には、イギリスの工業製品にとどまらず、植民地物産も展示された。5カ月間の会期中、実に600万人を超える人々が博覧会を訪れたが、そのなかにはパック・ツアーを発明して、旅行の大衆化の先鞭をつけたトマス・クックの団体旅行の利用客もいた。

　ヴィクトリア朝イギリスは、すでに世界各地に植民地を抱えていた。白人定住植民地としてのカナダ、オーストラリア、ニュージーランド、従属植民地としてのインド、英領マラヤ、ナイジェリアなどである。アイルランドは、これら両者の中間ともいえる植民地であり、住民の多数を占めるカトリック系の農

図8-2　水晶宮（Wikipedia Commons. https://commons.wikimedia.org/wiki/File: Crystal_Palace_-_interior.jpg）

民は従属的立場に置かれていた。1840年代に発生したジャガイモの大飢饉は、当地の人々にアメリカ合衆国などへの移民を促す要因となった。

　19世紀半ばのイギリスは、世紀末とは異なり、植民地の拡大を追求したわけではない。しかし、その圧倒的な経済力を背景に、独立したばかりのアルゼンチンやブラジルといったラテンアメリカ諸国との貿易を自由貿易政策の一環として重視し、イギリス製品の輸出市場とした。これらの諸国では、牛肉や小麦、コーヒー豆などのイギリスで需要のある農産物生産に特化することになり、独立国家でありながら経済的にはイギリスに従属する構造が形成された。イギリスは、「非公式」に支配する地域と「公式」な植民地を擁するグローバルな帝国となり、「パクス・ブリタニカ（イギリスの平和）」の時代が到来したのである。

3．イタリアとドイツの統一

　ウィーン体制下で複数の国家が割拠していたイタリア半島では、立憲体制を維持し首相カヴールのもとでいちはやく近代化を進めていた北西部のサルデーニャ王国が、イタリア統一の主導権を握った。1859年には、フランスとともにオーストリアとの戦争に勝利し、北部のロンバルディアと中部イタリア諸国を

獲得した。さらに、義勇軍の指導者ガリバルディがシチリア島と半島南部を解
放し、サルデーニャ国王にそれらの地域を献上したことで、1861年にイタリア
王国が成立した。さらに、1870年には教皇国家も併合されて、イタリアの統一
が実現した。しかし、南北の経済格差の存在もあり、「イタリア人」としての
国民意識の形成は順調に進まなかった。
　ドイツでは、1860年代以降、プロイセン主導による統一が現実味を帯びてい
く。すでに経済面では、ドイツ関税同盟（1834年）によって統一市場が形成さ
れていたが、1848年のフランクフルト国民議会における政治的統一は挫折して
いた。統一への動きを再開したのは、皮肉にも保守派に属したプロイセン首相

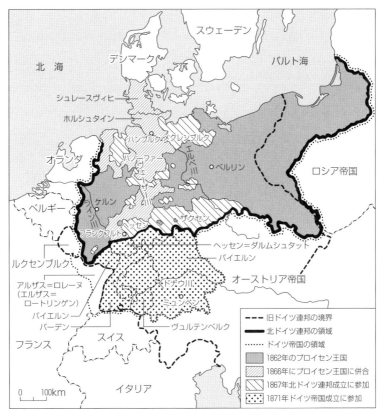

図 8 - 3　ドイツ帝国（1871-1919）（木村靖二・千葉敏之・西山暁義編『ドイツ史研究入門』
山川出版社、2014年、130頁を基に作成）

ビスマルクであった。彼は、プロイセン王国への忠誠から国力増強を推進し、現実主義的立場から国際関係を構築していく過程で、結果的にドイツ統一につなげていく。1866年には、シュレースヴィヒ・ホルシュタイン問題を契機として勃発した戦争でオーストリアに勝利した。これによりオーストリアはドイツの統一プロセスから排除され、翌年にドイツ連邦が北ドイツ連邦へと再編された。1871年にはプロイセンがバイエルンなど南ドイツ諸国との協力のもと、第二帝政下にあったフランスとの戦争に勝利し、プロイセンを中心としつつ各国の独立性にも配慮した連邦国家としてのドイツ帝国が成立した。

　ドイツ帝国の宰相となったビスマルクは、内政面では「アメとムチ」といわれる政策を採用した。たとえば、社会主義運動を厳しく取り締まる一方で、保険制度をはじめとする労働者保護政策を採用したことが挙げられる。外交面では、中欧の大帝国の出現に警戒するイギリスやロシアなどの列強諸国に配慮し、対独復讐に燃えるフランスを孤立させるべく、「ビスマルク外交」と呼ばれる多角的国際関係の構築に努めた。

　他方、プロイセンに敗れたオーストリアでは、独立を求めるマジャール人に配慮して、ハンガリーとアウスグライヒ（和協）を結び、オーストリア皇帝がハンガリー国王を兼ねるオーストリア＝ハンガリー二重君主国が1867年に成立した。以後、マジャール人以外の諸民族とのバランスに苦慮しつつ、「ハプスブルクの実験」と呼ぶべき多民族国家の運営を模索していく。

テーマ史1　プロスポーツチーム名でみるアメリカの歴史

1．アメリカにおけるプロスポーツチーム名と都市の関係
　近年、衛星放送やインターネットテレビの普及によって、アメリカのプロスポーツを観戦できる機会が格段に増えている。とりわけわが国では、多くの日本人選手が進出していることもあって大リーグ野球（MLB）がかねてから高い関心を呼んでおり、シーズン中はほぼ連日のように試合が放送され、彼らの活躍を十分に楽しむことができるようになった。野球はわが国のみならずアメリカでも古くから国民の娯楽として高い人気があるが、現在アメリカではこの野球を含め、アメリカンフットボール（NFL）、バスケットボール（NBA）、アイスホッケー（NHL）がいわゆる4大プロスポーツとして全国的な人気を博して

いる。そして、近年ではバスケットボールで日本人選手が活躍する姿も日本で
注目を集めている。

　ところで、これらのプロスポーツを観戦している際にふと目を止めてしまう
のがそのチーム名である。数多くのプロスポーツチームが存在するアメリカで
はチーム名も多種多様で、その由来も様々である。なかでも興味深いのは、本
拠地である都市や地域に因んだ、各地域の特色を示す名称がチーム名として命
名されているチームがいくつも存在していることである。これは、各チームが
地域に密着したチームであることを端的にアピールする手段としてアメリカで
はよく用いられている方法だが、まさにそうした事情から、我々にとってはチー
ム名がその地域の特色を知る手がかりにもなっているのである。たとえば、
MLBのシアトル・マリナーズ（Seattle Mariners）というチーム名は直訳すると「船

表 8-1　本文で取り上げた以外で地域の特色をチーム名とした事例

	チーム名	プロリーグ	由　　来
都市の産業に由来	ミルウォーキー・ブルーワーズ (Milwaukee Brewers)	MLB	ウィスコンシン州ミルウォーキーはビール製造業（brewing）が盛んな都市。
	ピッツバーグ・スティーラーズ (Pittsburgh Steelers)	NFL	ペンシルヴァニア州ピッツバーグがかつて鉄鋼業の盛んな都市であったことに由来。
都市の特色に由来	ボストン・セルティックス (Boston Celtics)	NBA	マサチューセッツ州ボストンはアイルランド系移民が多く居住していることに由来。
	ヒューストン・アストロズ (Houston Astros)	MLB	テキサス州ヒューストンにはNASAのジョンソン宇宙センターがある。そこから「宇宙飛行士」（astro [-naut]）をチーム名に。
	ミネソタ・ツインズ (Minnesota Twins)	MLB	本拠地のあるミネソタ州ミネアポリスは、ミシシッピ川対岸の都市セントポールとあわせて「双子都市」（Twin City）と呼ばれる。
	ニューオーリンズ・セインツ (New Orleans Saints)	NFL	ルイジアナ州ニューオーリンズは黒人霊歌「聖者が町にやってくる」（"When the Saints Go Marching In"）の発祥の地。
歴史に由来	ニューイングランド・ペイトリオッツ (New England Patriots)	NFL	「ペイトリオッツ」とはアメリカ独立戦争時に独立を支持した「愛国派」（Patoriots）をいう。とりわけ、ニューイングランド地方（現在のメイン、ニューハンプシャー、ヴァーモント、マサチューセッツ、ロードアイランド、コネティカットの6州をさす）にこの「愛国派」が多かったことに由来。

員・水夫」(mariner) になるが、これはシアトルが太平洋岸の港湾都市で、な
おかつ漁業や海運業が盛んであることに因んで、このような海事を連想させる
言葉がチーム名として命名されたものである。また、NFLのミネソタ・ヴァ
イキングズ (Minnesota Vikings) というチーム名は、「ヴァイキング」という言
葉からスポーツチーム名にふさわしい勇猛果敢な印象を与えるが、命名の理由
は実はそのことを第一の目的としたものではなく、このチームがあるミネソタ
州には北欧からの移民が多く居住していることによる。

　ほかに例を挙げていくときりがないが、アメリカのプロスポーツではこのよ
うにチーム名が住民の間で「わが町のチーム」という親近感や一体感を形成す
るのに一役買っている。ただ、こうした親近感や一体感を育むために用いられ
るのはなにも地理的な特色を表す言葉だけではなく、なかにはアメリカ史上の
出来事に因んだ言葉を用いているチームもある。たとえば、NFLのサンフラ
ンシスコ・フォーティーナイナーズ (San Fransisco 49's) とMLBのテキサス・レ
ンジャーズ (Texas Rangers) なるチーム名がそれにあたる。このふたつのチー
ム名は、前者が1848-49年のゴールドラッシュ、後者がアメリカ人のテキサス
入植という、ともにアメリカ史上「領土拡張時代」と呼ばれる時代の出来事に
因んで命名されたチーム名である。

2．San Fransisco 49'sとTexas Rangers：領土拡張時代のアメリカ

　個々の出来事に言及する前に、この領土拡張時代についてまとめておこう。
　領土拡張時代（あるいは膨張主義時代）とは、1840年代から1850年代にかけて
文字通りアメリカがその領土を大幅に拡大した時代を指し、この頃に現在ある
ような大陸におけるアメリカの領土の原型が完成した。1783年のアメリカの建
国時点で北米大陸にはアメリカのほかにイギリス、フランス、スペイン（1821
年以降はメキシコ）の各国がそれぞれ領土を有していたのだが、これらをアメリ
カは割譲や購入などで徐々に獲得し、その領土を西に広げていった。とりわけ、
1803年にフランスからルイジアナ地方を購入したことは、アメリカ人の前に「未
開の辺境（フロンティア）」が圧倒的に広がったことを意味し、東部から多くの人々
が開拓者として新たな成功の機会を求めて西方に向けて旅立っていった。この
ようなアメリカ人の西方への大量移住に呼応する形で、アメリカの領土はさら
に拡大する。なかでも第11代大統領ポーク（在位1845-49年）の時代にはテキサ
ス併合（1845年）、オレゴン獲得（1846年）、メキシコ領カリフォルニアの割譲（1848

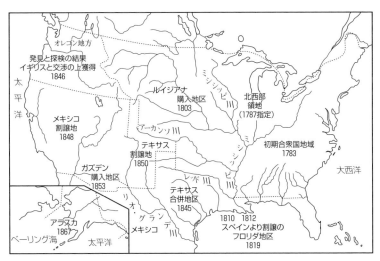

図8-4　合衆国の領土的発展（野村達朗編著『アメリカ合衆国の歴史』ミネルヴァ書房、1998年、51頁を基に作成）

年）によってアメリカの領土は太平洋岸まで到達したのである。

　それでは個々の出来事について見てみよう。まずはサンフランシスコ・フォーティーナイナーズというチーム名が命名される背景となった1848-49年のゴールドラッシュである。

　このゴールドラッシュの発端は1848年1月にサンフランシスコ東方のコロマなる場所で金が発見されたことである。この知らせを聞いて、アメリカのみならず全世界から一獲千金を夢見た人々がカリフォルニアに殺到した。とりわけ翌年の1849年にこうした人々が大挙してやってきたために、彼らは「一旗上げようとやってきた人々」という意味で「49年組 Forty-Niner」と呼ばれた。フォーティーナイナーズというチーム名は、このゴールドラッシュによる「49年組」の到来に由来している。この「49年組」の到来でカリフォルニアの人口は急増し、早くも1850年には州に昇格した。このようにサンフランシスコ・フォーティーナイナーズは、ゴールドラッシュによるカリフォルニアの急速な発展を象徴的に表現したチーム名であるが、同チームに所属するチアリーダーのチーム名がその名もずばり「ゴールドラッシュ」ということからも、サンフランシスコがゴールドラッシュと密接な関係にあったことが窺える。

　次にアメリカ人のテキサス入植である。テキサスは先述のルイジアナ購入に

図8-5　テキサス共和国国旗

テキサス共和国は1839年に、白と赤の横地、そして青の縦地に白の星を配した旗を同国の国旗と定めた。この国旗からテキサス共和国は「ひとつ星の共和国」(Lone Star Republic) とも呼ばれたが、この国旗のいずれの要素もアメリカ国旗を意識して採用されたもので、このことからもテキサス共和国はアメリカへの加入を志向していたことがわかる。なお、州となってからもこの旗は州旗として使われており、同州に本拠地を置くプロスポーツチームのなかにはこの州旗またはひとつ星をあしらったユニフォームを用いているチームもある。

よって広がったフロンティアのひとつであったが、当時テキサスを領有していたスペインはアメリカ人がテキサスに進出してくることには消極的であった。しかし1821年にメキシコがスペインから独立すると、メキシコは一転してアメリカ人のテキサス入植を奨励した (図8-5)。

メキシコの呼びかけに応じて、アメリカ人は続々とテキサスに入植するようになった。だが、この地にはアメリカ人が入植する以前からネイティヴ・アメリカンが居住しており、そのため土地などをめぐってアメリカ人入植者とネイティヴ・アメリカンとの間で度々衝突が起きた。そこで入植者はレンジャーズ (Rangers) という自警騎兵団を組織して、入植した土地をネイティヴ・アメリカンから守ろうとした。

レンジャーズはあくまでも私的なものであったが、1835年を機に公的な性格を帯びるようになる。この年、アメリカ人入植者は度重なるメキシコとの軋轢の末に、メキシコに対して挙兵して臨時政府を樹立したが、それにともなってレンジャーズはテキサス・レンジャーズとして臨時政府の警察機構の一翼を担うことになったのである。現在のMLBのテキサス・レンジャーズというチーム名は、まさにこの騎兵警察隊のテキサス・レンジャーズから命名された。

最後に、メキシコに叛旗を翻した臨時政府のその後の経過を簡単にたどっておこう。臨時政府は1836年3月に独立を宣言し、4月には叛乱鎮圧のために派遣されたメキシコ軍を潰滅させた。そして10月、この戦闘の勝利に大きく貢献したヒューストンが初代大統領に選ばれ、ここにテキサス共和国なる国家が誕生した。建国早々テキサス共和国は州として加入したい旨をアメリカに打診したが、当時アメリカ議会にはテキサス共和国の州加入に慎重な態度をとる者が多く、直ちにこれは実現しなかった。だが、1844年の大統領選挙で領土拡張を積極的に推進するポークが当選すると、当時大統領であったタイラーはテキサス併合決議案を議会上下院に提出し、1845年3月に同決議案が成立した。これをもって、テキサスはアメリカに正式に編入されることになった。ちなみにこ

の間、騎兵警察隊としてのテキサス・レンジャーズは本来の活動のほかに臨時
政府の軍事活動にも貢献した。そして現在もなお、テキサス・レンジャーズは
テキサス州の警察組織の一部として存続している。

3．「明白な運命」：誰の、どのような運命が？

　以上、サンフランシスコ・フォーティーナイナーズとテキサス・レンジャー
ズというチーム名を通してアメリカ史の領土拡張時代を垣間見てきたが、この
時代のアメリカの気運を端的に表現したものとして「明白な運命 Manifest
Destiny」という言葉がある。そのいわんとするところは、アメリカの発展の
ためにフロンティアが広がり、またそれを獲得することは神によって与えられ
た運命であるというもので、この言葉は当時から領土拡大を正当化するために
しばしば用いられてきた。そのため、この言葉とともに領土拡張時代を振り返
ると、アメリカの領土拡張はごく自然にかつ必然的に進められていった印象を
抱いてしまうが、いうまでもなく実際はそう単純に事は進まなかった。

　そのことはテキサス併合の際の手続きに端的に見てとれる。テキサス共和国
は実質上アメリカ人による国家であったが、形式上アメリカとは別の独立国で
あったため、これをアメリカに編入する正式の手続きとしては上院の 3 分の 2
以上の承認をとりつけて併合条約を成立させる必要があった。しかし、当時の
上院には併合に慎重な議員が少なからずいたために、併合に積極的な議員に
とってはこの方式による併合は難しいように思われた。そこでとられた方策が、
上下院のそれぞれの単純多数で併合決議案を通過させる共同決議方式である。
タイラー大統領はこの方式を用いて決議案を通過させたが、この過程に見られ
るように、テキサス併合はアメリカが無理をした末に実現したものであり、決
して「明白な運命」に基づくものではなかった。

　さらに、この「明白な運命」をあらためて考えてみると、この言葉はあくま
でも「アメリカ（人）」にとって「領土が拡大する」ことが明白であるという
ことで、アメリカ人以外の人たちのことについてはまったく範疇の外にある。
これまでふたつの事例で見てきたのは、それまでメキシコ領であったところが
アメリカ領になったということであるが、これはメキシコの立場に立てば領土
を失ったことにほかならない。また、アメリカ大陸にはヨーロッパ人がやって
くる以前からネイティヴ・アメリカンが居住していたが、彼らもまたこの「明
白な運命」という言葉から完全に抜け落ちた存在である。アメリカにおけるネ

イティヴ・アメリカンの問題はアメリカ史の重要なテーマのひとつであるが、総じてアメリカ人によるフロンティアの開拓はネイティヴ・アメリカンをさらなる辺境に追いやる形で行われた。これはカリフォルニアの進出やテキサス入植についてもいえることである。とりわけ上で言及したレンジャーズはそもそも自警のためにつくられたものだが、一方で彼らがネイティヴ・アメリカンたちを襲うこともしばしばあった。だが、そうした事実はなかなか歴史として表には現れてこない。

　このように、アメリカのプロスポーツチーム名という些細なところからでも、場合によってはアメリカの歴史を垣間見ることができる。しかし、そうして知りえた歴史をそのままにしておくのではなく、時にはその中に踏み込んで、また時には異なる立場、さらにはその歴史にさえ忘れ去られた者の立場の視点で見ることも必要である。そうすることで、歴史は広がりと奥行きをよりいっそう増して私たちの前に現れるであろう。

　なお、近年では「インディアン」などの差別の意味を含むネイティヴ・アメリカンの名称をチーム名に使うのは不適切であるという意見を受けて、MLBの「クリーヴランド・インディアンズ（Cleveland Indians）」が「クリーヴランド・ガーディアンズ（Cleveland Guardians）」に、NFLの「ワシントン・レッドスキンズ（Washington Redskins）」が「ワシントン・コマンダーズ（Washington Commanders）」にチーム名を変更している。

テーマ史2　社会主義

1．産業革命と労働者

　現代は工業が中心の社会である。このような社会が誕生したきっかけは産業革命であった。産業革命はまずイギリスで起こったが、それは奴隷貿易を柱とした大西洋の三角貿易と、国内の商工業の発達により資本が蓄積されていたことが理由として挙げられている。またイギリス革命以降、従来の規制や特権が廃止されたことで多くの起業家が現れ、植民地戦争の勝利によって広大な海外市場も確保していたこと、さらに大地主は、囲い込みで広げた農地を先進的な技術を持った農業資本家に貸し出して経営させ、人口の急増する都市向けに穀物の生産を行っていたことがそのきっかけであった。

　産業革命の結果、大規模な機械制工場が出現した。これにより大量生産で安価な商品が次々に供給されはじめると、従来の家内制工業や手工業が営まれていた小規模な工場は衰えていった。一方で大工場を経営する資本家が経済を左右するようになり、貴族や地主など旧来の支配階層に対する政治的な発言力も強まっていった。こうして資本主義体制が確立した。それまでの生活様式は激変し、伝統より進歩、家柄より才能が重んじられるようになり、人々の生活感情や価値観も大きく変化することになった。

　なかでも都市への人口集中が進み、イギリスではマンチェスターのような大工業都市や、リヴァプールのような大商業都市が生まれた。大規模工場で働く労働者は、決められた時間に規律正しく働くことを強く求められるようになった。また分業が進み、女性や子どもも工場や鉱山で働くことが多くなったが、当時の資本家の大半は利益の追求を優先して、労働者に不衛生な生活環境のもとでの低賃金と長時間労働を強制した。そのため労働者と資本家の関係は悪化し、労働者階級としての意識に目覚めた人々は労働組合を結成するなどして対抗した。こうして労働問題や社会問題などが発生していくことになる。

　精巧で生産性の高い機械が導入されると、成人男性の労働者数を減らすために多数の女性や子どもが工場で雇われるようになった。新システムによる利益を増大させるため、できるだけ安価に使用できる人的資源として女性や子どもが利用されたのである。過酷に利用された女性や子どもの労働時間を制限するため、イギリス政府は資本家からの抵抗を受けながらも一連の工場法を成立させた。最初に繊維産業からはじまり、後に全産業に拡大されたが、たとえば、1833年に制定された法律では9歳未満の児童労働を禁止し、18歳未満の労働時間を週69時間以内に制限した。また1847年には若年労働者と女性労働者の労働時間を一日10時間以内に制限した。

2．三人のユートピア社会主義者たち

　産業革命期のイギリスでは、労働者の生活は悲惨であった。そのため生産手段を社会で共有して資本主義の弊害を取り除き、平等な社会を建設しようとする社会主義思想が生まれた。彼らは未来社会について精緻で綿密な計画を練り上げた人たちであることから、「ユートピア社会主義者」と呼ばれてきた。この派を代表する人物がロバート・オウエン、サン・シモン、フーリエの「初期社会主義者」三人である。見解には不完全な点があったものの、その時代にお

いて間違いなく彼らは「社会主義」の発展に大きく寄与したのであった。

　ロバート・オウエンは、ウェールズ中部のニュータウンに生まれた下層中流階級出身者であり、機械制大工業の勃興初期、製造業が飛躍的に発展した時代に製造業者として成功している。彼は生まれながらの博愛家でもあり、最初からあらゆることに惜しみない雅量と寛大さを示した。1800年、三十歳にもならないうちにニュー・ラナーク工場の経営者になり、早速彼の実験ははじまった。人は環境の改善によって完成の域に達しうるという持説に基づき、歴史上初めての協同組合をつくった。これにより工場の従業員を単なる集団ではなく、ひとつの共同体に変化させた。

　しかし彼は万人が協同しない限り、社会問題の本当の解決はできないと考えていた。1815年にはスコットランドのグラスゴーの製造業者の集まりで、紡績工場の労働時間短縮を議会に請願するよう訴えた。その結果、それまで称賛してくれていた資本家たちから非難されるようになってしまう。しかし彼は挫けず、アイルランドの困窮対策として共同体的な村の建設を提案したり、アメリカに渡って自身の理想を反映させたニュー・ハーモニー村を建設した。このように彼はユートピストとして必要な実験的試みを繰り返していった。しかし社会自体が「財産権」を認めるかぎり、その実験的段階から先には決して発展できないことに彼は気づくことができなかった。

　サン・シモンはパリの名門貴族の家に生まれた。しかし受け継いだ財産をことごとく使い果たし、最終的には極貧生活のうちに没した。彼の社会主義はオウエンのように実験を試みるのではなく、サン・シモン主義と呼ばれるに至る哲学を作り上げるものだった。「各人にはその能力に応じて、各人にはその仕事に応じて」という彼の標語があるように、才能による階級の存在を容認した。また経済的条件が政治制度の土台の役割を果たすという認識も、当時においては卓見であった。そして国家の枠を超えて労働者階級が連帯し行動する「インターナショナリズム」も、サン・シモンによって明確に提示されたものだった。

　シャルル・フーリエはフランスの商人の家庭に生まれた。父親は服地商だったが、フランス革命で財産を失い仲介商となった。このことはフーリエにとって、社会における個人主義と競争の弊害や不正を体験させた。彼は最初の著作において、人間性とは欲求と情念の自由な働きを通じて完成すると述べ、窮乏と悪徳は社会による抑圧から生まれると主張している。彼の近代社会への批判は、次の時代に訪れる「科学的社会主義」の先鞭をつけたとされている。なぜ

なら未開、野蛮、家父長制、文明の四段階に分けて、人類の歴史的発展を洞察していたからである。

　また彼は社会再建の基礎として、産業協同体を提唱した。彼の構想する協同体の基礎単位は、生活、産業、農業がすべて含まれるファランステールという共同宿舎であった。ここには一戸あたり1600人が住んでおり、各人の能力に応じて妥当な労働を割り当てることが可能であり、またそれが必然だという考えを持っていた。彼のシステムは純粋に平等なものではなく、富者と貧者の差を認め、また労働、資本、才能の間の奇想天外な配分を主張したことが特徴的であった。しかし独断的で細かすぎる計画を立てた結果、いかにその原則が良いものであっても決して実現しないものになってしまった。

3．科学的社会主義

　ナポレオンがヨーロッパに対して仕掛けた大戦争は、彼の敗北と失脚で幕を閉じた。その後フランスでは再びブルボン王朝が復位した。君主たちがつくった「神聖同盟」への民衆の不満は1830年、1848年に再度ヨーロッパ全土で反動的君主政への革命として噴出した。なかでも1848年の一連の革命運動において、新たな要素が現れた。これが科学的社会主義の最初の登場である。

　ユートピア社会主義者と科学的社会主義者をつなぐ接点の役割をつとめた人物が、プルードンである。彼はフランスの労働者階級の出身で、若い頃は牛飼いをしていた。重要な著作に「財産とは窃盗である」と述べた『財産とはなにか』や『貧困の哲学』などがある。1848年の革命では、自ら活発な論争家という立場をとり国会議員に選出されたが、革命失敗の後に3年間投獄された。彼の見解は矛盾が多く、ある点では共産主義者（コミュニスト）だったが、他の点では共産主義（コミュニズム）とは異なった主張を行なった。あるときは無政府主義（アナキズム）を標榜し、別のあるときには素朴な国家社会主義の政策に手を貸した。

　科学的社会主義の代表がカール・マルクスである（図8-6）。ちなみにこの場合の「科学的」とは、近代諸科学の裏付けを持っているという意味である。マルクスはドイツのトリーアに生まれたユダヤ人であった。大学を優秀な成績で卒業し、社会の重大な諸問題と関連づけながら哲学と経済学を研究した。彼は、経済的不平等や貧困を批判する社会主義者たちの多くが、私的所有のシステムを前提とした上で所得の平等を実現しようとしたにすぎないと批判した。

図8-6　カール・マルクスの肖像
(Wikipedia Commons. https://commons.
wikimedia.org/wiki/File:Karl_Marx_001.jpg)

本当に問われなければならないのは、そもそもなぜ商品や貨幣という私的所有物が存在するのかということだと、マルクスは考えたのであった。

　近代社会では労働者の大部分は他人に雇われて働いている。これを賃労働という。賃労働は労働者が自分自身で行う労働でありながら、雇い主の指揮命令に従って行われる労働であるために、自分自身の意志による労働ではない。だから賃労働は自分に対して疎遠な労働になってしまっている。マルクスはこのような労働を「疎外された労働」と呼び、資本主義社会の問題点だと指摘した。

　1844年、マルクスは一生のパートナーと出会った。実業家フリードリヒ・エンゲルスである。彼は工場経営者の息子で資本主義の現実に精通しており、マルクスの理論のよき理解者であった。マルクスはエンゲルスとの協働によって、以後の研究活動を継続していくことができた。理論的な部分だけでなく、マルクスが経済的貧窮に陥るたびに、エンゲルスが父親の会社で働くことで財政的に援助したのである。

　1845年、発表した論文の影響で国外退去命令が出され、マルクスはパリからブリュッセルに亡命した。ここでブリュッセル共産主義通信委員会を設立し、パリ、ロンドン、ケルンなど各地のドイツ人活動家たちと連絡をとり、ネットワークを形成しようとした。しかし48年2月にパリで革命が起こったことで、再び亡命生活を余儀なくされる。この革命の直前までにマルクスとエンゲルスは有名な『共産党宣言』を完成させている。

　「一匹の妖怪がヨーロッパを徘徊している。共産主義という名の妖怪が」という序文ではじまる『共産党宣言』では、「これまでに存在したすべての社会の歴史は階級闘争の歴史である」と定義された。そして労働者（プロレタリア）が共産主義革命で資本家（ブルジョワ）を打倒することは歴史的必然であると説かれた。

　1852年から10年ほどは『ニューヨーク・デイリー・トリビューン』に寄稿す

ることで、マルクスはヨーロッパ情勢にとどまらず、インドや中国、南北戦争などをグローバルな視点から俯瞰した。この経験は理論家としての視野をいっそう広め、発展させた。さらに1864年に結成された国際労働者協会(略称インターナショナル)の活動に積極的に関わった。インターナショナルは史上初の労働者による国際結社であり、10年ほどしか存続しなかったにも関わらず、大きな影響力を持った。

　1867年4月、マルクスは科学的社会主義の経済学にとって重要な著作である『資本論』第一巻を脱稿した。彼にとって『資本論』の執筆はたんなる学問的真理の探求ではなかった。なによりも「実践」のためになされたのであり、それ自体が社会変革のための闘いであった。

　『資本論』においてマルクスは、資本主義の誕生と死滅のプロセスを総括した。それまでの経済学者の多くは、資本主義の起源を勤勉な人々の節制と蓄財に求めていた。封建制の末期に現れた自営農民たちは、事実上土地の私的所有者であり、生産手段と自由が結びついていた。農民たちは「手の熟練や工夫の才や自由な個性」を磨くことができたのである。しかし彼らを暴力によって土地から引き剥がし、労働力しか売るものを持たない賃労働者を生み出すことによって資本主義は誕生したとマルクスは考えた。この誕生のプロセスを「本源的蓄積」といった。

　こうして生産力の発展が進むと労働が社会化され、そして資本主義への対抗を通じて自由な結社である協働体(アソシエーション)が生まれ、再び個人的所有が誕生する。しかし所有の主体は今までのように国家や社会ではなく、自由な協働(アソシエート)によって人格的に結びついた自由な諸個人である。あたかも前近代の独立自営農民や職人たちのように、生産手段との自由な結びつきを回復するのである。こうして私的労働と賃労働という労働形態はなくなり、資本主義的生産様式も廃絶される。こうして誕生するのがポスト資本主義社会としての、自由な諸個人の協働体に基づく社会である。

　よく誤解されるように、マルクスがポスト資本主義社会として展望した社会主義は、共産主義者が政権をとった国家によって実現できるようなものではない。なんらかのグループや政党が政権を取り、「生産手段の国有化」を宣言することをマルクスは目指していない。よく「マルクス主義」として批判され、一党独裁体制のもとに営まれる国家体制をマルクスは描いたわけではなかったのである。資本主義的生産様式を変革するには、まず労働のあり方から変える

必要がある。生産手段と生産者が分離された賃労働から、生産手段と生産者が統一された労働へと変革することが重要なのである。マルクスが目指した社会主義とは、生産手段と生産者が結びついた自由な労働者たちの協働体なのであった。

テーマ史3　近代ツーリズムの形成——スイス・アルプスを中心に

　2019年末に端を発するコロナ禍以前、日本では「インバウンド」と呼ばれる外国からの観光客の急増が見られた。京都などの代表的観光地では、大量の観光客の到来が「観光公害」や「オーバーツーリズム」と表現されたように、一種の社会問題になっていたことは記憶に新しい。ツーリズムは人々に新たな発見や交流をもたらすと同時に、社会に摩擦をもたらす場合もある。「アフター・コロナ」の社会は、テレワークやオンライン教育の日常化によって大きく変わるかもしれない。しかし、日常からの解放という側面を持つ、ツーリズムに対する人類の欲求は再び高まることであろう。危機を経験しているいまこそ、長期的視野を持ってツーリズムの歴史的意義を考えてみたい。

1．近代ツーリズムの形成

　私たちがいま経験しているツーリズムとは、近代の歴史のなかで形成されたものである。もちろん、近代以前の世界にツーリズムが存在しなかったわけではない。しかし、その多くは商売や巡礼など、娯楽とは異なる目的に発しており、「楽しみのための旅行」としてのツーリズムの基盤は19世紀にはいってから整えられていく。ここでは、スイス・アルプスの事例を取り上げよう。

　いまは日本を含む世界中から観光客を集めているアルプスの山岳地域は、もともと悪魔の棲む土地とされており、人々の恐怖の対象でこそあれ、訪れるべき場所ではなかった。しかし、18世紀にはいると思想家ジャン＝ジャック・ルソーやスイスの詩人アルブレヒト・フォン・ハラーたちによって、アルプスの自然は賛美の対象となったほか、その地質や気候が科学研究の対象になったことと相俟って、次第に通過地点から目的地へと変化していく。19世紀にはいると、スポーツとしての登山（アルピニズム）が盛んとなり、イギリスや周辺諸国から登山家が訪れるようになる。アルピニズムは、1865年にイギリス人登山家

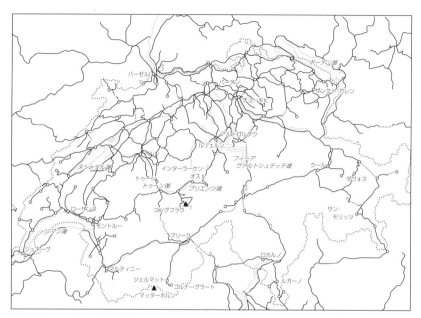

図8-7 スイスの鉄道網 (2003年) (踊共二編『アルプス文化史』昭和堂、2015年を基にして作成。出典:長真弓『スイスの鉄道――アルプスから碧水の湖畔、石畳の町までを網羅』JTB、2003年、見返しの図版)

エドワード・ウィンパーがマッターホルン登頂に成功したことで最高潮を迎える。

　スイス・アルプスの観光客増加に貢献したのは、鉄道や蒸気船といった新しい交通インフラである。とくに鉄道は旅行のすそ野を大きく広げ、より幅広い階層の人々を馬車よりも速く観光地へ誘った。スイスでは1844年にフランスの鉄道がバーゼルに乗り入れてきていたが、国内では1847年に開通したチューリヒとバーデンを結ぶ北部鉄道が最初である。本格的な鉄道網の整備は、1848年のスイス連邦誕生後に北東部を中心に進展していく。

　ツーリズムの目的地となったスイスの情報を提供したのが、同時期に発達した旅行ガイドブックである。たとえば、イギリスのマーレー社のガイドブックは1838年に最初のスイス旅行ガイドを刊行し、1839年に創刊されたドイツの『ベデカー』は、1844年にスイスを取り上げたガイドの初版を刊行して以降、英語版やフランス語版も刊行している。『ベデカー』は、旅行ルートだけでなく交通手段や宿泊施設、それに旅行の際の注意事項などの情報を詳細かつ正確に提

供したことが特筆される。

　印刷メディアと交通インフラの特性を効果的に結びつけたのが、イギリスの
トマス・クックである。熱心な福音主義者だったクックは、1841年に鉄道を利
用した禁酒運動家の団体旅行を組織した。これが旅行と宿泊を束ねて、商品と
してパッケージ・ツアーを提供する事業に発展し、1863年には初のスイスツアー
を組織した。

2．スイス・アルプス──ツーリズム発展のモデル

　アニメ作品『アルプスの少女ハイジ』には、主人公ハイジがスイス東部のグ
ラウビュンデン州マイエンフェルトとドイツのフランクフルト・アム・マイン
との間を鉄道で往来する場面が登場する。原作の『ハイジ』は、スイスの作家
ヨハンナ・シュピーリによって、1880年から翌年にかけて執筆された作品だが、
まさしくこの時代に、アルプスの観光開発が急速に進んでいく。

　交通面では外国の鉄道とも接続する幹線鉄道網が充実し、1882年にはアルプ
スを縦貫するゴットハルトトンネルが開通している。また、幹線から分岐する
かたちで高峰へ向かう山岳鉄道も整備されていく。ヨーロッパ最初の登山鉄道
は中央スイスで1871年に開業したフィッツナウ・リギ鉄道であるが、そのほか
に、マッターホルンを眺望するゴルナーグラート鉄道（1898年開業）や、海抜
3454メートルのヨーロッパで最も高い駅まで運ぶユングフラウ鉄道（1912年全
線開業）などが有名である（図8-8）。さらに、リフトやロープウェーなど、山
をめぐる交通手段の導入に
よって、ヨーロッパ各地の登
山を趣味・目的としない人々
にもアルプスへのツーリズム
が可能になり、スイスは「ヨー
ロッパの行楽地」となるので
ある。

　交通網の充実と並行して、
スイス・アルプスの各地では
宿泊施設の整備が進んでい
く。なかでも、裕福な上層市
民層を主たる対象にした「宮

図8-8　アルプスの眺望と登山電車　リギ鉄道リ
ギ・クルム駅にて（筆者撮影）

廷風ホテル」が多数建設されている。「宮廷風」とあるように、彼らは王侯貴族の旅行・生活様式を模倣し、見せびらかす舞台として、豪華な設備を備えたホテルを好んで利用した。アルプスといえばウィンタースポーツのイメージが強いが、19世紀末までは、夏季がスイス・アルプスのおもな旅行シーズンであった。1880年頃には、おもにイギリス人によってスキーをはじめとするウィンタースポーツが導入されてはいたが、冬季に多くの地域ではホテルが営業を休止していた。冬季が本格的に第二のシーズンとして発展するのは20世紀初頭のことである。夏季観光の拠点としては、ベルナーオーバーラント山群の谷間に位置するグリンデルヴァルトやラウターブルンネン、マッターホルン登攀の出発点としても著名なツェルマットなどが挙げられる。

　さらに、19世紀末から20世紀初頭にかけては、病気療養を目的とする保養地も拡大していく。19世紀以降、工業化の進んだイギリスをはじめとする西ヨーロッパ諸国の都市部では、人口の急増とともに劣悪な住環境が社会問題となり、結核の患者が増加していた。治療法として、都市を離れて標高の高い清浄な空気にふれることが有効と考えられ、スイス・アルプスがその好適地とされた。一例として、現在は世界経済フォーラムの年次総会が開かれることで有名なダヴォスには、19世紀後半より結核患者の長期滞在のためのホテルやサナトリウムが整備されていく。ドイツの文豪トーマス・マンは、1912年に妻の療養のため同地を訪れており、後に小説『魔の山』(1924年) でもその様子を描写している。

　スイスの歴史家ロラン・ティソによると、この時代のスイス・アルプスのツーリズムは世界のツーリズムの発展モデルになったという。それは、技術、経済、政治が互いに結びつき、ツーリズム発展の基盤となっただけでなく、他の経済部門にも影響を与え、近代国家スイスの存在感を国内外に示すことにもつながったのである。

3. 近代ツーリズムの摩擦と変容

　全体的傾向として、19世紀末から20世紀初頭の世紀転換期に、スイスのツーリズムは「ベル・エポック (よき時代)」を迎えたといえる。ツーリズムの隆盛がスイス経済に好影響を与えたことはいうまでもない。しかし、冒頭で述べたように、ツーリズムは経済効果に止まらず社会に摩擦をもたらすこともある。

　マッターホルンを望むヴァリス州のツェルマットも、同時期に発展した観光

地のひとつである。この地を登山の拠点から高級観光地へ脱皮させるのに貢献したのは、ホテル経営者のアレクサンダー・ザイラーである。しかし、彼による急速な事業拡大は、現地社会との軋轢も引き起こした。鉄道の開業は馬方やかご屋の失業につながり、ホテル従業員や鉄道職員も外部から雇用されることが多く、観光地としての発展は必ずしも現地住民に恩恵をもたらさなかった。また、ザイラーはもともとツェルマットの住民ではなかったこともあり、ヴァリス州のエリート層や現地の農民層の激しい抵抗に直面した。

　こうした例に見られる開発業者と現地社会との摩擦に加え、観光客の属する社会層が拡大することによる問題も浮上する。第一次世界大戦後になると、「ベル・エポック」とは異なり、ツーリズムはもはや貴族や上層市民層の独占物ではなくなった。それにともない、新たに客層として加わった新中間層や労働者層への対応、すなわち、大衆化を考慮する必要が生じてくる。また、長期間の保養というよりは、娯楽目的の短期滞在を特徴とするアメリカ合衆国からの顧客獲得も大きな課題になっていく。これらに対応するため、スイスでは1917年に観光宣伝のための組織が開設され、1932年には観光産業の業界団体が結成された。戦間期には、ヨーロッパ諸国で観光振興が個々の観光地の経済的な問題に限定されない、政治的・社会的な問題として認識されるようになる。すなわち、ツーリズムは外貨を得られる産業としてだけではなく、国民への余暇普及策と結びつき、ひいてはドイツの歓喜力行団に見られるように、体制への国民の支持を調達する手段にもなった。ふたつの世界大戦や世界恐慌といった危機的状況は、自国民を対象とする、大衆化したツーリズムの形成を促していくのである。

　近年のコロナ禍も国境を越える移動を遮断し、観光産業に深刻な影響をもたらした。「アフター・コロナ」のツーリズムには、社会に摩擦を引き起こすことのない、持続可能なものであることが求められる。ツーリズムの歴史は、その具体像を模索するうえで、様々なヒントを与えてくれるだろう。

参考文献
第8章　近代2　再編される世界
通　　史　ウィーン体制と「パクス・ブリタニカ」の時代
秋田茂『イギリス帝国の歴史——アジアから考える』中央公論新社（中公新書）、2012年。
飯田洋介『ビスマルク——ドイツ帝国を築いた政治外交術』中央公論新社（中公新書）、

2015年。

大津留厚『ハプスブルクの実験──多文化共存を目指して』（増補改訂版）春風社、2007年。

君塚直隆『ヴィクトリア女王──大英帝国の"戦う女王"』中央公論新社（中公新書）、2007年。

谷川稔『国民国家とナショナリズム』山川出版社、1998年。

谷川稔、北原敦、鈴木健夫、村岡健次『世界の歴史22　近代ヨーロッパの情熱と苦悩』中央公論新社（中公文庫）、2009年。

野村啓介『ナポレオン四代──二人のフランス皇帝と悲運の後継者たち』中央公論新社（中公新書）、2019年。

福井憲彦『興亡の世界史 近代ヨーロッパの覇権』講談社（講談社学術文庫）、2017年。

藤澤房俊『ガリバルディ──イタリア建国の英雄』中央公論新社（中公新書）、2016年。

テーマ史 1　プロスポーツチーム名でみるアメリカの歴史

牛島万『米墨戦争前夜のアラモ砦事件とテキサス分離独立──アメリカ膨張主義の序幕とメキシコ』明石書店、2017年。

牛島万『米墨戦争とメキシコの開戦決定過程──アメリカ膨張主義とメキシコ軍閥間抗争』彩流社、2022年。

貴堂嘉之『南北戦争の時代　19世紀』（シリーズ　アメリカ合衆国史②）岩波書店（岩波新書）、2019年。

富田虎男、鵜月裕典、佐藤円編著『アメリカの歴史を知るための65章【第4版】』明石書店、2022年。

冨所隆治『テキサス併合史──合衆国領土膨張の軌跡』有斐閣出版サービス、1984年。

野村達郎編著『アメリカ合衆国の歴史』ミネルヴァ書房、1998年。

ジェームス・M・バーダマン（森本豊富訳）『アメリカ黒人史──奴隷制からBLMまで』筑摩書房（ちくま新書）、2020年。

和田光弘編著『大学で学ぶアメリカ史』ミネルヴァ書房、2014年。

テーマ史 2　社 会 主 義

佐々木隆治『カール・マルクス──「資本主義」と闘った社会思想家』筑摩書房（ちくま新書）、2016年。

ウィリアム・モリス、E・B・バックス（大内秀明監修、川端康雄監訳）『社会主義──その成長と帰結』晶文社、2014年。

テーマ史 3　近代ツーリズムの形成──スイス・アルプスを中心に

踊共二編『アルプス文化史──越境・交流・生成』昭和堂、2015年。

河村英和『観光大国スイスの誕生──「辺境」から「崇高なる美の国」へ』平凡社、2013年。

伸井太一編『第二帝国——政治・衣食住・日常・余暇』上巻、パブリブ、2017年。

ピアーズ・ブレンドン（石井昭夫訳）『トマス・クック物語——近代ツーリズムの創始者』
中央公論社、1995年。

森田安一『「ハイジ」が見たヨーロッパ』河出書房新社、2019年。

森本慶太『スイス観光業の近現代——大衆化をめぐる葛藤』関西大学出版部、2023年。

Laurent Tissot, „Alpen, Tourismus, Fremdenverkehr", in: Georg Kreis (Hg.), *Die
Geschichte der Schweiz*, Basel, 2014, S. 483-485.

第9章

現代1　大戦と向きあう時代

通　　史　　帝国主義の時代からふたつの世界大戦へ

1. 帝国主義の時代

　19世紀末になると「世界の工場」イギリスの地位は揺らぎはじめる。アメリカ合衆国とドイツ帝国というふたつの新興国を筆頭に、他国でも工業化が進んだためである。イギリスの工業化が繊維業からはじまったのに対し、合衆国では製鉄業と自動車産業、ドイツでは製鉄業と化学産業を基盤としており、1873年以降の「大不況」に対応するかたちで企業集中が起こり、大企業が形成された。この時期の工業化を指して「第2次産業革命」と呼ぶことがある。アメリカやドイツのような大企業の形成が後れたイギリスは、「大不況」に苦しむなかで、鉄鋼・石油・電力などの重化学工業を中心に工業製品のシェアを低下させていった。しかし、世紀末の世界経済において、イギリスのポンドが国際通貨の地位を盤石なものにしており、イギリスは「世界の銀行」として存在感を示し続けた。

　1880年前後から、ヨーロッパ列強諸国は工業製品を販売する市場、原料供給地、そして投資先を求めて、植民地獲得競争を展開させていく。こうした動きを「帝国主義」という。自由貿易を主導してきたイギリスも、他国との競争に直面するなかで、帝国主義へ転換していく。植民地獲得競争の主たる舞台となったのは、バルカン半島とアフリカ大陸、そして東アジアであった。アフリカ進出のきっかけを作ったのが、未知の「暗黒大陸」に踏み込んだ探検家の存在である。彼らのもたらした情報はヨーロッパ勢力の進出に役立てられた。一例として、ベルギー国王レオポルド2世は合衆国の探検家スタンリーを派遣して、

コンゴ植民地化の布石とした。ヨーロッパの列強諸国は、1884年から翌年にかけて開催されたベルリン会議で、新たな領土の領有権についてはそこを実効支配する国に認めるというルールを取り決め、アフリカ分割が急速に進んでいく。結局エチオピアやリベリアなど一部の国を除いて、アフリカ大陸は現地住民の意思とは無関係に、ヨーロッパ諸国の支配下へはいることになる。

　植民地帝国の性格を帯びた列強諸国は互いに競合するが、列強間での紛争は植民地での局地的なものにおさまり、外交的に解決された。他方で、後の第一次世界大戦の導火線となる複雑な国際関係も形成されていく。鍵となるのが、中欧の大国ドイツの存在である。宰相ビスマルクは、ドイツの孤立を避けるため植民地政策には消極的で、フランスを除く列強諸国と巧みな同盟関係を構築していた。しかし、ビスマルク退陣後に親政を行った皇帝ヴィルヘルム2世は「世界政策」を提唱し、とくにイギリスとの競争を重視して、軍艦の増産など軍事力の強化を進めたため、イギリスの疑念をまねいた。また、オーストリアとロシアはオスマン帝国衰退後のバルカン半島進出をめぐって対立を深め、オーストリアはドイツに接近し、ロシアはフランスとイギリスとの関係を強化していく。19世紀末の同盟関係は、1882年に結ばれた三国同盟（ドイツ・オーストリア・イタリア）を1907年に成立した三国協商（イギリス・ロシア・フランス）が地理的に包囲するかたちへと変容していった。

2．第一次世界大戦

　1914年6月、オーストリアの皇位継承者夫妻が、ボスニア・ヘルツェゴヴィナの都市サライェヴォでセルビア人民族主義者の若者によって暗殺された。この事件の背景には、バルカン半島の民族問題がある。ロシアが半島内のスラヴ人独立を支援してオーストリアと対立したことも絡んで、民族間の対立が深刻化していた。この「ヨーロッパの火薬庫」の火種のひとつが、セルビア人の多いボスニア・ヘルツェゴヴィナをオーストリアが1908年に併合したことで生じた、オーストリアとセルビアとの対立であった。この暗殺事件の波紋は、直前の二度にわたるバルカン戦争（1912-13年）のように局地的な紛争に止まる可能性もあったが、ドイツ・オーストリア陣営（イタリアはオーストリアと領土問題を抱えて陣営から離脱し、後に協商国側で参戦）と三国協商との対決のひきがねとなり、1カ月後には後に第一次世界大戦と呼ばれる戦争へと展開していく。

　この戦争が長期戦になると予想した者は少なかった。出征兵士たちは、短期

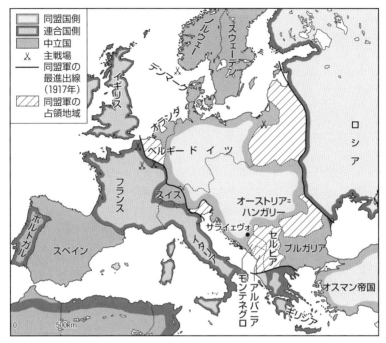

図9-1　第一次世界大戦時のヨーロッパ

戦を終えて「クリスマスまでには帰ってくる」つもりだったし、その家族も戦争は戦場の出来事であり、自分たちの生活と関わるとは思っていなかった。しかし、独仏両軍の対峙した西部戦線では、当初短期決戦を念頭に機動戦が実施されたが、機関銃の登場で双方に膨大な犠牲が生じ、決着がつかなかった。そのため、フランドル沿岸からスイス国境に至るまで塹壕が掘られ、戦況は一進一退を繰り返した。第一次世界大戦は、国民国家が総力を注ぎ込んだ戦争であった。開戦までは政府に敵対的だった労働組合や社会主義政党も、挙国一致体制の構築に協力した。銃後の女性や老人を含む国民全体が生産のための動員対象になった。戦争が女性の社会進出を促した側面もあり、一部の国では女性参政権の要求・実現へとつながっていく。植民地も本国の戦争にまきこまれ、現地の人々は兵士や労働者として協力させられた。この戦争は、参戦国があらゆる資源を戦争に投入するという、人類最初の総力戦であると同時に、その規模はグローバルに拡大した。また、工業化を経た国家同士の戦争では、戦車や毒ガ

スといった近代兵器が使用され、戦線の膠着も相俟って多数の戦死者をもたらした。戦場以外の場所でも、新たに投入された飛行機の空襲により、兵士以外の市民が犠牲になることが増えていった。

　中立を宣言していたアメリカ合衆国は、ドイツの潜水艦による客船ルシタニア号の撃沈事件（1915年）以降ドイツへの態度を硬化させ、1917年4月に協商国（連合国）陣営で参戦した。この間に、長引く戦争のなか生活物資の不足していたロシアとドイツでは民衆の不満が高まっていた。ロシアでは1917年の3月（ロシア暦2月）と11月（ロシア暦10月）の二度にわたり革命が勃発した。このうち、十月革命（十一月革命）を主導したレーニンらのソヴィエト政権は「無賠償、無併合、民族自決」に基づく即時和平を提案する「平和に関する布告」を採択し、戦線から離脱した。合衆国のウィルソン大統領は、この提案に対抗して、18年1月に大戦の目的を明示する「14カ条」を提示した。そこで盛り込まれたのは、秘密外交の廃止、軍備縮小、民族自決といった原則であった。

　この間にロシアのソヴィエト政権と有利な立場で講和を結んだドイツは、西部戦線で反転攻勢に打って出るが、兵士や民衆の不満が頂点に達し、同年11月にはキール軍港の兵士の反乱に端を発するドイツ革命が起こった。同月にドイツは休戦協定に調印し、1000万人に及ぶ死者を出した4年以上にわたる戦争は終結した。

3．戦間期のヨーロッパ

　1919年に開かれたパリ講和会議では、ウィルソンの「14カ条」を土台として戦後の国際秩序が議論された。ドイツと連合国との間で結ばれたヴェルサイユ条約をはじめ、同盟国と連合国との間では複数の講和条約が結ばれた。この結果成立した新たな国際体制である「ヴェルサイユ体制」のもとで、ドイツ帝国、オーストリア＝ハンガリー二重君主国、ロシア帝国、オスマン帝国が崩壊し、ヨーロッパでは多民族帝国が終焉を迎えた。他方、民族自決が適用された中東欧地域では、オーストリアやロシア、オスマンの旧帝国領土から多数の国民国家が誕生した。そうした国々では、新たな国境線の線引きにより、少数民族問題が発生したほか、安定した政治基盤を構築できず、チェコスロヴァキアを除いては民主主義的政治体制が定着しなかった。

　「14カ条」には国際紛争の防止も含まれており、ヴェルサイユ体制下で集団安全保障機構としての国際連盟が設立された。しかし、国際連盟は、アメリカ

合衆国が議会の反対多数で加盟できなかったほか、紛争当事国に対する制裁手段など、機能面で不備な点もあり、国際紛争の防止には限界があった。また、ヴェルサイユ体制からはロシアのソヴィエト政権が排除されていたほか、民族自決の原則がアジアやアフリカの植民地に適用されることはなく、それに不満を持つ人々の民族運動が活発化した。

　ヴェルサイユ条約によって、敗戦国ドイツには領土の割譲や全植民地の喪失、それに巨額の賠償金が課せられた。革命後に成立した議会制民主主義に基づく「ヴァイマル共和国」は、憲法で生存権や社会権を規定するなど、当時としては最先端の内容が盛り込まれていた。しかし、1920年代前半の政情は不安定で、経済的には戦時中の債券償還に由来するインフレに苦しめられていたほか、政治的には左翼と右翼による反乱が相次いだ。こうしたドイツの混乱は、通貨改革が実施されたことや、ドーズ案の受け入れにより賠償問題が解決に向かい、アメリカ合衆国資本の流入によって経済危機を切り抜けたことで収束する。また、1925年にドイツは西欧諸国とロカルノ条約を結んで国際協調に努めたため、20年代後半の西欧は経済と政治の「相対的安定」を迎えることになる。

　1920年代のアメリカ合衆国は空前の好景気を経験し、国内では自動車や家電製品などの耐久消費財が普及するなど、大量生産・大量消費に基づく大衆消費社会が形成された。この好景気は国際関係においても重要な意味を持った。経済的に繁栄した合衆国の資金がヨーロッパへ投資され、ドイツはそれをもとに英仏へ賠償金を支払い、英仏が合衆国へ戦債を返済するという資金の循環が成立した。第一次世界大戦後に戦勝国を含むヨーロッパ諸国が疲弊するなかで、合衆国が世界経済を支えていたのである。

　しかし、1929年10月にニューヨーク株式市場で発生した株価の大暴落に端を発する世界恐慌は、この循環を断ち切った。これにより、合衆国の資金援助で息を吹き返していたヨーロッパの経済は大打撃を受けた。世界恐慌に対して、世界の主要国は自国中心の閉鎖的な経済圏を形成した。イギリスは、1932年のオタワ会議で、それまでの自由貿易体制から帝国特恵関税制度へ移行した。さらに、自治領や植民地などとの間に、ポンドでの決済を制度化したスターリング・ブロックを作り上げた。このように各国が自国の利益を優先したことで、国際社会では一国主義が横行し、国際連盟の実践に見られた国際主義は衰退していく。

　ヨーロッパ諸国では、恐慌による失業者の増大が社会不安を引き起こし、政

治陣営の左右両極にある急進的な勢力が台頭してきた。このうちドイツでは、ヴァイマル共和国とヴェルサイユ体制の打破を主張する、ヒトラーの率いる国民社会主義ドイツ労働者党（ナチ党）が勢力を伸ばした。この党は、すでにイタリアで政権を獲得していたムッソリーニのファシスト党を模範とする強力な指導者原理、そして、人種主義（反ユダヤ主義）を特徴としていた。同時代には、イタリアやドイツを筆頭に、自由主義や社会主義に敵対して、強力な指導者による国民統合と極端な民族主義を主張する「ファシズム」の運動が各国で出現する。

　ナチ党は1933年1月に政権を獲得すると、議会制民主主義を否定する独裁体制の構築に向かい、他の政党や労働組合などの団体を解体したほか、ユダヤ人を公職から追放した。ナチ政権は失業者の減少に成功して国民の支持調達に成功した。

　ナチ党が政権を獲得した1933年に、アメリカ合衆国ではフランクリン・ローズヴェルトが大統領に就任し、恐慌からの脱出を目指してニューディール政策を実施した。連邦政府による金融・農業・商工業への積極的介入に加え、公共事業や社会政策の実施といった一連の取り組みは順調に進まず、経済復興面での成果も限られていたが、「大きな政府」によって資本主義経済を安定させる試みの出発点として大きな意義を持つ。

　ナチ・ドイツは次第に領土的野心をあらわにし、ヴェルサイユ体制の破棄を実行に移して、1935年に再軍備を宣言した。翌36年にはイタリアがエチオピアに侵攻したが、国際連盟による制裁も効果がなかった。同年7月に発生したスペイン内戦では、ドイツとイタリアはフランコ率いる反乱軍を支援している。ファシズム諸国のこうした行動に対して国際社会が有効な対策をとれないなか、イギリスやフランスは戦争を恐れて宥和政策をとった。38年3月にはドイツがオーストリアを併合した。同年9月のミュンヘン会談で英仏はドイツに大きく譲歩し、ドイツの要求するチェコスロヴァキアのズデーテン地方の割譲を認めた。しかし、その後もドイツの勢いはとどまるところを知らず、39年3月にはチェコスロヴァキア全体へ支配の手を広げた。さらに、同年8月にはイデオロギー面で敵対していた共産主義国ソ連と独ソ不可侵条約を結び、ポーランド侵攻への準備を整えていく。

4．第二次世界大戦

　1939年9月1日、ドイツはポーランドに侵攻し、第二次世界大戦がはじまった。短期間でポーランドを占領したドイツは、西部への攻勢に転じ、40年にはフランスを占領した。フランスは北部がドイツの占領地とされ、南部にはドイツの傀儡であるヴィシー政権が成立した。この段階で、イギリスを除くヨーロッパの大半がドイツなど枢軸国の支配下にはいった。ドイツはイギリスを繰り返し空爆して苦しめたが、チャーチル首相率いるイギリス政府は徹底抗戦の構えを崩さず、ドイツによる占領は失敗に終わった。

　1941年6月、ドイツは不可侵条約を結んでいたソ連に突如侵攻した。開戦を予想していなかったスターリン指導下のソ連は、一時首都モスクワ近くまで攻め込まれるが、冬の過酷な気候が幸いし、ドイツ軍を押し返すことに成功した。同年12月には、37年以来中国での戦争が泥沼化していた日本が、ハワイの真珠湾を攻撃してアメリカ合衆国とイギリスに宣戦し、戦線はアジア・太平洋へと拡大した。日本は当初、東南アジアを中心に「大東亜共栄圏」の確立に向けて有利な戦いを進めたが、翌42年のガダルカナルの戦いの敗北で戦局は転換する。

　ドイツ軍はソ連への侵攻を続けたが、1942年夏から43年初頭にかけてのスターリングラード攻防戦でソ連軍に敗北を喫し、敗色が濃厚になっていった。この間にナチ党やドイツ軍は、占領地域で劣等民族とされたユダヤ人やロシア人を多数殺害したほか、ポーランドのゲットーに押し込めていたユダヤ人たちを移送し、アウシュヴィッツなどの絶滅収容所で大量虐殺を実行した。これがいわゆるホロコーストであり、ユダヤ人の犠牲者は600万人にのぼるとされる。また、ドイツ人の精神病患者や同性愛者、それにシンティ・ロマ（ジプシー）といった人々も犠牲になっている。

　反撃に転じた連合軍は、1943年にイタリアを降伏させた。44年には、ノルマンディ海岸にアメリカ軍を含む連合軍が上陸し、ドイツ軍は追い込まれていく。フランスでは、ドイツと戦うレジスタンス活動が活発化し、8月にパリが解放された。45年2月には、米英ソの首脳が戦後処理を話し合うヤルタ会談が開かれた。この間、連合軍は東西から猛攻を仕掛け、45年の4月末にヒトラーが自殺し、ドイツは5月初旬に降伏した。

　これでヨーロッパの戦争は終結したが、アジア・太平洋では激しい戦闘が継続していた。すでに日本は制空権と制海権を失い、アメリカ軍による本土空襲で多数の市民が犠牲になるなど、絶望的状況に陥っていた。さらに合衆国は

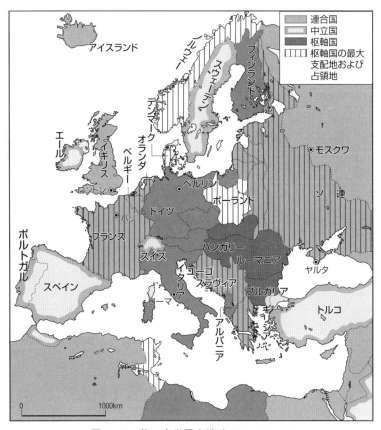

図9-2　第二次世界大戦時のヨーロッパ

1945年8月6日に広島、9日に長崎へ原子爆弾を投下した。同じく9日には、ソ連がヤルタ会談での合衆国との密約にもとづき、日本との中立条約を破って「満洲国」へ侵攻した。ソ連の対日参戦は、いまも未解決の北方領土問題を残し、シベリア抑留や中国残留孤児といった悲劇を生むことになる。8月14日、日本はポツダム宣言を受諾し、9月2日に連合国との降伏文書に調印したことで、6年にわたる世界大戦が終わった。

　第二次世界大戦は、第一次世界大戦で経験した総力戦がより大きな規模で展開された戦争であり、兵士ではない市民が多く犠牲となった。政治的には、ファシズムに対する戦いに民主主義陣営が勝利した形となったが、すでに戦争終盤

から戦後処理をめぐってアメリカ合衆国とソ連との間に不信感が高まっており、戦後の冷戦に向けた構図が形成されつつあった。

テーマ史1　ヒトラーとスターリン

1．ヒトラーとナチ党

　20世紀のヨーロッパ史を語るうえで、ドイツに出現したナチ党は避けては通れないトピックであろう。ナチ党の歴史は、1919年にミュンヘンでドイツ労働者党という政治団体が結成されたことにはじまる。当時のドイツでは前年に起きた革命でドイツ帝国が崩壊した状況を反映して、各地で共産党をはじめとする左翼が勢力を伸長させていた一方で、反ユダヤ主義や反革命などを掲げる右翼勢力も台頭しており、ドイツ労働者党もそうした地方の右翼団体のひとつにすぎなかった。だが同年秋にアドルフ・ヒトラーが加入したことで、この小さな右翼団体は大きな変貌をとげることになる。

　ヒトラーは1889年にオーストリアの国境の町ブラウナウに生まれた。彼は青年期に画家を志してウィーンに上京したが、その夢は叶えられず放浪生活を送っていた。その後ミュンヘンに移住したヒトラーは第一次世界大戦の開戦の報を聞くとオーストリア軍ではなくドイツ帝国軍に志願し、バイエルン王国軍の伝令兵として西部戦線の戦闘に参加した。大戦がドイツの敗北に終わった後もヒトラーは情報員として軍に籍を残しており、軍の命令でドイツ労働者党の調査を命じられたことが同党に加わるきっかけとなった。

　ヒトラーは弁舌の才で党内で頭角を現し、1921年には国民社会主義ドイツ労働者党と改称した党の指導者に選出された。しかし、この頃のナチ党は党といっても選挙には参加せず、直接行動で事態を変革しようとする擬似軍事団体の性格が強く、1923年にヒトラーは保守派のクーデタを先導すべくミュンヘンで武装蜂起を起こした。これは前年のイタリアでムッソリーニが行ったローマ進軍に倣ったものであったが、蜂起は失敗し、ヒトラーは逮捕、収監された。ヒトラーの主著である『わが闘争』はこの時の獄中で口述筆記されたものである。

　1924年に釈放されたヒトラーはナチ党の再建に着手し、直接行動ではなく大衆宣伝を通じて選挙で党勢を拡大し、合法的権力獲得を目指す路線に変更した。この方針転換はすぐには成果を見ず、1928年の総選挙では12議席しか獲得でき

なかったが、1930年の総選挙では107議席を獲得するという大躍進をとげた。ナチ党が急速に支持を獲得した理由を一言でいうのは難しい。ただ、1929年の世界恐慌による危機的な経済状況、そして議会政治の行き詰まりに閉塞感を感じていた有権者が、可能性が未知数の政党としてナチ党に期待を寄せたことは大いに考えられる。こうして勢力を拡大したナチ党は1932年の総選挙で第1党となり、その結果1933年にヒトラーを首相とする内閣が成立した。

2．ナチ・ドイツの成立と崩壊

　ヒトラー内閣が成立したといっても、内閣に加わったナチ党員はヒトラーを含めて3名にすぎず、その他の閣僚は保守派が多くを占めていた。実際、保守派はこの内閣はナチ党を取り込んで「飼い慣らし」、副首相が実権を握るものだと考えていた。しかし、ヒトラーは国会議事堂放火事件を口実に共産党や社会民主党を弾圧する一方で、立法権を政府に移譲させる全権委任法を3月に制定して他の政党を解散に追い込むと、7月には新党設立禁止法を発してわずか半年でナチ党の一党独裁体制を築いた。さらに翌年にヒンデンブルク大統領が死去すると、ヒトラーは大統領の権限もあわせた「総統兼首相」に就任し、完全に権力を掌握した。

　ヒトラー政権の焦眉の課題は、世界恐慌で落ち込んだ景気の上昇と失業者対策であった。ヒトラーは軍事目的と結びついた公共事業を大規模に展開して労働雇用を創出し、1933年には600万人いた失業者を4年後には完全に雇用することに成功した。また「歓喜力行団」などの組織を通じて労働者に娯楽や余暇を提供して、彼らを体制支持に向けようとした。とはいえ、すべての国民がこれらの政策の恩恵に与ることはできなかった。排除の第一の対象となったのはユダヤ人で、ヒトラーは1935年にニュルンベルク法を制定してユダヤ人の公民権を奪った。国内のユダヤ人への迫害は1938年の「水晶の夜」事件でいっそう激しくなった。こうしてナチ党が掲げるドイツ民族共同体が形成されていったが、共同体から排除された人々のなかにはユダヤ人のみならずロマ・シンティや心身障碍者も含まれていた。

　ドイツ民族共同体の形成は対外政策にも反映された。1935年にザール地方が国民投票でドイツに編入されると、ヒトラーは大ドイツ主義に基づくドイツ統合を図り、1938年にはオーストリアを併合し、1939年にはチェコスロヴァキアの西半分を保護国、保護領にした。これらの行動は英仏などのドイツへの警戒

をいっそう高めたが、ドイツ
は前年のミュンヘン会談で英
仏に不信を抱いたソ連に接近
して1939年8月に独ソ不可侵
条約を結んだ（図9-1）。こ
れで東方の安全圏が確保され
たと考えたヒトラーは、ポー
ランド回廊の領土要求を実力
で行使するために9月にポー
ランドに侵攻し、第二次世界
大戦がはじまった。ヒトラー
はひと月たらずで占領した
ポーランドでもユダヤ人迫害
を行い、アウシュヴィッツを
はじめとする強制収容所にユ
ダヤ人を大量に連行して殺害

WONDER HOW LONG THE HONEYMOON WILL LAST?

図9-1　独ソ不可侵条約をヒトラー（左）とス
ターリン（右）の結婚になぞらえた漫画。1939年9
月のアメリカの新聞に掲載。「ハネムーンはいつまで続くか」と
いう言葉にあるように、条約締結から1カ月も経ないうちにこ
の条約が不安定なものと思われていたことがうかがえる。

した。大戦は当初ドイツ軍が優勢で、1940年にはフランスを降伏させて北部を
占領し、フランス南部に親ドイツのヴィシー政権を樹立させた。その後ヒトラー
は攻撃の矛先を東方に向けたが、1943年のスターリングラードの戦いでの敗北
を境にドイツ軍は劣勢となり、1944年の連合国軍によるノルマンディ上陸、パ
リ解放で敗勢は色濃くなった。そして1945年4月末、ソ連軍がベルリンを包囲
するなかでヒトラーは地下壕で自殺し、ナチ党の支配は崩壊した。敗戦後のド
イツは資本主義国のドイツ連邦共和国（西ドイツ）、共産主義国のドイツ民主共
和国（東ドイツ）に分裂し、両国が統一されるのは冷戦が終焉に向かう1990年
であった。

3．ソ連とスターリンの台頭

　ナチ党とならんで、20世紀のヨーロッパ史を語るうえで無視できないのはソ
連（ソヴィエト社会主義共和国連邦）である。第一次世界大戦中の1917年に十月革
命で世界初の社会主義政権を樹立したソヴィエト政権は、共産党一党独裁のも
と内戦と諸外国による干渉戦を辛くも乗り切り、他方で経済面では戦時共産主
義そして新経済政策（ネップ）を採用して大戦中から続いていた食糧問題の危

機的状態をひとまず脱した。またこの間の1922年末にはロシア連邦、ウクライナ、ベラルーシ、ザカフカース連邦の四つの共和国が連合してソ連を結成した。

　こうしてソ連がようやく安定する兆しを見せはじめた1924年初頭に、ソ連の指導者であるレーニンが亡くなった。レーニンの死去は後継者争いを引き起こし、この争いのなかでスターリンが急速に台頭することになった。

　1878年にロシア帝国領のグルジアの都市ゴリで生まれたスターリンはグルジア人で、本名をジュガシヴィリという。神学校在学中にマルクス主義に傾倒したスターリンは神学校を中退し、共産党の前身であるロシア社会民主労働党の組織に加わって革命活動に従事した。この活動のなかでスターリンはレーニンの知遇と信任を得、レーニンが率いるロシア社会民主労働党ボリシェヴィキでは主に民族問題の専門家としてその名が知られていた。そしてソヴィエト政権が成立すると人民委員会議の民族問題人民委員に就き、党内でも中央委員会政治局の一員であった（1918年にロシア社会民主労働党ボリシェヴィキは共産党に改称）。このようにスターリンは政府と党の要職に就いていたが、党内では当初から抜きん出た存在ではなかった。しかも、レーニンが死去する前にはグルジア問題などをめぐってレーニンと鋭い緊張関係にあった。そのスターリンが急速に台頭した背景には、1922年に中央委員会書記局の書記長に就いたことがあった。書記長は党のすべての役職を任免できる権限があり、スターリンはこの権限を利用して党組織に多大な権力を及ぼしていたのである。

　この権力基盤をもとに、スターリンはレーニンの死後、党の主導権をめぐって他の古参党員たちと党内闘争を繰り広げていく。なかでもトロツキーとの闘争は有名であるが、この闘争中の1925年にスターリンが提唱した一国社会主義論は、十月革命以降掲げられていた世界革命の気運が退潮した当時の状況において、とりわけ新たに加入した党員たちに現実味のある指導方針として受け止められた。こうして度重なる党内闘争で優位に立ったスターリンは古参党員たちを次々に失脚、追放させ、1927年末にはほぼ完全な党の支配権を確立した。

4．「上からの革命」

　スターリンが党の支配権を確立したのと前後して、農村から穀物を調達できないという事態が判明した。この事態は瞬く間に深刻化し、1928年には穀物調達危機に陥った。スターリンは行政的圧力をかけて農村に穀物を供出させる「非常措置」をとってこの状況を打開しようとしたが、農民の抵抗に遭って穀物調

達は思うように進まなかった。そこでスターリンが穀物調達の安定を図るために1929年に採用した政策が、農業の集団化であった。集団化は、表向きは農村共同体の自主性に基づいて行われたが実際は共産党による強制で行われ、農村共同体に代わって集団農場のコルホーズ、国営農場のソフホーズがつくられた。また集団化に従わない者は階級の敵として烙印が押され、大規模な人数の農民が農村から追放された。

　集団化と並行してスターリンは工業の生産力を高めるために、五カ年計画と呼ばれる計画経済政策に着手した。1928年にはじまった第一次五カ年計画は重工業部門でかなりの成長が見られ、1933年には生産手段の生産の目標を達成した。この第一次五カ年計画で見せた経済力の成長は、世界恐慌の影響下にあった欧米諸国からは目ざましい成果を上げたものと受け止められ、これ以後他の国々も計画経済を経済発展のモデルとして採用するようになる。

　1920年代末からはじまる以上のようなスターリンの政策は、それまでのソ連の社会構造を根本的に変革したという意味で「上からの革命」と呼ばれる。しかし、この「上からの革命」はソ連国民に多大な負担と犠牲を強いるものであった。とりわけ1932年から1933年にかけては、農業集団化が全面的に進められたことと第一次五カ年計画の最終年であることが相俟って、負担と犠牲は農民に集約的に降りかかった。さらにこの時期に飢饉が生じたことも重なって大規模な餓死者を出し、とりわけウクライナではその被害は深刻であった。犠牲者数は統計により280万〜480万人、300万〜350万人など幅があるが、現在のウクライナではこの出来事を「ホロドモール（飢餓による殺人）」と呼んで、ウクライナ史上の最大の悲劇として位置づけている。

　「上からの革命」を通じてソ連の新たな体制を確立したスターリンにとって、ヒトラー政権の登場は安全保障面での深刻な脅威となった。だが同時に、日本の関東軍が満洲に進出して極東地域の安全を脅かしていたことから、スターリンは二正面で戦線を展開することは避け、1939年8月にはドイツと不可侵条約を結んだ。翌9月、ドイツ軍はポーランドに侵攻したが、スターリンはドイツとの戦争は避けられないにしてもその時期はまだ先であると考えていた。しかし、1941年にドイツ軍はポーランドを超えてソ連に侵攻した。ソ連軍は上述のスターリンの考えから対応が遅れて当初は敗勢に陥ったが、スターリングラードの戦いでドイツ軍を破ると、以後は攻勢に転じて最終的にはベルリンまで侵攻するに至った。こうして独ソ戦はソ連の勝利に終わり、ソ連は第二次世界大

戦の戦勝国として戦後の国際政治で大きな発言権を持つようになった。くわえてソ連が戦後の東欧の諸国家に（親）共産党政権を誕生させたことは、東西冷戦の構図をつくり出した。スターリンは1953年に死去するが、彼が築いたソ連の体制はいくつかの修正を経ながらも1991年のソ連崩壊まで続くことになる。

テーマ史2　1920年代のアメリカ合衆国

1. 第一次世界大戦後のアメリカ合衆国の経済状況

　第一次世界大戦はヨーロッパ諸国の経済に大きな損害を与え、戦中にアメリカから借りた資金の元本と利息が大きな借金として残った。逆にアメリカは海外投資残高がプラスに転じ債権国となっていくことで、戦後は国際金融の中心国になっていく。1920年代のアメリカは再び保護貿易に戻り、大企業寄りの共和党政権のもとで空前の物質的繁栄が訪れる。それは約半世紀前の金ピカ時代を一層大衆化したようなものだったが、保守政権が続き、汚職がはびこり、誰もが自動車を持ち、株ブームや土地ブームが続き、建築競争がはじまり、大勢の若者が大学の門に殺到する時代だったといえる。

　とはいえこの時代は最初から好景気だったわけではなく、1921年の末頃から22年にかけて戦後不況が終焉し、一転、未曾有の大好況がアメリカに到来したのだった。経済成長の規模は凄まじく、1928年までの7年間にGDPは40%拡大した。特に製造業の伸びは顕著で、20年代半ばには年間190万台のT型フォード車が最先端の組み立てラインで製造され、アメリカの総工業生産額は10年間に70%増加した。次いでエネルギー産業の成長も「繁栄の20年代」の特徴のひとつだった。急激なモータリゼーションにともなって、石油は増産を続け、29年の国内原油生産は戦前の4倍近くに達した。またこの時期は産業と家庭の電化が急速に進み、29年の段階でアメリカの電力生産量はほぼヨーロッパ全体と同じ量に到達した。

　この時代を特徴づけるのが自動車である。もともと馬車の代用品として登場した自動車は、人々が想像したよりはるかに短期間のうちにアメリカの家庭に普及した。フォード社が1908年に投入したT型車は自社の従業員に買わせる目的で賃金を大幅に引き上げるなどの措置を採ったために、一世を風靡するものとなった。自動車が普及するにつれて、人々は通勤に混雑する市街電車や汽車

を使わなくてもよくなり、住宅の郊外化も進んでいく。また、自動車は農家世帯の方が非農家世帯よりも普及が早かった。歩行ではせいぜい約５kmくらいが限度だし、馬曳きのバギーの場合でも約10kmだったが、自動車なら１日に25〜35kmは往復可能だった。1921年、当時のウォーレン・G・ハーディング大統領は年次教書において「自動車はわれわれの政治生活、社会生活、そして労働者の生活において不可欠な道具となった」と述べている。

　20年代に自動車が家庭に与えた影響として重要なのは、人々の生活風景を大きく変えたことである。道路が整備され、郊外に住宅地が建設され、人々は郊外からオフィスや工場へと自動車通勤をするようになった。道路沿いにはガソリン・スタンドやガレージをはじめ、様々な店舗や娯楽施設が立ち並ぶ。買物の範囲も広がった。近所の小さな商店から品揃えの多いチェーン店に客が移っていくことで、徐々に個人の商店は苦しい状況に追い込まれていった。

　1929年までに４人に１人が自動車を所有するようになり、47％の家庭が持ち家に住んだ。同じ頃、商業化された娯楽文化の大衆的な消費も拡大し、全米の２万を超える映画館で毎年１億人以上がハリウッド映画を楽しんだ。すでに20年代のアメリカでは、耐久消費財を安く消費者に提供する全国的な市場統合が進み、クレジット払いの商慣行も一般化していた。さらにメディアでの広告やPR産業の発展によって新しい消費習慣が定着していった。

　1919-29年間に実質GNPがおよそ30％も上昇するという景気拡大期を迎えたアメリカ経済だったが、1928-29年は決して安定したものとはいえなかった。第一次世界大戦とその直後の繁栄期を除くと次第に農家の借金はふくらんでいったし、農産物輸出は伸び悩んだ。農民たちは「過剰農産物」問題の切り札として輸出補助金の法制化を求めたが、失敗した。フォード社がT型車の生産を中止した1927年は新車販売が落ち込み、住宅建築は下降局面に移った。他方で、株式市場は行き場をなくしていたヨーロッパの資金をも吸収して、投機色を強めていた。連邦準備局は投機を押さえる目的で公定歩合を何度かにわたって引き上げたが、それによって最初は利上げに敏感な住宅、高額消費財を中心に売上げが落ち込み、やがて悲観論が台頭し、株価の暴落へとつながっていった。

２．都市化と「ジャズ・エイジ」

　1920年に黒人歌手マミー・スミスの「クレージー・ブルース」が爆発的な売れ行きをみせてから、29年の大恐慌によってレコード産業が収縮してしまうま

での10年間のことを「ジャズ・エイジ」（ジャズの時代）と呼ぶ。ニューヨーク市ハーレムを発祥地としているため、この文化は「ハーレム・ルネサンス」とも呼ばれている。

　そもそも、なぜジャズをはじめとする黒人文化に白人が関心を抱くようになったのかというと、1920年代は第一次世界大戦の体験からくる虚無感と人間性を無視する物質万能主義のアメリカ社会への絶望が、若者を混沌のなかへ放り込んだからである。人間性の復興、反物質主義を求める彼らの注目をひいたものが、アフリカという原始的かつエキゾチックな世界であった。そのため白人たちは、夜ごとハーレムのキャバレーやバーに集まり、酒とタバコとダンスの喧騒のなかで黒人たちと一緒に時間を過ごした。代表的な場所にレノックス街の「コットン・クラブ」がある。

　もともとニューオリンズで多くのジャズプレイヤーが育っていたが、なかでも最も有名な人物は、トランペッターのルイ・アームストロングだろう。1920年代には、シカゴとニューヨークでレコーディングが行われるようになり、全米へと広がりを見せた。そして1926年のNBC開局ではじまったラジオ放送が最新のリズムを全国に送り届けることになり、27年にはワーナー・ブラザーズによる最初の部分トーキー映画作品「ジャズ・シンガー」が公開された。

　19世紀末の大量の移民の増大と同時に起こったのが映画産業であった。特に南・東欧からの移民が流入するなかで、「まだ誰も手を付けていない業種」であった映画産業に目をつけたのがユダヤ系の人々であった。アメリカの映画業界は1920年代に巨大産業化し、ハリウッドという名のもとにアメリカ娯楽産業の顔といわれるまでに成長していく。

　また、アメリカの女性は1920年に参政権を獲得した。このことはすぐに女性の生活に大きな影響を及ぼすことはなかったが、アメリカの社会では風俗や道徳に革命が起こっていく。この時代に登場したフラッパーは、女性の服装を一変させただけでなく、人々の生活様式に大きな変化を与えた。彼女たちはシルクや毛皮をまとい、口紅をつけ、弓のように眉を引き、ショートヘアの髪型を好んだ。コルセットをやめてブラジャーを着けたが、膝丈のスカートや肌色の絹のストッキングは当時としては十分刺激的であった。また陽気で大胆、周囲のことには無頓着、俗語や下品な言葉を使い、礼儀を無視してくだけた態度をとった。何事にも挑戦的で、ダンスやマラソン、自動車の運転、政治活動、セツルメントに参加し、酒とタバコを平然と嗜んでいた。

　高等教育を受け、それまでは男性が専有していた職業に就き自活するニューウーマンが出現し、スポーツ、冒険、研究、ビジネスなどの様々な分野で成功をおさめた。これにより新しい生活信条、価値観のモデルを示し女性の地位向上のために影響を与えた。とはいえニューウーマンが女性全体のモデルになったわけではなく、大多数の女性はいままで通り結婚を人生の目標にしていた。

3．移民による社会変化

　都市化が進み、巨大株式会社が誕生し、官僚化と専門化が進行する19-20世紀の転換期になると、企業の会計・販売担当の事務職や管理職、企業の必要を満たす技術者、工業デザイナーや広告業者、地方公務員、法律家、さらには芸術家、教師、編集者らインテリ層が中産階級に加わった。企業の業績に自らのキャリアを結びつけたホワイトカラー層は、頭脳労働に従事する点で肉体労働者より地位が上だと見なされた。またエスニシティの面では、「レースのカーテンがかかった」家に住むアイルランド系カトリックに象徴されるように、とくに移民第2世代の間で社会的上昇が起こった。

　彼らは東・南欧系の不熟練新移民と黒人が集中する、売春や酒、賭博、低俗な娯楽が栄える都心部からできるだけ離れ、郊外住宅地に一戸建て住宅を建てた。流行の家具やピアノ、自動車を購入してその階級的地位に「相応する」消費スタイルを保つことが、その地位を表す印となったのである。この地位に必要とされる収入を保証するのはホワイトカラー職や専門職での成功であるから、キャリアの階梯を上がっていくのに必要な高校・大学卒業の資格を取らなければならず、良い学校が近隣には不可欠となった。

　重化学工業化は膨大な数の労働者を必要とした。1870年に非農業労働者は600万人いたが、1910年には3700万人にまで増大し、その大部分がヨーロッパからの、とくに東・南欧からのカトリックないしユダヤ系の移民とその子どもであった。1910年に移民が全米のすべての仕事の4分の1を占めたが、炭鉱夫や鉄鋼労働者の半分と衣服労働者の7割が移民であり、ボストンからピッツバーグ、シカゴに至る工業中心地（スノーベルト地帯）では移民とその子どもが多数派となった。

　しかし彼らの生活は厳しかった。夫や父親が低賃金のうえに1年を通じて職を確保できることは稀であったため、子どもが働き、妻が下請け内職や下宿人の世話をして、収支を合わせる努力をした。移民は都心部の特定の地域に集中

し、母国の文化を基礎にしたサブカルチャーを形成した。相互扶助組織が葬儀や障害の保険を与え、友愛団体がダンス、ピクニック、宴会を催し、酒場が休息と娯楽の場となった。カトリック教会は移民コミュニティの中核をなし、教区学校や孤児院、病院までも運営した。

　移民が集中する都心部には、南部での貧困と差別を逃れてやって来た黒人も移り住んだが、両者の運命は大きく異なった。白人の移民は、人種のゲットーではなく、スラムに住んでいた。差別のために強制的にゲットーに閉じ込められ、そこから脱出できなかった黒人と違って、移民とその子どもは、社会的に上昇し収入が増えさえすれば、スラムから脱出し、より環境の良い郊外へと引っ越すことができたからである。

　このような移民の急激な増大、黒人の都市への流入、売春や人種衝突などの都市問題が、従来からアメリカに存在した禁酒運動に拍車をかけたといわれる。プロテスタントの農村地域が、カトリック系の新移民に支配された都市文化への反撃として、また都市化、産業化にうまく乗り切れない農民の不満が禁酒運動の高まりをもたらしたとも考えられている。

　1920年に禁酒法が発効したが、もぐり酒場（スピーキージー）は最初からたくさんできていた。入口のドアに小さな四角い窓を作り、内から客を確認してドアをあけるという用心ぶりであったが、ニューヨークだけで３万軒あまりに達したという。密造ウイスキーはムーンシャインと呼ばれ、簡単な仕掛けの密造所が南部農村の隠れ場所に残っている。密造所や酒場の摘発で有名になった警察官もいた。

　禁酒法施行の失敗は、不効率な取締とともに、移民労働者の悪名高い飲酒癖に向けられたが、実際には彼らの結合を強化することになった。代表的な人物として、シカゴで暗躍したギャングのアル・カポネ（図9-3）がいる。彼はニューヨークの貧しいイタリア移民のスラム街で育ち、1920年代初めにシカゴに移った。自

図 9-3　アル・カポネの肖像
（Wikimedia Commons. https://commons.wikimedia.org/wiki/File:Al_Capone_in_1929.jpg）

動車とマシンガンを駆使して機動力に富む攻撃を行ない、敵対者を容赦なく殺傷した。彼は敵を次々と片づけて酒の密造・密売・賭博の儲けを独占し、ニューヨーク、シカゴから西海岸に広がる闇の一大帝国を築き上げた。

参考文献
第 9 章　現代 1　大戦と向きあう時代
通　　史　帝国主義の時代からふたつの世界大戦へ
石田勇治『ヒトラーとナチ・ドイツ』講談社（講談社現代新書）、2015年。
大木毅『独ソ戦——絶滅戦争の惨禍』岩波書店（岩波新書）、2019年。
木谷勤『帝国主義と世界の一体化』山川出版社（世界史リブレット）、1997年。
木畑洋一『国際体制の展開』山川出版社（世界史リブレット）、1997年。
木村靖二『第一次世界大戦』筑摩書房（ちくま新書）、2014年。
木村靖二、柴宜弘、長沼秀世『世界の歴史26　世界大戦と現代文化の開幕』中央公論新社（中公文庫）、2009年。
油井大三郎、古田元夫『世界の歴史28　第二次世界大戦から米ソ対立へ』中央公論新社（中公文庫）、2010年。

テーマ史 1　ヒトラーとスターリン
〈ヒトラー〉
飯田道子『ナチスと映画——ヒトラーとナチスはどのように描かれてきたのか』中央公論新社（中公新書）、2008年。
芝健介『ホロコースト——ナチスによる大量殺戮の全貌』中央公論新社（中公新書）、2008年。
―――『ヒトラー——虚像の独裁者』岩波書店（岩波新書）、2021年。
田野大輔『愛と欲望のナチズム』講談社（講談社選書メチエ）、2012年。
ウルリヒ・ヘルベルト（小野寺拓也訳）『第三帝国——ある独裁の歴史』角川書店（角川新書）、2011年。
山本秀行『ナチズムの時代』山川出版社（世界史リブレット）1998年。
若尾祐司、井上茂子編著『近代ドイツの歴史——18世紀から現代まで』ミネルヴァ書房、2005年。
〈スターリン〉
池田嘉郎『ロシア革命——破局の 8 か月』岩波書店（岩波新書）、2017年。
ロバート・サーヴィス（山形浩生、守岡桜訳）『トロツキー』上下、白水社、2013年。
下斗米伸夫『ソヴィエト連邦史 1917-1991』講談社（講談社学術文庫）、2017年。
中嶋毅『スターリン——超大国ソ連の独裁者』山川出版社（世界史リブレット 人）、2017年。
藤本和貴夫、松原広志編著『ロシア近現代史——ピョートル大帝から現代まで』ミネルヴァ

　　書房、1999年。

松戸清裕『歴史の中のソ連』山川出版社（世界史リブレット）2005年。

────『ソ連史』筑摩書房（ちくま新書）2011年。

横手慎二『スターリン──「非道の独裁者」の実像』中央公論新社（中公新書）、2014年。

和田春樹『レーニン──二十世紀共産主義運動の父』山川出版社（世界史リブレット　人）、
　　2017年。

テーマ史2　　1920年代のアメリカ合衆国

英米文化学会編、君塚淳一監修『アメリカ1920年代──光と影』金星堂、2004年。

猿谷要『物語　アメリカの歴史　超大国の行方』中央公論新社（中公新書）、1991年。

中野耕太郎『20世紀アメリカの夢　世紀転換期から一九七〇年代』岩波書店（岩波新書）、
　　2019年。

第10章

現代 2　大戦後の世界と21世紀

通　　　史　　21世紀の世界とグローバル化

1．ヨーロッパと21世紀

　ファシズム勢力の打倒に大きな役割を果たしたソヴィエト連邦とアメリカ合衆国は、戦後世界の「東」と「西」それぞれを主導した。

　まず、自力でファシズム勢力を排除したユーゴスラヴィアを除く多くの東欧諸国、たとえばポーランド、チェコスロヴァキア、ハンガリーなどでは、ソ連の影響力を背景として共産主義政権が次々と樹立され、東側諸国に組み込まれた。これらの国々は軍事的にはワルシャワ条約機構（1955-91年）、経済的には経済相互援助会議（COMECON, 1949-91年）によって、協力体制を築き上げた。一方、イギリスやフランス、ベネルクス三国などの西側諸国は、合衆国大統領トルーマンのときに打ち出された復興支援策「マーシャル・プラン」を受け入れることで経済復興を実現するとともに、アメリカを軸とする資本主義経済のなかに組み込まれた。軍事的にも、1949年発足の北大西洋条約機構（NATO）によって結びついた。

　ドイツの分裂は、こうした冷戦構造がはっきりと示された出来事のひとつである。1948年、アメリカとイギリスおよびフランスに占領されていたドイツ西部において、ソ連への通達なしに通貨改革が行われた。ドイツ東部を占領していたソ連はこれに対抗して西ベルリンに至る交通路を封鎖し、西側3国は「大空輸作戦」によって西ベルリンに物資を運んだ。一連の出来事は東西対立を強め、翌49年9月にドイツ連邦共和国（西ドイツ）が、10月にドイツ民主共和国（東ドイツ）がつくられた。

　1953年にスターリンが死去すると、ソ連はフルシチョフのもとで平和共存への道を模索しはじめた。ユーゴスラヴィアとの関係改善、スターリン時代の大量粛清や個人崇拝に対する批判、ついにはフルシチョフとアメリカ大統領アイゼンハウアーとの会談が実現し、東西の「雪どけ」ムードが醸成された。だが1959年にキューバで社会主義革命が発生した。2年後には、東ドイツから西ベルリンへの亡命者を遮断するため東ドイツが西ベルリンを壁で囲った。ふたたび東西の対立は激化し、1962年には米ソ間の核戦争を世界に予感させた「キューバ危機」が勃発する。しかしながら核戦争への危機感は、結果として米ソを歩み寄らせることになった。翌年に部分的核実験停止条約がアメリカ、イギリス、ソ連の間で締結され、その後の核兵器制限の試みにつながっていく。

　この間に東欧では、ソ連支配に対する動揺が生まれている。とくにハンガリーでは1956年10月、民主化要求が強まるなか新政権が樹立され、これをソ連軍が打倒するという事態に及んだ（ハンガリー動乱）。同年6月のポーランドでも、西部の町ポズナニで労働者らが自由と生活の改善を求めて暴動を起こしている。その一方で西側諸国は、1952年成立のヨーロッパ石炭鉄鋼共同体（ECSC）、1957年のヨーロッパ経済共同体（EEC）、1967年のヨーロッパ共同体（EC）と、経済面での協力体制を着々と強化していった。

　1964年、ブレジネフが権力の座に就くと、ソ連は相対的安定ないし停滞の時代を迎えた。しかし、1968年にチェコスロヴァキアで「プラハの春」と呼ばれる民主化運動が起こると、ソ連はワルシャワ条約機構軍を率いてこれを弾圧し、東欧諸国に対するソ連の影響力を強めようとした。また経済的には、西側に比べ東側諸国の弱体化が次第にはっきりしてきた。ポーランドでは1980年に、ワレサ（ヴァウェンサ）を指導者とする自主管理労組「連帯」が結成された。一度は非合法化されたものの1989年以後の民主化を主導していった。ソ連でも1985年以後、ゴルバチョフ政権のもとペレストロイカ（改革）とグラスノスチ（情報公開）が進み、東西冷戦は一気にとけはじめた。1989年には「ベルリンの壁」が崩壊し（翌年ドイツ統一）、マルタ島でアメリカ大統領ブッシュとゴルバチョフが会談して冷戦の終結を宣言した（12月）。1991年にはソ連が消滅してロシア連邦および独立国家共同体（CIS）となり、経済相互援助会議とワルシャワ条約機構が解消したことによって、冷戦体制は完全に崩れ去った。壊された「壁」のかけらが土産物として販売されていたのは、イデオロギーという人を隔ててきた壁が、資本の力にとってかわったことを象徴しているかのようだ。

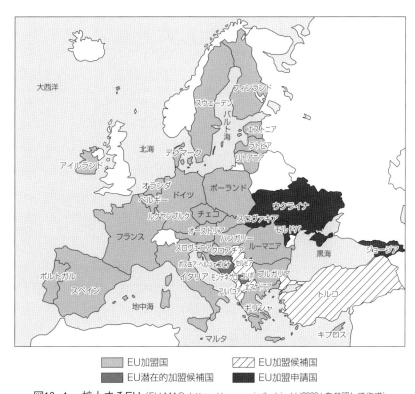

図10-1　拡大するEU（EU MAG. https://eumag.jp/behind/d0322/ を参照して作成）

　その後の世界は、「東」か「西」かといった単純な色分けが困難になった。こうしたなかヨーロッパはあらためて自らのアイデンティティを再構築し、世界の中でのヨーロッパの占める位置を確定しようとしている。ECを経て1993年にヨーロッパ連合（EU）を生み出したことは、その明瞭なあらわれである。同時に、ヨーロッパの統合を目指す運動としてのEUの成立は、単にアイデンティティといった問題のみならず、アメリカや日本の経済成長を前に、ヨーロッパ諸国がいかに生き残るかを模索したときに現れてきた選択肢だった。

　歴史的に見れば、2度の大戦で膨大な人的物的被害を出し、植民地の多くを手放したことなどが、ヨーロッパが統合に向かう直接の前提になっているだろう。思想的には、18-19世紀のカントやヴィクトル・ユゴーらによる統一ヨーロッパ論が、より直接的には1920年代のクーデンホーフ・カレルギーによるパン＝

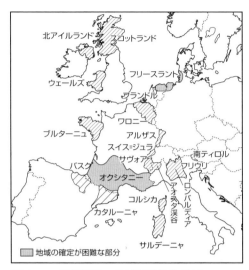

図10-2　戦後西欧の地域運動発生地域 (梶田孝道
『統合と分裂のヨーロッパ』岩波書店 (岩波新書)、1993年、12頁)

ヨーロッパ構想などが、統合への精神を涵養したといえる。だが何よりも、か
つてのローマ帝国やカール大帝の王国という広域的支配を誇った存在があった
こと、キリスト教を共有してきたこと、ルネサンスや啓蒙主義などの全ヨーロッ
パ的な知的潮流、権力や富をめぐる各国間の争いなど、あらゆる歴史的な経験
と記憶が、ヨーロッパとしてのゆるやかなまとまりを支えている。

　現在EUは、東方へその領域を拡大している。2004年にはポーランド、ハン
ガリー、バルト三国などかつての「東側」諸国を中心に10カ国が、2007年には
ブルガリアとルーマニアが新たに加盟した。2020年にはイギリスが離脱したも
のの、イスラームが支配的なトルコさえEUへの加盟を希望している。このよ
うな「東西」対立の消滅とEUの東方拡大は、ヨーロッパの地域概念に変容を
もたらしている。東西冷戦の影響で、ヨーロッパは長らく「東欧」と「西欧」
に分けて考えられてきた。しかし冷戦終結後、このような単純な二分法は見直
しが迫られている。すでにデンマークやスウェーデンなど「北欧」諸国は、戦
後まもなく設置された北欧会議などを通じて経済面や環境面で独自の協力体制
を築いてきた。ドイツやポーランドなどは「中欧」あるいは「東中欧」なる新
たな地理概念をもって、ヨーロッパでの「適切な居場所」を示そうとしている。

まさしくいま、ヨーロッパはこれまでの「国家」や「西側」という狭い枠を超えて、より広い領域的まとまりを持った、新たな姿を提示しようとしている。

　この文脈において、次のような動きはきわめて興味深い。まずヨーロッパ内部において、地域主義の勃興がみられる。ベルギーは1993年に、オランダ語圏、フランス語圏、ドイツ語圏からなる連邦制に移行した。イギリスでは1997年、スコットランドに議会が設置されて自治権が拡大され、さらに独立についても論じられている。2008年にはコソヴォがセルビアからの独立を宣言した。スペインのカタルーニャ地方でも、カスティーリャ語（いわゆるスペイン語）ではなくカタルーニャ語を用いる機運が高まっている。その他フランスのブルターニュ地方など多くの地域において、政治的であれ文化的であれ一定の自立性を主張する動きが現われている。「地域」への回帰ともとれるこの動きは、国家の枠組みを超えた広域的統一体になろうとするEUと、どのような関わりを見せてゆくのだろうか。

　また現在のヨーロッパには、多数のムスリムが居住している。彼らは、キリスト教を基盤にしてきたヨーロッパ文化とは異なる文化的背景を持った人たちである。かくしてヨーロッパの「人種のるつぼ」化は確実に進んでいる。たとえばイギリスにはかつての植民地から多くの人が移住しており、「イギリス人＝白人」というステレオ・タイプのイメージはまったく通用しない。一方フランスなど複数の国で、ムスリム女性が「公共の場所」でブルカないしニカブの着用が禁止されるなどの動きが見られる。さらに近年では排外主義的な極右政党が各国で支持を伸ばす傾向にある。くわえて2014年にはロシアがクリミア半島を「併合」し、22年2月にはウクライナに軍事侵攻を開始してヨーロッパ及び世界に大きな衝撃を与えた。西ヨーロッパ的な価値観をひとつの基軸として近現代の世界が動いてきた面があることは間違いないが、それがいまさらに大きく揺らいでいるといえよう。

　はたしてヨーロッパは、これまでとは異なる人と文化をも取り込んだ、新たなヨーロッパ像を提示できるのだろうか。そしてこの問題は、ユーラシアの反対側に位置する日本にとっても、見過ごすことのできない問題なのである。

2．グローバル化

　冷戦終結後の世界では地域的覇権を目指す国際紛争が起こり、民族や宗教の違いによる内戦とテロ活動が数多く発生した。90年にイラクがクウェートに侵

攻するとアメリカ軍を中心とした多国籍軍との湾岸戦争となったが、イラクは敗れて撤退した。戦後、ペルシア湾岸地域にアメリカ軍の駐留が続き、パレスチナ問題も未解決な状況において、イスラーム急進派の中で反米感情が高まっていった。2001年9月11日、アメリカの旅客機がハイジャックされてビルに突入する、同時多発テロが起こった。アメリカのブッシュ大統領はアフガニスタンのターリバーン政権の保護下にあるイスラーム急進派組織が事件の実行者であるとして、同年10月、同盟国の支援のもとにアフガニスタンに軍事行動を起こした。以降、世界は「対テロ戦争」の時代へと突入していく。

科学技術の発展は人口の急増も生み出した。人口拡大は途上国で顕著であったため、飢えなどの食糧問題や資源問題を発生させた。また、先進国における急速な重工業化は、都市の過密や大気・河川の汚染などの深刻な環境破壊を生み出した。1970年代以降、環境保護に関して国際的連携が図られ、72年には国連人間環境会議が、92年には環境と開発に関する国連会議（地球サミット）が開かれ、97年の京都議定書では二酸化炭素排出量の削減目標値が設定された。

2000年を迎えると、これを機に世界の課題を解決しようという機運が高まった。2000年9月の国連総会はミレニアム宣言という、新たな千年紀にあたっての政治宣言を承認した。平和、安全、軍縮、そして開発および貧困撲滅が前半を占めるミレニアム宣言のエッセンスは、ミレニアム開発目標（MSGs：Millenium Development Goals）としてまとめられた。しかしこの宣言は主として経済面において開発問題を扱うものであり、「開発」とは経済的な意味のみを示していた。とにかく経済的能力を向上させることが、世界全体の福祉向上に必要だという論調であった。

翌年、ミレニアム宣言が行われた国連本部があるニューヨークで起きた大事件によって、それまでの経済的な意味だけで進められた開発の考え方に修正が強いられていく。テロの原因を探っていくなかで、テロリストたちを生み出す背景には深刻な貧困問題や、経済的な低開発の課題、その背景にある国際的な格差の問題が大きく横たわっていることがわかってきたのである。MDGsの課題に対処できていないことが、テロを生み出す社会的な背景となっていることが明らかとなった。

そしてこの「ポストMDGs」として策定されたのがSDGs（Sustainable Development Goals　持続可能な開発目標）である。2015年の国連総会で全加盟国が合意し、2030年までに目標を達成できる社会を実現することを目指している。

その目標の中には、感染症への対処、ワクチンなど医薬品の開発、復元力（レジリエント）の高いインフラ構築、差別の撤廃、廃棄物の大幅削減、貧困の解消など、非常に幅広い分野の問題が含まれている。

　気候変動への対策として、温室効果ガスを排出せずにエネルギーを確保することも注目されている。太陽光・風力・地熱・中小水力・バイオマスといった再生可能エネルギーによる発電は、天候、場所、時間などによって変わることから蓄電が必要となる。そうなると、より容量が大きく効率的な蓄電池をつくる技術も必要になり、技術開発の問題にもなる。

　原子力発電もまた温室効果ガスを排出しない発電方法のひとつである。気候変動対策のみに焦点を絞るのであれば有効な手段となるかもしれないが、3.11東日本大震災の経験などからも明らかなように、いったん災害に見舞われると大きな影響が残ってしまうことになる。さらに放射性廃棄物を最終的にどう処分していくかという課題も未解決である。

　現代社会が直面する数多くの課題には、局所的な個々の部分が集まり、相互作用によって複雑に組織化されることで予想もしなかったような新たな秩序やシステムが作られ、やがてそのシステム自体が個々の要素に影響を及ぼしていくような現象が各地で起こっている。SDGsという国連総会で加盟国の全会一致で採択された目標を通じて、国際的な連携によって地球的課題の解決が求められている。

参考文献

第10章　現代2　大戦後の世界と21世紀

通　　史　21世紀の世界とグローバル化

小原雅博『戦争と平和の国際政治』筑摩書房（ちくま新書）、2022年。

蟹江憲史『SDGs（持続可能な開発目標）』中央公論新社（中公新書）、2020年。

佐藤靖『科学技術の現代史――システム、リスク、イノベーション』中央公論新社（中公新書）、2019年。

内藤正典『限界の現代史――イスラームが破壊する欺瞞の世界秩序』集英社（集英社新書）2018年。

西川長夫、宮島喬編『ヨーロッパ統合と文化・民族問題――ポスト国民国家時代の可能性を問う』人文書院、1995。

羽場久浼子『拡大ヨーロッパの挑戦』中央公論新社（中公新書）、2004年。

クシシトフ・ポミアン（松村剛訳）『ヨーロッパとは何か――分裂と統合の1500年』増補版、

　　平凡社（平凡社ライブラリー）、2002年。

松尾秀哉『ヨーロッパ現代史』筑摩書房（ちくま新書）、2019年。

渡邊啓貴『アメリカとヨーロッパ——揺れる同盟の80年』中央公論新社（中公新書）、
　　2018年。

人名索引

216

事 項 索 引

《執筆者一覧》（五十音順、＊は編著者）

青木真兵（あおき しんぺい）　第２章テーマ史１、第３章テーマ史１、２、第８章テーマ史２、第９章テーマ史２、第10章２節
関西国際大学非常勤講師。博士（文学）。専門：古代フェニキア・カルタゴ史。「古代ローマ帝国下トリポリタニアとガラマンテス──新ポエニ語碑文にみる紀元後１世紀のアンモン神崇拝を中心に──」（『関西大学西洋史論叢』第20号、2018年）他。

乾　雅幸（いぬい まさゆき）　第８章テーマ史１、第９章テーマ史１
関西大学・京都産業大学非常勤講師。博士（文学）。専門：ロシア革命史。「全ロシア憲法制定会議選挙におけるヴォルガ・ドイツ人の選挙活動──第２回ヴォルガ・ドイツ人大会（1917年９月19-22日）における議論を中心に──」（『史泉』第108号、2008年）他。

＊入江幸二（いりえ こうじ）　第６章通史、テーマ史２、第７章テーマ史２、第10章１節
富山大学学術研究部人文科学系准教授。博士（文学）。専門：近世スウェーデン史。『スウェーデン絶対王政研究』（知泉書館、2005年）他。

＊上田耕造（うえだ こうぞう）　第４章通史、テーマ史１、３、４、第５章テーマ史３、第６章テーマ史３
明星大学教育学部教授。博士（文学）。専門：中近世フランス史。『ブルボン公とフランス国王──中世後期フランスにおける諸侯と王権──』（晃洋書房、2014年）他。

大城道則（おおしろ みちのり）　第１章テーマ史１、３
駒澤大学文学部教授。博士（文学）。専門：古代エジプト史。『異民族ファラオたちの古代エジプト──第三中間期と末期王朝時代──』（ミネルヴァ書房、2022年）他。

古川　桂（こがわ かつら）　第１章通史、テーマ史２
同朋大学文学部講師。博士（学術）。専門：古代エジプト史。「ハトシェプスト女王葬祭殿のプント・レリーフにおけるミルラの木について」（『同朋文化』第15号、2020年）他。

嶋中博章（しまなか ひろあき）　第６章テーマ史１、第７章通史、テーマ史１
関西大学文学部准教授。博士（文学）。専門：近世フランス史。『太陽王時代のメモワール作者たち──政治・文学・歴史記述──』（吉田書店、2014年）他。

＊比佐　篤（ひさ あつし）　第２章通史、テーマ史２、第３章通史
関西大学・関西外国語大学非常勤講師。博士（文学）。専門：古代ローマ史。『「帝国」としての中期共和政ローマ』（晃洋書房、2006年）他。

森本慶太（もりもと けいた）　第８章通史、テーマ史３、第９章通史
関西大学文学部准教授。博士（文学）。専門：近現代スイス史。『スイス観光業の近現代──大衆化をめぐる葛藤──』（関西大学出版部、2023年）他。

梁川洋子（やながわ ひろこ）　第４章テーマ史２、第５章通史、テーマ史１、２
関西大学非常勤講師。博士（文学）。専門：中世イギリス史。「ヴァイキング期アイリッシュ海圏における貨幣使用と貨幣製造」（『関西大学西洋史論叢』第22号、2020年）他。

西洋史の扉をひらく
通史とテーマ史でたどる古代から現代

2023年4月20日　初版第1刷発行　　＊定価はカバーに
　　　　　　　　　　　　　　　　　表示してあります

	上　田　耕　造
編著者	入　江　幸　二ⓒ
	比　佐　　　篤
発行者	萩　原　淳　平
印刷者	河　野　俊一郎

発行所　株式会社　晃　洋　書　房

〒615-0026　京都市右京区西院北矢掛町7番地
電話　075（312）0788番（代）
振替口座　01040-6-32280

装幀　HON DESIGN（岩崎玲奈）　　印刷・製本　西濃印刷㈱
ISBN 978-4-7710-3738-0